建设工程法律实务丛书
格案致知法律实务丛书

建筑火灾事故原因认定法律实务

王文杰 著

中国建材工业出版社

图书在版编目(CIP)数据

建筑火灾事故原因认定法律实务/王文杰著. --北京：中国建材工业出版社，2021.3
ISBN 978-7-5160-3094-3

Ⅰ.①建… Ⅱ.①王… Ⅲ.①建筑火灾－火灾事故－认定－法律－研究－中国 Ⅳ.①D922.144

中国版本图书馆 CIP 数据核字（2020）第 212966 号

建筑火灾事故原因认定法律实务
Jianzhu Huozai Shigu Yuanyin Rending Falü Shiwu
王文杰 著

出版发行：中国建材工业出版社
地　　址：北京市海淀区三里河路 1 号
邮　　编：100044
经　　销：全国各地新华书店
印　　刷：北京鑫正大印刷有限公司
开　　本：787mm×1092mm　1/16
印　　张：14.25
字　　数：400 千字
版　　次：2021 年 3 月第 1 版
印　　次：2021 年 3 月第 1 次
定　　价：68.00 元

本社网址：www.jccbs.com，微信公众号：zgjcgycbs
请选用正版图书，采购、销售盗版图书属违法行为
版权专有，盗版必究。本社法律顾问：北京天驰君泰律师事务所，张杰律师
举报信箱：zhangjie@tiantailaw.com　　举报电话：（010）68343948
本书如有印装质量问题，由我社市场营销部负责调换，联系电话：（010）88386906

前 言

2013年9月，我出版了《建筑火灾事故民事赔偿法律实务》一书，该书的出版取得了良好的社会效果，特别是得到了有需求的客户和法律同仁的广泛认同和赞扬。该书最重要的贡献是在法律没有明确规定的情况下建立了火灾事故侵权案件民事赔偿的逻辑框架，诸如，如何在起火原因和灾害成因两个层面完整识别并锁定侵权责任主体，消防机构出具的火灾原因认定书的证据效力，损失的举证责任和难度，损失和火灾事故之间的他因果关系以及此类案件的难点和特点都做了详细的阐述，该书呈现给读者的是一份处理火灾事故民事赔偿纠纷案件的清晰的思维导图。

为了保证该领域法律服务业务的完整性，在前述基础上，我又撰写了第二本处理火灾事故的法律专业书籍，即《建筑火灾事故原因认定法律实务》一书。这两本书主要包括了火灾事故处理过程中律师能够参与的建筑火灾事故原因认定法律实务和建筑火灾事故民事赔偿法律实务两个重要阶段。《建筑火灾事故民事赔偿法律实务》一书重点阐述建筑火灾事故民事赔偿阶段的法律服务，而《建筑火灾事故原因认定法律实务》一书则是在《建筑火灾事故民事法律赔偿法律实务》基础上释明火灾原因认定阶段律师能参与的法律服务业务。火灾原因认定作为民事诉讼、行政处罚、行政诉讼、刑事诉讼阶段的前置程序，尤其是火灾原因认定书或调查报告作为确定民事责任、行政责任、刑事责任的主要证据，该阶段的律师参与就显得更为重要。

《建筑火灾事故原因认定法律实务》一书的内容包括三个部分，第一部分为律师办理火灾事故法律业务操作指引，第二部分为典型案例解析，第三部分为律师代理火灾事故典型案例，所涉案件均属笔者亲自代理的典型案例。本书是在笔者代理多个火灾事故原因认定案件基础上，站在法律实务的角度，结合消防管理专业，认真考察火灾事故原因认定主体、认定程序、证据收集、认定方法等环节的合法性基础上写成的，致力于形成一套办理火灾事故案件的思路和方法，希望通过考察火灾原因认定书或调查报告的真实性、合法性、关联性，以及证明力有无和证明力的大小，以最大限度地维护委托人的合法权益为目标。

《建筑火灾事故民事赔偿法律实务》和《建筑火灾事故原因认定法律实务》这两本专业书籍，从内容上相互呼应和衔接，构成专业处理建筑火灾事故原因认定和民事赔偿的姊妹篇，是承办此类案件的指引和参考。

王文杰
2021年2月

目 录 CONTENT

第一部分 律师办理火灾事故法律业务操作指引

第一章 总 则 / 1

第一条 制定目的 / 1

第二条 免责声明 / 1

第三条 问题的提出 / 1

第四条 制定本指引的必要性和意义 / 2

第五条 火灾、起火原因和火灾成因概念界定 / 2

第六条 律师办理火灾事故法律业务的基本要求 / 2

第七条 本指引的业务指导范围 / 2

第八条 重要术语 / 3

第九条 本指引的制定依据 / 3

第十条 提倡诚信诉讼 / 3

第二章 律师参与建筑火灾事故法律实务 / 5

第一条 市场需求 / 5

第二条 火灾事故调查阶段律师的参与 / 5

第三条 民事赔偿阶段律师的参与 / 5

第四条 刑事案件的辩护参与 / 6

第五条 行政案件的参与 / 7

第三章 火灾事故案件处理难点概述 / 8

第一条 立法不完善 / 8

第二条 火灾成因认定难 / 8

第三条 民事诉讼举证难,损失数额核算难 / 8

第四条　赔偿责任划分难 / 8
    第五条　媒体关注度高，政府压力大 / 8
    第六条　审判尺度不一 / 9
    第七条　司法救济手段乏力 / 9
    第八条　社会救济途径少 / 9
    第九条　调解难，服判难 / 9

第四章　火灾事故民事侵权案件特点概述 / 10
    第一条　多个侵权责任主体 / 10
    第二条　归责原则的多元化 / 10
    第三条　多因一果 / 11
    第四条　因果关系的多层次 / 11
    第五条　一纸火灾原因认定书带出三种法律责任 / 11
    第六条　违约责任和侵权责任的竞合 / 11
    第七条　法官在火灾事故案件中的自由裁量权 / 12

第五章　典型火灾事故民事诉讼的样本意义 / 13

第六章　火灾事故调查 / 14
    第一条　火灾事故调查程序 / 14
    第二条　简易程序 / 14
    第三条　一般程序 / 14
    第四条　火灾原因调查的管辖 / 15
    第五条　火灾原因调查的主体 / 15
    第六条　火灾原因调查的时效 / 16
    第七条　火灾事故认定的复核 / 16
    第八条　对复核申请的审理 / 16
    第九条　重新作出火灾事故认定 / 17
    第十条　火灾调查的方法 / 17
    第十一条　火灾原因认定的证据 / 17
    第十二条　火灾原因认定规则 / 17
    第十三条　火灾原因认定的逻辑方法 / 21
    第十四条　火灾原因认定 / 21
    第十五条　火灾损失统计 / 22
    第十六条　火灾事故调查的法律性质 / 23
    第十七条　火灾事故认定书的证据属性 / 23
    第十八条　火灾原因认定书的证据作用 / 23
    第十九条　火灾原因认定书的证明力 / 23

第二十条　没有火灾原因认定书的事实和责任认定 / 24

第七章　电气火灾原因技术鉴定方法 / 25
　　第一条　宏观分析法 / 25
　　第二条　金相分析法 / 25
　　第三条　成分分析法 / 25
　　第四条　剩磁分析法 / 26
　　第五条　现场模拟实验法 / 26

第八章　火灾事故调查的处理 / 27
　　第一条　涉嫌刑事犯罪、行政违法行为案件的处理 / 27
　　第二条　案件移送时限及内容 / 27
　　第三条　公安机关其他部门审查并作出是否立案的决定 / 27
　　第四条　公安机关消防机构及其工作人员涉嫌犯罪行为的处理 / 27

第九章　签订代理合同 / 29
　　第一条　接待当事人 / 29
　　第二条　谈判、签约 / 29
　　第三条　展开代理工作 / 29

第十章　提起行政诉讼 / 30
　　第一条　火灾原因认定行为是否可诉存在争议 / 30
　　第二条　法院司法实务 / 30

第十一章　火灾事故侵权行为及构成要件 / 31
　　第一条　一般侵权行为 / 31
　　第二条　特殊侵权行为 / 31
　　第三条　确定民事责任的事实基础 / 31
　　第四条　火灾事故侵权的构成要件 / 32
　　第五条　重要提示 / 32

第十二章　锁定过错方 / 33
　　第一条　起火原因层面的过错 / 33
　　第二条　灾害成因层面的过错 / 33
　　第三条　混合过错 / 33

第十三章　提起民事诉讼 / 35
　　第一条　诉讼时效 / 35
　　第二条　确定被告 / 35
　　第三条　起草起诉状 / 35
　　第四条　整理证据 / 36
　　第五条　到有管辖权的法院起诉 / 36

第六条　申请财产保全 / 36
　　第七条　申请损失鉴定 / 36
第十四章　抗　辩 / 38
　　第一条　诉讼时效抗辩 / 38
　　第二条　侵权要件抗辩 / 38
　　第三条　过错或责任大小抗辩 / 38
　　第四条　证据抗辩 / 38
　　第五条　对司法鉴定意见的质证 / 39
第十五章　提起反诉 / 40
　　第一条　起草反诉状 / 40
　　第二条　整理反诉证据 / 40
　　第三条　申请损失鉴定 / 41
　　第四条　反诉不同于反驳 / 41
第十六章　损失鉴定过程的跟踪 / 42
　　第一条　专门性技术鉴定 / 42
　　第二条　损失价格鉴证 / 42
　　第三条　死因及伤残程度检验 / 42
　　第四条　火灾损失统计与火灾直接财产损失鉴定的关系 / 43
第十七章　开　庭 / 44
　　第一条　制作证据目录 / 44
　　第二条　参与证据交换 / 44
　　第三条　庭审发言的语速把控 / 44
　　第四条　证据的质证 / 44
　　第五条　提交辩论意见或答辩意见 / 44
　　第六条　法律文书单面打字 / 44
　　第七条　庭前认真准备 / 44
第十八章　责任承担 / 45
　　第一条　归责原则 / 45
　　第二条　按份责任 / 45
　　第三条　连带责任 / 45
　　第四条　火灾事故民事责任主体与责任承担 / 45
第十九章　和解程序 / 47
第二十章　房屋租赁合同下的建筑火灾事故案件 / 48
　　第一条　侵权责任与违约责任的竞合及案由选择 / 48
　　第二条　起火原因是否查明 / 48

第三条　消防义务可否随房屋出租转移给承租方 / 48

第二十一章　产品故障引起火灾事故的追偿 / 49

　　第一条　产品质量合同纠纷和产品质量侵权纠纷的区别 / 49

　　第二条　火灾事故的损失追偿 / 49

　　第三条　产品质量缺陷导致火灾损失追偿的诉讼时效起算 / 49

　　第四条　产品是否存在质量缺陷，通常要经过鉴定来判定 / 49

　　第五条　依据电器或电气故障导致火灾，能否认定产品质量缺陷 / 49

　　第六条　必须保留好购买产品的证据，作为追偿损失的证据 / 49

　　第七条　火灾发生后保留好产品残骸，作为追偿损失的证据 / 50

第二十二章　仓库火灾事故保险追偿实务 / 51

　　第一条　企业财产险火灾事故中的主体 / 51

　　第二条　保险公司的代位追偿权 / 51

　　第三条　常见法律问题 / 51

第二十三章　火灾事故财产保险的重要作用 / 53

　　第一条　推行火灾事故财产保险的重要意义 / 53

　　第二条　火灾保险主要险种 / 53

　　第三条　保险范围 / 53

　　第四条　保险责任 / 53

　　第五条　保险责任和民事赔偿责任的关系 / 54

第二十四章　与《消防法》有关的刑事处罚 / 55

　　第一条　失火罪 / 55

　　第二条　重大责任事故罪 / 55

　　第三条　消防责任事故罪 / 56

　　第四条　滥用职权罪、玩忽职守罪 / 56

第二十五章　主要参考书目及规定 / 58

　　第一条　《建筑火灾事故民事赔偿法律实务》 / 58

　　第二条　公安部121号令《火灾事故调查规定》 / 58

　　第三条　《火灾原因认定规则》（XF 1301—2016） / 58

　　第四条　《电气火灾痕迹物证技术鉴定方法　第1部分：宏观法》（GB 16840.1—2008），《电气火灾原因技术鉴定方法》（GB 16840.2～4） / 58

　　第五条　《火灾事故调查工作实务指南》 / 58

　　第六条　常用的法律依据和消防技术规范 / 58

第二部分 典型案例解析

第一章 火灾损失统计的法律性质及证据作用 / 59
一、火灾损失统计的法律依据及性质 / 59
二、火灾直接损失统计在具体案例中的作用 / 60
【民事案例1】消防大队制作的《火灾直接财产损失申报统计表》可否作为法院认定损失的根据？ / 60
【民事案例2】如何认定火灾事故造成的损失大小？ / 61
【刑事案例】火灾损失统计在刑事量刑中的作用 / 61
【行政案例】火灾损失统计在行政案件中的作用 / 62
三、火灾损失价格鉴定的法律依据及性质 / 65
四、火灾直接损失统计与损失价格鉴定的关系 / 65

第二章 火灾事故认定书及调查报告的法律性质及证据作用 / 66
一、火灾事故认定书及调查报告的法律性质 / 66
二、火灾事故认定书及调查报告的证据作用 / 66
【民事案例1】火灾事故认定书以及调查报告只是证据的一种，不是认定事实的唯一依据 / 66
【民事案例2】四份火灾事故原因认定书，法院如何认定责任 / 67
【民事案例3】沈阳火灾物证鉴定中心和天津火灾物证鉴定中心的结论不一致，法院如何采信 / 69
【民事案例4】法院认定《火灾事故认定书》证据效力的逻辑思路 / 70
【民事案例5】消防局认定"不能排除空调内部故障引起火灾"，能否认定火灾系空调质量缺陷所引起 / 72
【民事案例6】二次熔痕能否作为认定火灾原因的直接证据 / 73
【民事案例7】公安消防支队火灾原因认定书的证明力问题 / 79
【民事案例8】没有消防机构的火灾原因认定书，法院能否依据其他证据认定事实 / 83
【民事案例9】火灾事故调查和处理的唯一法定机构是公安消防机构 / 85
【行政案例1】最高法院案例：火灾事故认定不具有可诉性 / 88
【行政案例2】火灾原因认定行为是否可诉 / 89
【行政案例3】火灾事故调查报告批复具有可诉性 / 92
【行政案例4】在行政处罚案例中的证据作用 / 93
【行政案例5】消防机构行政不作为 / 94

【行政案例6】不服事故调查报告及其批复，能否提起行政诉讼 / 95
【刑事案例1】失火罪中财产损失数额的界定 / 96
【刑事案例2】电气火灾事故一次熔痕认定的失火罪 / 97
【刑事案件3】消防责任事故罪 / 98
【刑事案件4】由楼梯间为可燃物引发火灾认定的消防责任事故罪 / 99
【刑事案例5】刑事案件中的鉴定报告可否作为民事赔偿的证据 / 101

第三章　损失赔偿比例问题 / 103

【案例1】起火原因不明，各担50%的民事赔偿责任 / 103
【案例2】起火原因和起火物共同过错导致火灾事故，责任如何承担 / 103
【案例3】丹阳市明梓车灯厂与艾建洪财产损害赔偿纠纷案 / 116

第四章　火灾保险理赔及追偿 / 119

【案例1】保险人代位求偿权纠纷上诉案 / 119
【案例2】财产保险合同纠纷再审民事判决书 / 127

第三部分　律师代理火灾事故典型案例

【案例1】扬州某旅游用品有限公司不服市公安消防支队生态科技新城大队火灾事故重新认定案 / 139
【案例2】李某（某纸品日化商行经营者）不服盐山县公安局消防大队火灾原因认定案 / 158
【案例3】孙某、周某不服上海市消防局履行法定职责案 / 175
【案例4】原告常某诉被告北京某科技发展有限公司财产损害赔偿纠纷案代理词 / 182
【案例5】某医药原料有限公司与某化工有限公司等火灾事故财产损失赔偿纠纷一案代理词 / 189

附　录

火灾事故调查规定（修订草案征求意见稿） / 192
关于《火灾事故调查规定（修订草案征求意见稿)》的起草说明 / 201
火灾事故调查规定（修订前后对照表） / 203

第一部分 律师办理火灾事故法律业务操作指引

第一章 总 则

第一条 制定目的

为了帮助律师熟练、有效、深度地参与火灾事故法律业务，最大限度地维护委托人利益，特制定本操作指引，以下简称本指引。

第二条 免责声明

本指引主要依据王文杰律师个人办案经验制定，纯属民间性质，不涉官方背景。本指引只作为律师办案的行动参考，使用者必须发挥自己的主观能动性，对委托人负责，制定者不承担任何法律责任。

第三条 问题的提出

首先，问题的提出来源于诉讼实务。长期关注这样一个实务问题，完全源于一个中国律师多年的诉讼实战经验。

其次，立法不完善，无法可依，以及案件本身的复杂性，导致案件审判尺度不统一，当事人不能服判。

从以往笔者代理的系列火灾事故案件来看，每一起重大火灾事故责任案件，基本都会涉及行政、刑事和民事三大法律责任。从惩罚犯罪、加强行政监管、民事救济角度来讲，三大法律责任缺一不可，为什么单单关注民事赔偿这一块？因为笔者发现，政府部门和司法机关对行政责任、刑事责任很快就会做出结论，但是民事赔偿责任往往会久拖不决，导致受害人在很长时间内得不到救济，被烧毁的财产得不到补偿，其结果势必产生或升级社会矛盾，造成社会的不稳定。究其原因，除了对私权利的保护不够重视之外，还有立法不完善的原因。《中华人民共和国消防法》（2019年修订，简称《消防法》，全书同）及相关法律只规定了行政责任和刑事责任，没有规定民事责任，《中华人民共和国民法典》（简称《民法典》，全书同）中也没有相关规定，实务中存在着很多困惑，如火灾事故原因认定、火灾事故民事赔偿案件法律实务无法可依，适用法律无所适从，裁判依据和裁判尺度不统一等问题。

基于上述原因，本指引意在发现火灾事故原因认定、火灾事故民事赔偿案件法律实务的特点、疑点与难点，指出火灾事故民事索赔案件与其他民事侵权案件的不同，揭示火灾事故民事索赔的一般规律，有针对性地提出一系列纠纷解决方案，并形成一套比较完整且行之有效的操作机制，为此类案件的公正处理提供有益的借鉴。

第四条 制定本指引的必要性和意义

1. 制定本指引，意在帮助律师为当事人维权提供方向和路径。
2. 制定本指引，也是出于帮助律师同行拓宽法律服务领域，开拓案源的需要。

第五条 火灾、起火原因和火灾成因概念界定

1. 火灾是指在时间和空间上失去控制的燃烧造成的灾害。
2. 火灾包括两层含义，一是起火原因，二是火灾成因。起火原因和火灾成因构成了整个火灾原因。起火原因揭示火灾是怎么发生的，火灾成因证明火灾是如何发展蔓延成灾的。
3. 火灾事故的侵权行为便分布在起火原因和火灾成因两个层面。

第六条 律师办理火灾事故法律业务的基本要求

1. 律师必须站在法律角度对消防机构进行火灾事故调查的内容和程序深入了解。参考中华人民共和国公共安全行业标准《火灾原因认定规则》（XF 1301—2016）规定的程序和证据规则。
2. 律师必须对消防机构的取证过程、现场勘察获取证据的方法和认定火灾原因的逻辑方法准确把握。
3. 律师必须站在法律角度对此类案件的复杂性和难度有充分了解和认识。
4. 律师必须具备现场调查取证的能力，站在法律角度掌握固定证据的技巧和手段。
5. 为了保证证据的关联性要求，律师必须站在法律角度审查消防机构的现场勘察程序及内容是否符合法律规定。
6. 律师必须对《消防法》规定的各种违法行为进行深入了解，包括认定基本事实的证据和法律判定规范。
7. 律师必须对《建筑设计防火规范（2018年版）》（GB 50016—2014）等技术标准中的强制性规定有所了解。
8. 进入火灾现场必须贯彻安全第一的原则，保障自身安全。

第七条 本指引的业务指导范围

本指引的业务指导范围主要内容涉及建筑火灾事故原因认定法律实务操作和建筑火灾事故民事赔偿法律实务操作。包括诉讼和非诉讼法律实务，程序和实体法律实务。

第八条　重要术语

1. 消防设施，是指火灾自动报警系统、自动灭火系统、消火栓系统、防烟排烟系统以及应急广播和应急照明、安全疏散设施等。

2. 消防产品，是指专门用于火灾预防和灭火救援以及火灾防护、避难、逃生的产品。

3. 公众聚集场所，是指宾馆、饭店、商场、集贸市场、客运车站候车室、客运码头候船厅、民用机场航站楼、体育场馆、会堂以及公共娱乐场所等。

4. 人员密集场所，是指公众聚集场所，医院的门诊楼、病房楼，学校的教学楼、图书馆、食堂和集体宿舍，养老院，福利院，托儿所，幼儿园，公共图书馆的阅览室，公共展览馆、博物馆的展示厅，劳动密集型企业的生产加工车间和员工集体宿舍，旅游、宗教活动场所等。

5. 火灾事故当事人，是指与火灾发生、蔓延和损失有直接利害关系的单位和个人。

6. 火灾事故。根据《火灾统计管理规定》，失去控制的燃烧所造成的灾害为火灾事故。

7. 重大责任事故，是指在生产、作业中违反有关安全管理的规定，因而发生重大伤亡事故或者造成其他严重后果的行为，包括在生产过程中发生的火灾事故。

8. 一次短路熔痕、二次短路熔痕和火烧熔痕：

根据《电气火灾痕迹物证技术鉴定方法　第1部分：宏观法》（GB/T 16840.1—2008）中的定义：

一次短路熔痕：在正常环境条件下，铜、铝导线因本身故障发生短路，在导线上形成的熔化痕迹。

二次短路熔痕：在火灾环境条件下，铜、铝导线产生故障而引发短路，在导线上形成的熔化痕迹。

火烧熔痕：铜、铝导线在火灾中受火灾现场高温作用发生熔化，在导线上形成的熔化痕迹。

9. 电热熔痕：分为火灾前电热作用形成的熔痕（一次熔痕），火灾后电热作用形成的熔痕（二次熔痕）。参见邸曼等专家发表的《高压铝导线痕迹物证鉴别及引起火灾可能性的探讨》论文中的论述。

第九条　本指引的制定依据

本指引根据《中华人民共和国民法典》《中华人民共和国民事诉讼法》《中华人民共和国行政诉讼法》《中华人民共和国行政处罚法》《中华人民共和国消防法》以及《火灾事故调查规定》《火灾原因认定规则》《电气火灾原因技术鉴定方法》等制定。

第十条　提倡诚信诉讼

《中华人民共和国民事诉讼法》（2017年修订，简称《民事诉讼法》，全书同）第

13 条规定："民事诉讼应当遵循诚实信用原则。当事人有权在法律规定的范围内处分自己的民事权利和诉讼权利。"诚实信用原则，是指民事活动的当事人应当在民事活动中诚实信用地行使自己的权利，履行自己的义务。

当事人应该在民事诉讼法允许的范围之内行使法律赋予诉讼权利、履行法律规定的诉讼义务，遵守诉讼秩序，不得滥用诉讼权利，进行恶意诉讼、欺诈诉讼等。

诚信诉讼主要包括以下内容：

1. 禁止当事人反言。《民事诉讼法》第 38 条规定的管辖权异议的内容就是此制度的体现，申请人须在答辩期限内提出，否则对此申请法院有权予以驳回。《最高人民法院关于民事诉讼证据的若干规定》（2019 年）第 9 条规定："有下列情形之一，当事人在法庭辩论终结前撤销自认的，人民法院应当准许：（一）经对方当事人同意；（二）自认是在受胁迫或者重大误解情况下作出的。人民法院准许当事人撤销自认的，应当作出口头或者书面裁定。"对撤销自认的规定彰显了禁反言制度的内在深意。实践中，我国的民事诉讼中存在数不胜数的当事人出尔反尔的情形，如撤销自认、调解书签收前的反悔行为等。究其原因，就是因为没有详细、确切的禁反言规定。

2. 禁止虚假诉讼。诉讼过程中时常会出现阻碍案件审理进程、导致错误判决的情形，主要是因为当事人追求诉讼利益的最大化，他们在试图维护自己权益时难免会实施非诚信的诉讼行为。为了避免上述困境的发生，民事诉讼诚信原则受到各国的重视。以法律条文的形式明确规定当事人如果存在上述行为，当事人应承担不利的法律后果。

3. 禁止滥用诉讼权。滥用诉讼权利表现如下：恶意诉讼行为（包括起诉、上诉、反诉）、恶意申请财产保全、虚假陈述等。

律师应要求当事人实事求是地陈述案情，坚持诚信诉讼。

第二章 律师参与建筑火灾事故法律实务

第一条 市场需求

就一个家庭或者一家企业来讲，可能一辈子或者企业存续期间都不会发生一次火灾，但是在全国范围内，每天都有火灾发生，尤其是经济比较发达的地区，经济发展快速增长与消防投入严重不足以及地方政府急功近利，导致火灾发生的几率比其他地区要高出很多。

大量的火灾事故，给家庭、企业、地方政府、社会带来的痛苦、损失和压力是巨大的，是不可弥补的。我们必须用后续的法律救济手段来最大限度地减轻痛苦、减少压力和弥补损失，律师的专业化服务必不可少。

第二条 火灾事故调查阶段律师的参与

1. 主要包括起火原因和灾害成因的调查，律师要关注现场勘察取证的合法性、关联性和真实性。

2. 关注技术鉴定报告的合法性和科学性。

3. 当事人有权调取火灾原因认定的相关证据，公安消防机构必须配合。

根据公安部《火灾事故调查规定》第34条规定："公安机关消防机构作出火灾事故认定后，当事人可以申请查阅、复制、摘录火灾事故认定书、现场勘验笔录和检验、鉴定意见，公安机关消防机构应当自接到申请之日起七日内提供，但涉及国家秘密、商业秘密、个人隐私或者移交公安机关其他部门处理的依法不予提供，并说明理由。"

4. 关注火灾事故原因认定结论和基础证据之间的关系，从证据角度审查火灾事故原因认定结果以及基础证据的真实性、合法性、关联性和证明力。

对现场勘察取得的证据，必须考察是否能还原到火灾现场的具体位置，能够反映出取证的具体位置和具体过程。

5. 及时向上一级公安机关消防机构提出书面复核申请。

如果不服火灾事故认定结果，提请复核是唯一的救济途径。

根据公安部《火灾事故调查规定》第35条规定："当事人对火灾事故认定有异议的，可以自火灾事故认定书送达之日起十五日内，向上一级公安机关消防机构提出书面复核申请；对省级人民政府公安机关消防机构作出的火灾事故认定有异议的，向省级人民政府公安机关提出书面复核申请。"

第三条 民事赔偿阶段律师的参与

1. 申请调取火灾原因认定的证据。

《火灾事故调查规定》第34条规定，公安机关消防机构作出火灾事故认定后，当事人可以申请查阅、复制、摘录火灾事故认定书、现场勘验笔录和检验、鉴定意见，公安机关消防机构应当自接到申请之日起七日内提供，但涉及国家秘密、商业秘密、个人隐私或者移交公安机关其他部门处理的依法不予提供，并说明理由。

2. 有必要时根据案情需要进行现场取证。

火灾现场的破坏导致物证无法取得的情况为常事，所以及时、合法、精准取证，是处理此类案件的关键步骤。

在证据中，从火灾现场直接提取的痕迹物证是最具客观性和说服力的。但是，火灾是毁灭性的灾害，燃烧及其产生的高温、烟熏可以使许多证据被毁坏以至毁灭。其破坏性现场就已给火灾事故物证的提取增加了一定难度，甚至有时还存在着各种人为的因素导致物证灭失。

收集起火原因、火灾成因、火灾损失的证据，包括直接证据和间接证据，也包括直接损失的证据和间接损失的证据，深入研究证据的真实性、合法性、关联性和证明力。

3. 此类案件的证据，主要靠间接证据，因为直接证据可能都在火灾中烧毁，间接证据争取形成完整的证据链。

4. 分类整理并制作证据目录，包括证据名称、证据内容、证明目的和页码标注。各项内容表述要清晰明确，言简意赅。按照封面指示应该能立即找到具体证据。证据原件页码必须和交给法院的复印件完全一致，以便于庭审中很快出示原件。

5. 及时申请损失鉴定。

当现有证据不能满足高度盖然性最低证明标准的时候，律师要及时提出鉴定申请。鉴定范围要清晰明确，并附有相应的基础证据。申请鉴定一定要严格按照法定的或法院指定的期限提出。法院审查申请后，认为有必要的，会同意启动鉴定程序。法院认为有必要的，必须具备客观标准。

6. 在诉讼时效期限内，及时提起民事诉讼。

第四条 刑事案件的辩护参与

火灾事故中的刑事犯罪，主要涉及放火罪、失火罪和消防责任事故罪，生产过程中的火灾事故构成犯罪的，属于重大责任事故罪。

律师除遵守《中华人民共和国刑事诉讼法》（2018年修正，简称《刑事诉讼法》，全书同）规定的程序外，还必须清楚有关机构在火灾事故调查过程中的特有程序。

有关机构在火灾事故调查过程中，发现涉嫌失火罪、消防责任事故罪的，应当按照《公安机关办理刑事案件程序规定》（2020修正）立案侦查；涉嫌其他犯罪的，及时移送有关主管部门办理。构成放火罪需要移送公安机关刑侦部门处理的，火灾现场应当一并移交。

关于有关机构及其工作人员在处理火灾事故过程中有下述行为之一，构成犯罪的，依法追究刑事责任：

（1）指使他人错误认定或者故意错误认定起火原因的。（2）瞒报火灾、火灾直接经济损失、人员伤亡情况的。（3）利用职务上的便利，索取或者非法收受他人财物的。

（4）其他滥用职权、玩忽职守、徇私舞弊的行为。

第五条 行政案件的参与

1. 当事人不服火灾原因认定，可以提起行政诉讼，但法院会认为火灾原因认定不属于具体的行政行为，不属于行政诉讼的受案范围而直接裁定驳回起诉。

2. 针对消防机构的行政处罚，可以提起行政诉讼。

3. 消防机构是火灾原因认定的唯一的合法机构，火灾原因认定是消防机构的法定职责，如果消防机构不履行或不正确履行该职责，相对人可以提起行政诉讼，要求其履行或正确履行法定职责。

第三章　火灾事故案件处理难点概述

第一条　立法不完善

《消防法》等现行法律存在立法缺陷，导致火灾事故民事赔偿纠纷案件无法可依。

《消防法》只规定了刑事责任和行政责任，而没有规定民事责任。《民法典》以及相关法律也没有对火灾事故侵权类案件的归责原则作出规定，这样的情形，阻断了火灾预防、火灾扑救、火灾事故调查等消防专业领域与相关法律之间的联系，导致火灾事故的民事责任难以确定。

第二条　火灾成因认定难

由于火灾的毁灭性特点，使得证据缺失，导致起火原因和灾害原因认定难，如果火灾事故民事赔偿案件确定责任主体困难，受害方应该起诉谁的问题就解决不了，也就无法立案，无法取得赔偿。

第三条　民事诉讼举证难，损失数额核算难

民事诉讼举证难。从火灾事故案件本身的特点来看，火灾都是毁灭性的，有价值的证据在火灾中基本上都毁灭掉了，有很多东西连残留物都没有留下，因此，经常面临无法举证的问题。民事诉讼的基本规则是谁主张谁举证，作为受损失一方的原告必须首先完成所受损失及其数额的举证责任，否则，按照证据规则就要承担不利的后果。

消防机构做出的损失统计，是站在行政管理的角度为确定火灾事故的级别做出的，能否作为证据使用还要看该统计有没有原始证据支撑。诉讼中，举证难的重要表现还在于缺失直接证据。在没有直接证据的情况下，只能用间接证据来证明损失，但是间接证据必须形成完整的证据链才会被认可。因此，在火灾事故民事诉讼中，间接证据多，直接证据少，甚至没有直接证据，更有甚者，连间接证据都没有，导致事实难以认定。证据缺失，损失数额也就难以核算。

第四条　赔偿责任划分难

很多火灾事故案件法律关系非常复杂，侵权主体不止一个。混合过错中，过错大小难以区分；多因一果案件中，因果关系错综复杂，导致最终赔偿责任难以划分。

第五条　媒体关注度高，政府压力大

很多火灾事故案件属于大规模侵权案件，特别是有人员伤亡的案子，媒体的关注度也就很高，很多事都会被曝光，地方政府压力大。

第六条　审判尺度不一

在同一案件中，法官多次行使自由裁量权，导致误差叠加。该问题主要表现在责任主体范围的确定、举证责任的分配、归责原则的适用、损失数额的确定等方面。这几乎包括了侵权案件成立与否的所有关键环节。每行使一次自由裁量权，难免就会产生一次误差，多次行使自由裁量权后会产生误差的叠加效应。所以此类案件的上诉率、申诉率、抗诉率很高，甚至诉讼程序走完后会有无休止的上访等，使得案件长久难以息诉。

第七条　司法救济手段乏力

火灾事故频繁发生，造成人员伤亡和财产损害。就一个家庭或者一家企业来讲可能一辈子或者企业存续期间都不会发生一次火灾，但是在全国范围内，每天都有火灾发生，尤其是经济比较发达的地区，经济发展快速增长与消防投入严重不足以及地方政府急功近利，导致火灾发生的几率比其他地区要高出很多。大量的火灾事故，尤其是像中央电视台"2·9"大火、上海胶州路"11·15"大火、吉林德惠禽业公司火灾等这样的重大火灾事故，给家庭、企业、地方政府、社会带来的痛苦和损失及压力是巨大的，是不可弥补的。我们必须用后续的救济手段来最大限度地减轻痛苦、减少压力和损失。然而，立法的缺失及司法审判面临的困境在很大程度上削弱了救济手段的力度和效果。

第八条　社会救济途径少

目前，关于火灾方面社会救济手段很少，如财产保险等社会救济方式还没有被中国社会普遍接受，尤其是在火灾原因不明、找不到责任人的情况下，受害人的损失得不到有效的赔偿，受害人生活陷入困境，甚至无家可归，这是目前立法、执法、审判及社会救济等方面需要综合考虑的问题，也是法律人研究此类案件应重点关注的问题。

第九条　调解难，服判难

由于上述诸多原因，导致案件调解难、服判难，导致当事人上诉、发回重审、申请再审、申请检察院抗诉，甚至无休止的上访等。

第四章 火灾事故民事侵权案件特点概述

第一条 多个侵权责任主体

火灾事故的形成包括起火原因和灾害成因两个阶段，那么侵权行为主体也应该主要在这两个阶段确定。

1. 起火原因层面的侵权责任主体。

燃烧三要素是：助燃物、可燃物、起火源，三者结合是燃烧的基本条件。从燃烧三要素考虑，责任主体通常在可燃物、起火源的过错方。在自然环境下，助燃物为空气中的氧气，但空气不能承担责任。

如从《最高人民法院（2018）民再206号民事判决书》可以看到，案外人燃放烟花构成失火罪，系造成万鑫大厦火灾的主要原因。万鑫公司铺设易燃物品引燃外墙建筑材料，进而形成立体燃烧，导致火势扩大、蔓延是损失发生的过程。该判决认定的起火原因层面的责任主体有两个，火源为燃放烟花，起火物为易燃物品。

一般情况下，起火原因只有一个，那么起火原因层面的责任主体也只有一个。在实务中，也不排除有多个起火原因引发起火的情形，此种情况下，在起火原因层面会有多个责任主体。所谓责任主体仅指人的不当行为，或可归结于人的不当行为主体。

2. 灾害成因层面的侵权责任主体。

灾害成因层面的侵权责任主体，是指导致火灾蔓延、扩大成灾的责任主体。

实务中，火灾报警晚、初期火灾扑救不及时；建筑消防系统的设计、施工、维护、管理不符合相关规定；消防车道被堵；防火间距不够；消防栓没有水，或者有水但水压达不到使用要求等，凡是不符合消防法律法规、消防强制性技术标准的行为和事实，并且与火灾蔓延、损失扩大存在直接因果关系，都会成为赔偿责任主体。

《消防法》规定了34种消防安全违法行为，都可能成为导致火灾蔓延扩大的行为。其他，如违反生活常识的行为等。

综上所述，我们用列举加概括的方式总结了火灾事故民事侵权案件的侵权责任主体。可见，在同一起火灾事故责任中，有如此众多的责任主体，体现了此类案件侵权主体的多数性和复杂性。这是火灾事故民事侵权类案件区别于其他侵权案件的主要特点之一。

第二条 归责原则的多元化

一起火灾事故，从起火原因和灾害成因的角度可能会有多个侵权责任主体，每个主体都有不同的行为，有的是一般侵权行为，有的是特殊侵权行为。比如，电气产品质量缺陷故障导致起火，由于建筑所用材料等不符合《消防法》及消防技术规范强制性规定导致火灾蔓延扩大成灾，在两个层面都有侵权责任人，都构成侵权。在起火原因层面属于特殊侵权，要适用无过错责任原则来归责；在灾害成因层面属于一般侵权，应适用过错原则来归责。这样就会导致在同一个案件中需适用不同的归责原则来归责。对于火灾原因不明确的案件，适用归责原则会更加复杂。这是火灾事故侵权案件区别于其他侵权案件的又一主要特点。

第三条 多因一果

多因一果又称"原因竞合"的数人侵权行为，是指无意思联络的数人侵权，无共同故意或过失，但其行为间接结合导致同一损害结果发生的侵权行为。最高人民法院《关于审理人身损害赔偿案件适用法律若干问题的解释》（2004年）第3条第2款规定："二人以上没有共同故意或者共同过失，但其分别实施的数个行为间接结合发生同一损害后果的，应当根据过失大小或者原因力比例承担相应的赔偿责任。"该司法解释明确规定了"多因一果"侵权行为的构成要件并确立了按份的责任分担原则。"多因一果"行为通常是几个与损害结果有间接因果关系的行为与一个同损害结果有着直接因果关系的行为间接结合导致同一损害结果的发生。其中某些行为或者原因的存在，只是为另一个行为或者原因直接或必然导致损害结果创造了条件，或者造成了损害后果的扩大，而其本身并不会也不可能直接或者必然引发损害结果。

一场火灾是由一系列相关责任人作为的或者不作为的行为综合作用的结果。损害的结果只有一个，但这一个结果却是多个责任人的多个行为共同作用的结果。按照法律的规定，有的行为属于共同侵权，有的行为不属于共同侵权，这样一来，案件的操作难度可想而知。

第四条 因果关系的多层次

主体的多数性和行为的多数性导致因果关系的多层次。每个主体实施一个行为，作为的或者不作为的，该行为与损害结果之间有直接的因果关系，构成侵权，这样的因果关系也是多层次的。起火原因层面的主体实施的行为是不慎导致起火，而灾害成因层面的主体实施的行为是导致火灾蔓延扩大的行为，主要是不作为的行为。比如，上海胶州路"11·15"火灾事故，电焊工违规使用电焊导致燃烧，由于在时间和空间上没有控制住该燃烧，通过不合格的保温材料等因素蔓延、扩大成灾。电焊工的行为和生产、买卖、使用不合格保温材料者的行为与损害结果有因果关系，表现出因果关系的多层次。

第五条 一纸火灾原因认定书带出三种法律责任

同一违法行为，可能涉及三个法律责任——民事赔偿责任、行政违法责任和刑事责任。一纸火灾原因认定书关乎三种法律责任，一旦出现认定错误，三种法律责任就站不住脚，就会成为错案、冤案，财产安全、人身自由受到严重侵犯，火灾原因认定当慎之又慎。

第六条 违约责任和侵权责任的竞合

本条是指租赁期间的房屋、仓库、厂房等，因火灾导致毁损或者灭失情形下的民事赔偿问题。

根据我国《民法典》第186条的规定"因当事人一方的违约行为，损害对方人身权益、财产权益的，受损害方有权选择请求其承担违约责任或者侵权责任"。这是我国《民法典》关于合同违约责任与侵权责任竞合的情形下，可选择案由的法律规定。

另外，我国《民法典》还有以下几个方面的规定：第710条规定"承租人按照约定的方法或者根据租赁物的性质使用租赁物，致使租赁物受到损耗的，不承担赔偿责任"。第714条规定"承租人应当妥善保管租赁物，因保管不善造成租赁物毁损、灭失的，应当承担赔偿责任"。第729条规定"因不可归责于承租人的事由，致使租赁物部分或者全部毁损、灭失的，承租人可以请求减少租金或者不支付租金；因租赁物部分或者全部毁损、灭失，致使不能实现合同目的的，承租人可以解除合同"。这些条款内容看似很明确，其实在适用中经常产生歧义，何谓"妥善保管"？何谓"不可归责于承租人的事由"？法律没有进一步的解释，实务中各自站在自己的利益角度进行解释，导致案件很难解决，实务中这样的案例有很多。

第七条　法官在火灾事故案件中的自由裁量权

处理火灾事故侵权案件有难点，这些难点要求主审法官行使自由裁量权：如确定责任主体方的自由裁量权；举证责任方的自由裁量权，这一点主要是指火灾原因不明的案件。

第五章 典型火灾事故民事诉讼的样本意义

一起火灾事故，尤其是责任事故，往往涉及刑事、行政、民事三大法律责任。笔者认真考察了近几年发生的重大火灾事故案件的处理情况，基本都是在地方政府主导下，很快就对刑事责任和行政责任作出认定处理，其用意是想早日给社会公众一个交代。毫无疑问，这种做法彰显了地方政府查处火灾事故责任者、惩处违法犯罪行为的决心和力度，但是在民事赔偿部分却往往久拖不决，虽有多方原因，但主要原因就是地方政府大包大揽，甚至有意阻止民事赔偿进入司法程序，因为民事诉讼所涉及的主体范围和相关利益方比行政诉讼和刑事诉讼要广泛得多，该程序一旦启动，有可能让所有的违法行为都浮出水面，包括政府主管部门的管理过失行为和不作为行为。这是地方政府无法控制且不愿意看到的。

政府的大包大揽通常不能圆满地解决赔偿问题，因为地方政府本身就是当事者，与火灾事故有着各种各样的利害关系，灾民对地方政府的不信任以及地方政府一刀切的赔偿标准或者故意压低赔偿标准的做法，不但不能及时有效地解决民事赔偿问题，反而可能会使问题更加复杂化。另外，地方政府赔偿费用的来源也备受质疑。

实践中，经历了很多重大火灾事故后，至今还没有形成一套完全依靠司法审判解决火灾事故案件的机制，使得一些有价值的、有借鉴意义的案例或判例没有呈现应有的样本意义，我们已经错过了很多次这样的机会。

1. 总结审判经验和裁判规则，弥补立法缺失很有必要。

考虑到尚没有关于火灾事故原因认定、火灾事故民事赔偿的法律规定，为了总结审判经验，统一裁判尺度，建立完善的纠纷解决机制，相关的法律实务案例就显得尤为重要。

2. 改变花钱买平安的非法解决方式。

现实中，政府为社会稳定、社会和谐，采用大包大揽的方式，花纳税人的钱解决民事赔偿，掩盖了很多违法事实和违法行为，其行为合法性受到质疑。

3. 典型案例的示范作用。

虽然我们不是判例法国家，但典型案例、公报案例已经成为重要的司法参考，典型案例的成功经验显现火灾事故民事诉讼的样本意义，为后续案件的处理提供支持和借鉴，这在立法不完善的情况下很有必要。

第六章 火灾事故调查

第一条 火灾事故调查程序

根据公安部《火灾事故调查规定》，考虑案件的具体情况，火灾事故调查程序包括简易程序和一般程序。

第二条 简易程序

1. 适用简易调查程序的情形。

根据《火灾事故调查规定》，同时具有"没有人员伤亡的、直接财产损失轻微的、当事人对火灾事故事实没有异议的、没有放火嫌疑情形"的火灾，可以适用简易调查程序。

2. 按照《火灾事故调查规定》，适用简易调查程序的，可以由一名火灾事故调查人员调查，而不受一般程序必须由两名以上的调查人员调查的规定。

3. 按照《火灾事故调查规定》，简易程序不适用复核的规定。

第三条 一般程序

根据公安部《火灾事故调查规定》，一般程序包括一般规定、现场调查、检验、鉴定、火灾损失统计、火灾事故认定和复核等。

1. 一般规定。

公安机关消防机构对火灾进行调查时，火灾事故调查人员不得少于两人；公安机关消防机构应当自接到火灾报警之日起30日内作出火灾事故认定；情况复杂、疑难的，经上一级公安机关消防机构批准，可以延长30日。火灾事故调查中需要进行检验、鉴定的，检验、鉴定时间不计入调查期限。

2. 现场调查手段。

询问、传唤、现场指认、勘验现场、现场提取痕迹、物品和现场实验等。

3. 检验、鉴定。

鉴定主要包括专门性技术鉴定、价格鉴定、法医伤情鉴定、死因检验鉴定。

专门性技术鉴定、价格鉴定，应当委托依法设立的鉴定机构进行，委托方为公安机关消防机构。

卫生行政主管部门许可的医疗机构具有执业资格的医生出具的诊断证明，可以作为公安机关消防机构认定人身伤害程度的依据。但是，具有下列情形之一的，应当由法医进行伤情鉴定：（1）受伤程度较重，可能构成重伤的。（2）火灾受伤人员要求作鉴定的。（3）当事人对伤害程度有争议的。（4）其他应当进行鉴定的情形。

尸体检验必须由公安机关刑事科学技术部门进行。公安机关刑事科学技术部门应当出具尸体检验鉴定文书，确定死亡原因。

4. 火灾损失统计。

受损单位和个人申报火灾直接财产损失，并附有效证明材料。

公安机关消防机构应当根据上述申报、依法设立的价格鉴证机构出具的火灾直接财产损失鉴定意见以及调查核实情况，按照有关规定，对火灾直接经济损失和人员伤亡进行如实统计。

5. 火灾事故认定。

公安机关消防机构应当根据现场勘验、调查询问和有关检验鉴定意见等调查情况，及时作出起火原因的认定。

公安机关消防机构作出火灾事故认定后，当事人可以申请查阅、复制、摘录火灾事故认定书，现场勘验笔录，检验、鉴定意见，公安机关消防机构应当自接到申请之日起7日内提供，但涉及国家秘密、商业秘密、个人隐私或者移交公安机关其他部门处理的依法不予提供，并说明理由。

6. 申请复核。

当事人对火灾事故认定有异议的，可以自火灾事故认定书送达之日起15日内，向上一级公安机关消防机构提出书面复核申请；对省级人民政府公安机关消防机构作出的火灾事故认定有异议的，向省级人民政府公安机关提出书面复核申请。

第四条　火灾原因调查的管辖

按照《火灾事故调查规定》，火灾原因调查采用属地管辖原则和级别管辖原则。

属地管辖原则，即火灾事故调查由火灾发生地公安机关消防机构管辖。跨行政区域的火灾，由最先起火地的公安机关消防机构负责调查，由相关行政区域的公安机关消防机构予以协助。

级别管辖原则，即火灾事故调查由火灾发生地公安机关消防机构根据火灾所造成的人员伤亡情况、受灾情况确定级别管辖。造成特别重大人员伤亡或受灾情况特别严重的，由省级人民政府公安机关消防机构调查；造成重大人员伤亡或受灾情况严重的，由市级人民政府公安机关消防机构调查；造成一般人员伤亡或受灾情况一般的，由县级人民政府公安机关消防机构调查。上级公安机关消防机构认为有必要时，可以调查下级公安机关消防机构管辖的火灾。

第五条　火灾原因调查的主体

按照《火灾事故调查规定》，火灾事故调查由公安机关主管，并由公安机关消防机构实施。铁路、交通、民航、林业公安机关消防机构负责调查其消防监督范围内发生的火灾。公安部火灾事故专家组协助调查复杂、疑难的火灾。专家组的专家协助调查火灾的，应当出具专家意见。

公安派出所应当协助公安机关火灾事故调查部门维护火灾现场秩序，保护现场，控制火灾肇事嫌疑人。

第六条 火灾原因调查的时效

按照《火灾事故调查规定》，公安机关消防机构应当自接到火灾报警之日起 30 日内作出火灾事故认定；情况复杂、疑难的，经上一级公安机关消防机构批准，可以延长 30 日。火灾事故认定书自作出之日起 7 日内送达当事人。

当事人对火灾事故认定有异议的，可以自火灾事故认定书送达之日起 15 日内，向上一级公安机关消防机构提出书面复核申请。

火灾事故调查中需要进行检验、鉴定的，检验、鉴定时间不计入调查期限。

第七条 火灾事故认定的复核

1. 复核程序。

按照《火灾事故调查规定》，当事人对火灾事故认定有异议的，可以自火灾事故认定书送达之日起 15 日内，向上一级公安机关消防机构提出书面复核申请。复核申请应当载明复核请求、理由和主要证据。复核申请以一次为限。复核机构应当自收到复核申请之日起 7 日内作出是否受理的决定并书面通知申请人。

复核机构应当自受理复核申请之日起 30 日内，作出复核结论，并在 7 日内送达申请人和原认定机构。

2. 复核内容。

按照《火灾事故调查规定》，复核申请应当载明申请人的基本情况，被申请人的名称，复核请求，申请复核的主要事实、理由和证据，申请人的签名或者盖章，申请复核的日期。

3. 对复核申请的受理

按照《火灾事故调查规定》，复核机构应当自收到复核申请之日起 7 日内作出是否受理的决定并书面通知申请人。有下列情形之一的，不予受理：（1）非火灾当事人提出复核申请的。（2）超过复核申请期限的。（3）复核机构维持原火灾事故认定或者直接作出火灾事故复核认定的。（4）适用简易调查程序作出火灾事故认定的。公安机关消防机构受理复核申请的，应当书面通知其他当事人，同时通知原认定机构。

第八条 对复核申请的审理

按照《火灾事故调查规定》，复核机构应当对复核申请和原火灾事故认定进行书面审查，必要时，可以向有关人员进行调查；火灾现场尚存且未被破坏的，可以进行复核勘验。

复核审查期间，申请人撤回复核申请的，公安机关消防机构应当终止复核。复核机构应当自受理复核申请之日起 30 日内，作出复核决定，并按照《火灾事故调查规定》第 32 条规定的时限送达申请人、其他当事人和原认定机构。对需要向有关人员进行调查或者火灾现场复核勘验的，经复核机构负责人批准，复核期限可以延长 30 日。

原火灾事故认定主要事实清楚、证据确实充分、程序合法，起火原因认定正确的，复核机构应当维持原火灾事故认定。

原火灾事故认定具有下列情形之一的，复核机构应当直接作出火灾事故复核认定或者责令原认定机构重新作出火灾事故认定，并撤销原认定机构作出的火灾事故认定：（1）主要事实不清，或者证据不确实充分的。（2）违反法定程序，影响结果公正的。（3）认定行为存在明显不当，或者起火原因认定错误的。（4）超越或者滥用职权的。

第九条　重新作出火灾事故认定

按照《火灾事故调查规定》，原认定机构接到重新作出火灾事故认定的复核决定后，应当重新调查，在15日内重新作出火灾事故认定。

复核机构直接作出火灾事故认定和原认定机构重新作出火灾事故认定前，应当向申请人、其他当事人说明重新认定情况；原认定机构重新作出的火灾事故认定书，应当按照《火灾事故调查规定》第32条规定的时限送达当事人，并报复核机构备案。

复核以一次为限。当事人对原认定机构重新作出的火灾事故认定，可以按照《火灾事故调查规定》第35条的规定申请复核。

第十条　火灾调查的方法

火灾事故调查的流程见图1。

第十一条　火灾原因认定的证据

根据《中华人民共和国行政诉讼法》（2017年修正，以下简称《行政诉讼法》，全书同）规定，证据包括：书证，物证，视听资料，电子数据，证人证言，当事人的陈述，鉴定意见，勘验笔录、现场笔录。

现场调查证据材料，共有询问笔录等13类，根据实际情况选择添加，其中如《火灾物证鉴定结论》《询问笔录》《火灾现场勘验笔录》《火灾现场平面图》等。

第十二条　火灾原因认定规则

适用中华人民共和国公共安全行业标准《火灾原因认定规则》（XF 1301—2016）规定的程序和证据规则，综合认定火灾原因。

1. 制定依据。

该规则的制定依据为公安部《火灾事故调查规定》和有关技术标准，适用于按照一般程序调查的火灾原因认定，包括认定起火时间、起火部位或者起火点、起火原因和灾害成因。

2. 火灾原因认定的一般要求。

认定火灾原因应当在按照法定程序进行现场勘验、调查询问和必要的检验、鉴定后进行。

作出火灾原因认定前应当完成以下调查工作：

（1）火灾现场已经过动态勘验，拟认定的起火点已经过彻底挖掘和处理，已完成拍摄现场照片、绘制现场图、制作现场勘验笔录。

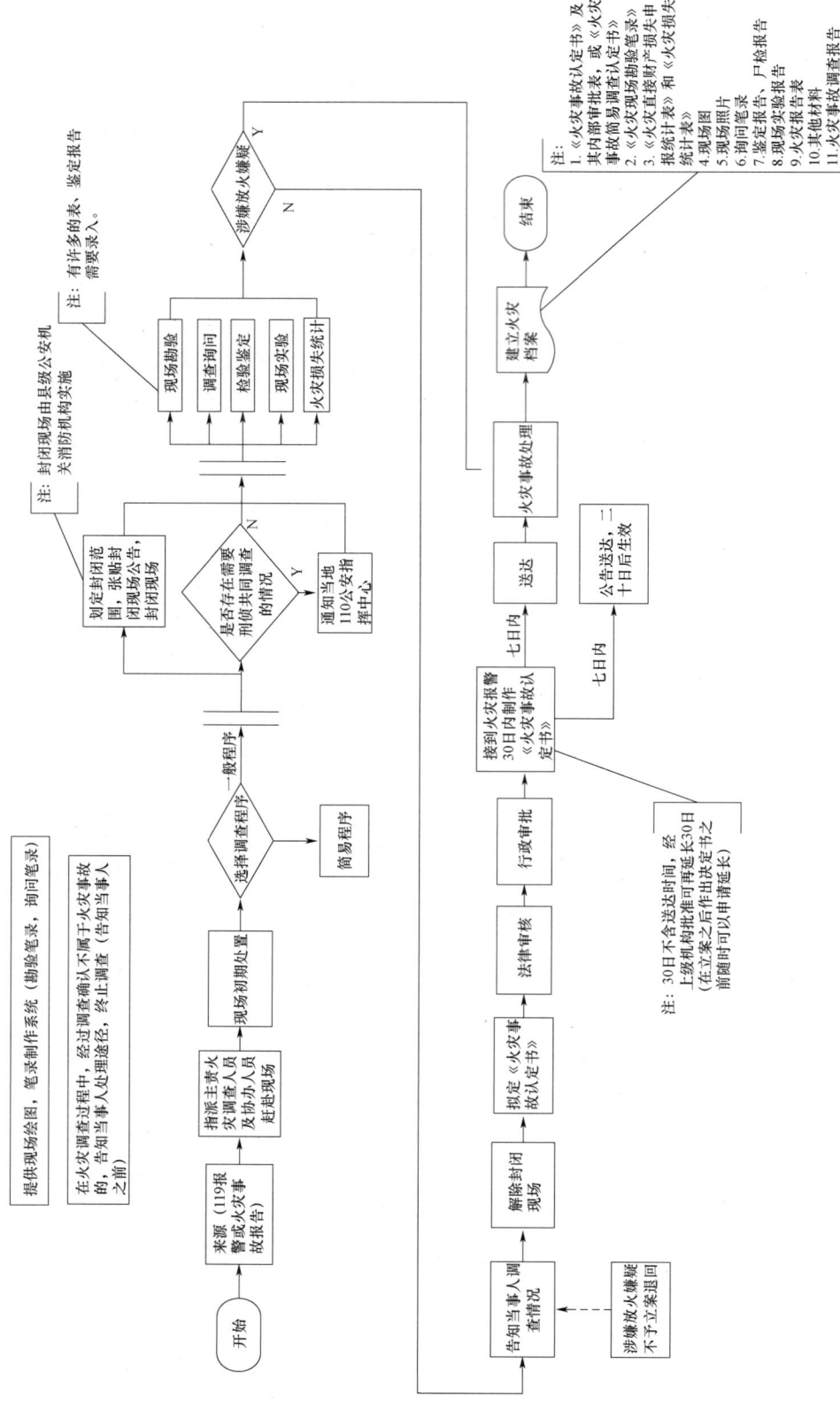

图1 火灾事故调查流程图

（2）根据需要已询问火灾第一发现人、第一报警人，最先扑救火灾的人，现场逃生人员，火灾肇事嫌疑人，熟悉起火场所、部位和生产工艺人员，并获取了相应的证据材料。

（3）其他应当进行的调查工作。

对有人员死亡的火灾，依法获取了公安机关刑事科学技术部门出具的尸体检验文书；公安机关消防机构与公安机关刑事侦查部门共同调查的火灾，获取了公安机关刑事侦查部门出具的排除放火嫌疑的结论材料。

在火灾现场提取或者送检的物证，应当在拟认定的起火点或者起火部位提取。在拟认定的起火点或者起火部位以外提取物证的，应当在拟认定的起火点或者起火部位周围一定的空间范围内；提取电气线路熔痕物证的，应当与拟认定的起火点或者起火部位电气线路故障点处在同一回路。

3. 火灾证据与证据审查。

下列证据材料经过审查判断后可以作为认定火灾原因的根据：

（1）询（讯）问笔录、证人证言、现场指认记录。

（2）录音、视频资料。

（3）现场勘验笔录，现场照片、录像，现场图。

（4）物证鉴定结论。

（5）专家意见。

（6）尸体检验文书。

（7）实物证据。

（8）其他证明火灾原因、灾害成因的证据材料。

火灾现场实验报告和测谎鉴定结论，可以辅助审查、判断证据，但不能作为认定火灾原因的证据。

所有证据必须经过审查判断才能作为认定火灾原因的根据。

单个证据的证据能力标准是：

（1）证据的内容必须是对火灾相关客观事物的真实反映。

（2）每一个具体证据必须与火灾事实有关联。

（3）收集证据的主体和程序必须符合法定要求。

全部证据的证明力标准是：

（1）用于证明火灾事实的各个证据都应当与火灾事实相关联。

（2）全部证据能够证明待证火灾事实。

（3）全部证据应当形成完整的证据链；证据之间没有矛盾，或者虽有矛盾但能够得到合理解释。

审查证据应当注意审查下列具体内容：

（1）询问人、被询问人、证人、当事人签名是否符合要求。

（2）询问笔录、现场勘验笔录、现场照片等记录的内容是否与火灾事实有关联、相互印证。

（3）提取视频资料、物证是否符合法定程序。

（4）公安机关刑事科学技术部门出具的尸体检验文书，内容是否齐全、死亡原因是否明确。

（5）公安机关刑事侦查部门出具的排除放火嫌疑的结论是否明确。

（6）其他需要审查判断的内容。

对专家提出的火灾原因认定意见，公安机关消防机构应当结合火灾调查情况进行综合分析后决定是否采信。

对火灾物证鉴定结论，应当对作出鉴定结论的鉴定机构资质和鉴定人员资格的合法性进行审查，结合火灾调查情况综合分析后决定是否采信。

对不同鉴定机构作出的不一致的火灾物证鉴定结论，应当比对鉴定使用的仪器设备、鉴定方法、鉴定人员经验等，结合火灾调查情况综合分析后决定是否采信。

4. 认定起火源和起火物应当同时具备下列条件：

（1）引火源和起火物在起火点或者起火部位。

（2）引火源足以引燃起火物。

（3）起火部位或者起火点具有火势蔓延条件。

引火源、起火物可以用实物证据直接证明，也可运用实物以外的证据间接证明。

5. 直接认定法和间接认定法。

认定起火原因应当列举所有能够引燃起火物的原因，根据调查获取的证据材料逐个加以否定排除，剩余一个不能排除的作为假定唯一的起火原因。

依据调查获取的证据材料，或者针对假定唯一的起火原因深入调查获取的证据材料，运用科学原理和手段进行分析、验证，证明确定的，即为起火原因。

对起火原因事实清楚，运用证据能够直接证明且确实充分的，可以直接认定。

6. 灾害成因认定。

根据《火灾事故调查规定》，认定灾害成因不受火灾性质、起火原因的限制，与火灾蔓延、损失扩大存在直接因果关系的事实都可以是灾害成因。

认定灾害成因应当围绕火灾现场显现的火势发展、蔓延途径，以及造成人员伤亡、财产损失的情况，根据火灾实际，从火灾控制和火灾扑救方面进行分析：

（1）建筑物、堆垛、罐区等的防火间距，消防车道、公共消防设施、消防水源。

（2）建筑物耐火等级、建筑构件、装饰装修，安全疏散设施、防火分隔设施、防排烟设施、消防通信设施，火灾自动报警系统、自动灭火系统、室内外消防给水系统、通风空调系统，消防电源。

（3）火灾荷载，可燃物品、材料性质。

（4）建筑物开口、未封堵的孔洞情况。

（5）火灾报警、初起火灾扑救和人员疏散情况。

（6）消防队接警、出动、扑救情况。

（7）处置初起火灾的单位员工、社会群众的灭火常识和火场自救逃生能力。

（8）单位消防安全自我管理情况。

（9）其他导致火灾失控、人员伤亡、财产损失的事实。

第十三条　火灾原因认定的逻辑方法

中华人民共和国公共安全行业标准《火灾原因认定规则》（XF 1301—2016）规定，火灾原因认定的逻辑方法包括直接认定法和间接认定法，间接认定法也叫排除法，具体采取哪种方法取决于取得的证据情况。

1. 直接认定法。

所谓直接认定法，是指对起火原因事实清楚，运用证据能够直接证明且确实充分的，可以直接认定。一般是指，当有视频录像、物证、照片或证人证言等直接证据能够直接证明起火原因时，可以直接认定起火原因。

2. 间接认定法。

所谓间接认定法，亦称排除法，是指公安消防机构把起火点范围内的所有可能引起火灾的火源依次排列出来，根据调查情况逐一加以否定排除，确定剩下一种可能性最大的起火源，再运用实践经验和科学知识，对现场遗留的痕迹和其他物证，通过比较、分析、综合、假设、推理、鉴定等方法分析研究而确定的火灾原因。由于证据所限，公安消防机构认定火灾原因也常用排除法。间接认定法存在的逻辑问题是最初可能引起火灾的火源排列是否穷尽？若穷尽，其科学依据何在？排除证据是否确凿？

3. 间接认定法的不同结果。

（1）火灾原因能够确定，起火原因明确的结论。

（2）火灾原因不能确定，但起火点或起火部位能够认定的，可以作出"不排除"的结论。

如果不能找到证据，经过排除法剩下的一种可能性最大的起火源就不能认定为起火原因。

（3）火灾原因不能够确定，起火点或起火部位也不能够认定的，应属于原因不明的情形。

（4）火灾原因认定不明的结果有其存在的重要背景，应当允许火灾原因不明的认定存在。公安部不允许作出火灾原因不明的结论容易导致错误的认定结果。

（5）适用间接认定法（或排除法）认定起火原因，应当慎之又慎，没有充足的证据，只靠推论对具体原因作出的认定结论不能让当事人信服。

第十四条　火灾原因认定

1. 申请调取火灾原因认定证据。

根据《火灾事故调查规定》，火灾原因认定包括的内容：

具体规定：公安部121号令《火灾事故调查规定》

对起火原因已经查清的，应当认定起火时间、起火部位、起火点和起火原因；对起火原因无法查清的，应当认定起火时间、起火点或者起火部位以及有证据能够排除和不能排除的起火原因。

对较大以上的火灾事故或者特殊的火灾事故，公安机关消防机构应当开展消防技术调查，形成消防技术调查报告，逐级上报至省级人民政府公安机关消防机构，重大级别以上的火灾事故调查报告报公安部消防局备案。调查报告应当包括下列内容：

（1）起火场所概况。（2）起火经过和火灾扑救情况。（3）火灾造成的人员伤亡、直接经济损失统计情况。（4）起火原因和灾害成因分析。（5）防范措施。火灾事故等级的确定标准按照公安部的有关规定执行。

公安部2011年2月24日发布的《火灾原因认定暂行规则》（公消〔2011〕43号）第10条规定，《火灾事故认定书》载明的火灾原因应当包括下列内容：（1）起火原因部分，包括起火部位，起火点，有证据证明引起可燃物燃烧、爆炸的引火源和起火物。对起火原因无法查清的，应当写明有证据能够排除的起火原因和不能排除的起火原因，不能排除的起火原因不应多于两个，不得作出起火原因不明的认定。（2）灾害成因部分，主要是查找、分析造成火灾蔓延、失控的主观和客观因素。

2016年8月1日开始实施的《火灾原因认定规则》第4.5条规定：《火灾事故认定书》载明的起火原因应包括起火时间、起火部位（起火点）、引火源和起火物。

2. 火灾事故认定书。

火灾调查的结果是形成火灾事故认定书。火灾事故认定书内容包括：起火原因已经查清的，应当认定起火时间、起火部位、起火点和起火原因；对起火原因无法查清的，应当认定起火时间、起火点或者起火部位以及有证据能够排除和不能排除的起火原因。

第十五条　火灾损失统计

按照《消防法》的规定，消防救援机构有权根据需要封闭火灾现场，负责调查火灾原因，统计火灾损失。火灾扑灭后，发生火灾的单位和相关人员应当按照消防救援机构的要求保护现场，接受事故调查，如实提供与火灾有关的情况。消防救援机构根据火灾现场勘验、调查情况和有关的检验、鉴定意见，及时制作火灾事故认定书，作为处理火灾事故的证据。

按照《火灾事故调查规定》的规定，公安机关消防机构可以根据需要委托依法设立的价格鉴证机构对火灾直接财产损失进行鉴定。

受损单位和个人应当于火灾扑灭之日起7日内向火灾发生地的县级公安机关消防机构如实申报火灾直接财产损失，并附有效证明材料。

公安机关消防机构应当根据受损单位和个人的申报、依法设立的价格鉴证机构出具的火灾直接财产损失鉴定意见以及调查核实情况，按照有关规定，对火灾直接经济损失和人员伤亡进行如实统计。

对较大以上的火灾事故或者特殊的火灾事故，公安机关消防机构应当开展消防技术调查，形成《消防技术调查报告》，逐级上报至省级人民政府公安机关消防机构，重大级别以上的火灾事故调查报告报公安部消防局备案。调查报告应当包括下列内容：火灾造成的人员伤亡、直接经济损失统计情况；起火原因和灾害成因分析。

第十六条　火灾事故调查的法律性质

1. 火灾调查的任务。

火灾事故调查的任务是通过调查火灾原因，统计火灾损失，依法对火灾事故作出处理，总结火灾教训。

2. 火灾调查的本质。

火灾调查的本质是公安机关消防机构根据火灾现场勘验、调查情况和有关的检验、鉴定意见，及时制作火灾事故认定书，获得处理火灾事故的证据。

3. 火灾调查的法律性质。

火灾调查应属行政行为，虽然火灾调查会使用技术手段，但不能认为火灾调查仅属于技术活动，而否定其行政行为的特性。

第十七条　火灾事故认定书的证据属性

《民事诉讼法》规定的证据种类包括：（1）当事人的陈述。（2）书证。（3）物证。（4）视听资料。（5）电子数据。（6）证人证言。（7）鉴定意见。（8）勘验笔录。

《行政诉讼法》规定的证据包括：（1）书证。（2）物证。（3）视听资料。（4）电子数据。（5）证人证言。（6）当事人的陈述。（7）鉴定意见。（8）勘验笔录、现场笔录。

《消防法》明确了火灾事故认定书的证据性质，但并未规定其属于哪种证据形式。火灾事故认定书不属于书证、鉴定意见、勘验笔录和证人证言。火灾事故认定书是建立在证据基础之上的证据，本质上更接近于鉴定意见，但又与司法鉴定意见不同，对其审查应当从举证责任、审查方式等方面视具体情况而为。

第十八条　火灾原因认定书的证据作用

根据《消防法》及《火灾事故调查规定》的规定，消防救援机构根据火灾现场勘验、调查情况和有关的检验、鉴定意见，及时制作火灾事故认定书，作为处理火灾事故的证据。

火灾事故调查和处理的唯一法定机构是公安消防机构，除此之外，其他任何单位和部门均无权、无资质、无能力对火灾事故进行调查和处理，其出具的结论也不具备证据效力。

《中华人民共和国海上交通事故调查处理条例》第4条规定，船舶、设施发生火灾、爆炸等事故，船长、设施负责人必须申请公安消防监督机关鉴定，并将鉴定书副本送交港务监督备案。

认定火灾事故是公安消防机构的法定义务。

第十九条　火灾原因认定书的证明力

因火灾而引发的法律关系类型多样性，火灾原因认定证据的证明标准也不应是单一的。对证明标准要求过低，不利于防范执法风险；要求过高则会影响调查、处理效率，甚至会造成案件久拖不决，反而会影响当事人的合法权益，进而引起执法争议。

1. 火灾原因认定书的证据效力的司法认定逻辑。

《最高人民法院关于适用〈中华人民共和国保险法〉若干问题的解释（二）》（2013年）第18条规定，行政管理部门依据法律规定制作的交通事故认定书、火灾事故认定书等，人民法院应当依法审查并确认其相应的证明力，但有相反证据能够推翻的除外。

该条规定包括三层含义：一是火灾事故认定书属于证据的一种，法院应当依法审查并确认其相应的证明力。二是除非有相反证据能够推翻，否则就作为证据使用；可以用火灾事故认定书以外的其他证据减弱或否定其证明力。三是出具火灾事故认定书就视为完成了举证责任，然后反对方可以举反证。

2. 火灾原因认定证明标准下限，高度盖然性证明标准。

3. 火灾原因认定证明标准上限，刑事诉讼证明标准。

第二十条　没有火灾原因认定书的事实和责任认定

《消防法》规定，消防救援机构根据火灾现场勘验、调查情况和有关的检验、鉴定意见，及时制作火灾事故认定书，作为处理火灾事故的证据。消防救援机构的火灾事故认定书是认定起火原因的唯一证据，其他任何证据都不具备合法性和证明力。

以承运合同为例，我国《民法典》第832条："承运人对运输过程中货物的毁损、灭失承担赔偿责任。但是，承运人证明货物的毁损、灭失是因不可抗力、货物本身的自然性质或者合理损耗以及托运人、收货人的过错造成的，不承担赔偿责任"。按该规定，在火灾事故发生后，承运人有向公安消防机构报告的义务，要求查明火灾原因，否则，承运方对火灾原因负有举证不能之责任，应承担不利的后果。因此，如果没有火灾事故认定书，要按照举证规则认定事实和责任。

第七章　电气火灾原因技术鉴定方法

目前广泛应用的电气火灾原因技术鉴定方法主要有宏观分析法、金相分析法、成分分析法、剩磁分析法、综合分析法、模拟试验法等，上述方法在认定火灾起火原因中发挥着重大作用。

第一条　宏观分析法

1. 中华人民共和国国家标准

参照《电气火灾痕迹物证技术鉴定方法　第1部分：宏观法》（GB/T 16840.1—2008）。

2. 宏观分析法原理。

铜、铝导线无论是火灾热作用还是短路电弧高温熔化，除全部烧失外，一般均能查找到残留的熔痕，其外观具有能代表当时环境条件的特征。

一次短路熔痕和二次短路熔痕均属于瞬间电弧高温熔化，具有熔化范围小、冷却速度快的特点，但不同的是：前者短路发生在正常环境条件下，后者短路发生在火灾环境条件下。而火烧熔痕是导线被火灾热作用熔化的痕迹，其作用时间、作用温度又均与短路不同，它具有受热持续时间长、火烧范围大、熔化温度低于短路电弧温度的特点。由于不同的环境产物参与了熔痕形成的全过程，从而保留了区别一次短路熔痕、二次短路熔痕及火烧熔痕的各自特征。

第二条　金相分析法

1. 中华人民共和国国家标准。

参照《电气火灾原因技术鉴定方法　第4部分：金相法》（GB 16840.4—1997）。

2. 金相分析法原理。

铜铝导线无论是火灾作用熔化还是短路电弧高温熔化，除全部烧失外，一般均能查找到残留熔痕（尤其是铜导线），其熔痕外观仍具有能代表当时环境气氛的特征。

一次短路熔痕和二次短路熔痕同属于瞬间电弧高温熔化，具有冷却速度快、熔化范围小的特点，但不同的是前者短路发生在正常环境气氛中，后者短路发生在烟火与温度的气氛中，而被通常火灾热作用熔化的痕迹，其时间、温度又均与短路不同，它具有温度持续时间长，火烧范围大，熔化温度低于短路电弧温度的特点。虽然都属于熔化，但由于不同的环境气氛参与了熔痕形成的全过程，所以保留了熔痕形成时的各自特征，其呈现的金相组织亦有各不相同的特点。

第三条　成分分析法

1. 中华人民共和国国家标准。

参照《电气火灾原因技术鉴定方法　第3部分：成分分析法》（GB 16840.3—1997）。

2. 成分分析法原理。

短路熔珠内部空洞形成的机理复杂，但主要是金属在熔化时所吸收的氧气等还没来得及与金属充分反应或逸出时，就被截留在内部组织中而形成空洞。

由于一次短路熔珠和二次短路熔珠形成的环境条件不同，不同的环境条件在导线熔化瞬间，必然会进入熔化的金属中，从而在短路熔珠空洞内表面保留下不同短路环境条件的某些特征。

第四条 剩磁分析法

1. 中华人民共和国国家标准。

参照《电气火灾原因技术鉴定方法 第2部分：剩磁法》（GB 16840.2—1997）。

2. 剩磁分析法原理。

由于电流的磁效应，在电流周围空间产生磁场，处于磁场中的铁磁体受到磁化作用，当磁场逸去后铁磁体仍保持一定磁性。

处于磁场中的铁磁体被磁化保持磁性的大小与电流和磁场的强弱有关。通常导线中的电流在正常状态下，虽然也会产生磁场，但其强度小，留在铁磁体上的剩磁也有限。当线路发生短路或有雷电经过时，将会产生异常大电流，从而出现具有相当强度的磁场，铁磁体也随之受到强磁化作用，保持较大的磁性。

在火灾现场中，当怀疑火是由于导线短路或雷电引起而又无熔痕可作依据时，则采用对导线及雷电周围铁磁体剩磁检测，依据剩磁的有无和剩磁的大小判定在火场中是否出现过短路及雷电现象，进一步分析与火灾起因的关系。

除上述四种鉴定方法外，实务中还有综合分析法、模拟试验法等，目前只有上述四种方法已经上升到国家标准。

第五条 现场模拟实验法

根据调查需要，经负责火灾事故调查的公安机关消防机构负责人批准，可以进行现场实验。现场实验应当照相或者录像，制作现场实验报告，并由实验人员签字。

根据上述鉴定方法得出的鉴定结论只是认定起火原因的证据之一，消防机构根据中华人民共和国公共安全行业标准《火灾原因认定规则》（XF 1301—2016）规定的程序和证据规则，综合认定火灾原因。

第八章 火灾事故调查的处理

第一条 涉嫌刑事犯罪、行政违法行为案件的处理

按照《火灾事故调查规定》，公安消防机构在火灾事故调查过程中，应当根据下列情况分别作出处理：

1. 涉嫌失火罪、消防责任事故罪的，按照《公安机关办理刑事案件程序规定》立案侦查；涉嫌其他犯罪的，及时移送有关主管部门办理。

认定为放火嫌疑的火灾，按照有关规定移送公安机关刑事侦查部门调查。经公安机关刑事侦查部门审查排除放火嫌疑的，公安机关消防机构应当结合火灾调查情况，作出放火嫌疑以外的起火原因认定。

2. 涉嫌消防安全违法行为的，按照《公安机关办理行政案件程序规定》调查处理；涉嫌其他违法行为的，及时移送有关主管部门调查处理。

3. 依照有关规定应当给予处分的，移交有关主管部门处理。

对经过调查不属于火灾事故的，公安机关消防机构应当告知当事人处理途径并记录在案。

第二条 案件移送时限及内容

公安机关消防机构向有关主管部门移送案件的，应当在本级公安机关消防机构负责人批准后的24小时内移送，并根据案件需要附下列材料：

（1）案件移送通知书。（2）案件调查情况。（3）涉案物品清单。（4）询问笔录、现场勘验笔录，检验、鉴定意见以及照相、录像、录音等资料。（5）其他相关材料。

构成放火罪，需要移送公安机关刑侦部门处理的，火灾现场应当一并移交。

第三条 公安机关其他部门审查并作出是否立案的决定

公安机关其他部门应当自接受公安机关消防机构移送的涉嫌犯罪案件之日起10日内，进行审查并作出决定。依法决定立案的，应当书面通知移送案件的公安机关消防机构；依法不予立案的，应当说明理由，并书面通知移送案件的公安机关消防机构，退回案卷材料。

第四条 公安机关消防机构及其工作人员涉嫌犯罪行为的处理

公安机关消防机构及其工作人员有下列行为之一的，依照有关规定给予责任人员处分；构成犯罪的，依法追究刑事责任：

（1）指使他人错误认定或者故意错误认定起火原因的。
（2）瞒报火灾、火灾直接经济损失、人员伤亡情况的。
（3）利用职务上的便利，索取或者非法收受他人财物的。
（4）其他滥用职权、玩忽职守、徇私舞弊的行为。

第九章　签订代理合同

第一条　接待当事人

接待当事人主要有下列两点注意事项：

1. 律师必须坚持和提倡诚信诉讼，理性诉讼，不做虚假陈述，相信法律的公平公正，保持情绪稳定。
2. 当事人必须真实地向律师叙述案情，应及时、如实、完整地介绍与委托事务相关的事实情况，提供与委托事项有关的各项文件、资料，并对上述情况和文件资料的真实性和合法性负责。

第二条　谈判、签约

谈判、签约的流程如下：

1. 听取当事人陈述，了解当事人诉求。
2. 根据事实和法律对其诉求做出基本判断。
3. 签订代理合同、收费、开具发票。
4. 出具授权委托书。

第三条　展开代理工作

展开代理工作的流程：

1. 收集、调取证据。
2. 如果需要的话，看现场，收集证据。
3. 整理资料，包括证据目录等。
4. 提示风险，合理调整当事人预期。
5. 提起诉讼或反诉。

第十章　提起行政诉讼

第一条　火灾原因认定行为是否可诉存在争议

火灾事故当事人对火灾原因认定不服，可否提起行政诉讼？这一直是一个有争议的问题。争议点在于：火灾原因认定行为是否属于行政诉讼审理范围？判断的标准是火灾原因认定行为是否属于具体的行政行为？是否属于行政确认行为？是否直接确定了当事人的权利和义务？

2009年以前施行的《消防法》第39条做出了火灾扑灭后，公安消防机构有权根据需要封闭火灾现场，负责调查、认定火灾原因，核定火灾损失，查明火灾事故责任的规定，因该规定涉及火灾事故责任的认定，对当事人的权利义务产生了直接影响，火灾原因认定行为容易被认为属于具体行政行为，应在行政诉讼范围内。

2019年以后的《消防法》第51条第3款作出了"消防救援机构根据火灾现场勘验、调查情况和有关的检验、鉴定意见，及时制作火灾事故认定书，作为处理火灾事故的证据"的规定。公安部《火灾事故调查规定》也不再要求查明火灾事故责任了。不仅如此，《最高人民法院关于适用〈中华人民共和国保险法〉若干问题的解释（二）》第18条明确规定"行政管理部门依据法律规定制作的交通事故认定书、火灾事故认定书等，人民法院应当依法审查并确认其相应的证明力，但有相反证据能够推翻的除外"。

至此，不可诉的理由是：在诉讼中，人民法院应当依法审查并确认火灾事故认定书相应的证明力，如果不服，只能用相反的证据推翻，而不应提起行政诉讼。法院认为，对火灾事故认定行为提起行政诉讼，没有法律依据。

第二条　法院司法实务

法院普遍认为，火灾原因认定行为不属于具体的行政行为，并未对当事人的权利义务产生直接影响，因此不属于行政诉讼的审理范围。法院认为，对火灾事故认定行为提起行政诉讼，没有法律依据。如果起诉到法院，法院一般会在不开庭的情况下直接作出裁定。

现实中，如果法院认为火灾原因认定行为属于行政诉讼的受案范围，行政诉讼案件会海量出现。

第十一章 火灾事故侵权行为及构成要件

第一条 一般侵权行为

一般侵权行为是行为人故意或过失地侵犯他人财产权或人身权、致人损害的违法行为。构成一般侵权行为须符合四方面的要件：（1）行为人实施了侵害他人法定权利的违法行为。（2）造成了他人财产或人身损害。（3）违法行为与损害结果间具有因果关系。（4）行为人具有主观过错。

一般侵权行为是侵权行为的基本形式，它只可分为单独侵权行为与共同侵权行为两种。大陆法系各国的民法对一般侵权行为均适用过错责任原则和自己责任原则，以行为人主要过错作为其承担责任的必要条件。

《民法典》第1165条规定，行为人因过错侵害他人民事权益造成损害的，应当承担侵权责任。依照法律规定推定行为人有过错，其不能证明自己没有过错的，应当承担侵权责任。

第二条 特殊侵权行为

《侵权责任法》第1166条规定，行为人造成他人民事权益损害，不论行为人有无过错，法律规定应当承担侵权责任的，依照其规定。

特殊侵权行为，是指由法律直接规定，在侵权责任的主体、主观构成要件、举证责任的分配等方面不同于一般侵权行为。应适用民法上特别责任条款的致人损害的行为。在《民法典》中，属于特殊侵权行为的情况都有具体的条文明确加以规定。

第三条 确定民事责任的事实基础

起火原因和火灾成因构成了整个火灾原因。起火原因揭示火灾是怎么发生的，灾害成因解决火灾是如何发展蔓延成灾这个问题的。起火原因和火灾成因对处理民事、行政、刑事案件都有重要的指导意义。

1. 起火原因，揭示火灾是怎么发生的，比如，违规使用电焊、抽烟、电器故障起火等，起火原因涉及燃烧的三要素。起火原因部分包括起火部位、起火点、有证据证明引起可燃物燃烧、爆炸的引火源和起火物。对起火原因无法查清的，应当写明有证据能够排除的起火原因和不能排除的起火原因，不能排除的起火原因不应多于两个，不得作出起火原因不明的认定。

2. 火灾成因，灾害成因部分主要是查找、分析造成火灾蔓延、失控的主观和客观因素，火灾成因解决火灾是如何发展蔓延成灾的。比如，未按规定设置消防车道，适用不符合防火要求的建筑材料，未设置消防栓等。

第四条　火灾事故侵权的构成要件

损害赔偿请求权能够成立，就必须证明以下法律要件：（1）存在损害事实；（2）加害人有过错；（3）加害行为与损害事实有因果关系；（4）加害行为是侵权行为。

火灾事故侵权的构成要件，与其他侵权案件无异，按照通说应为四个：（1）火灾事故侵权案件中行为的违法性。（2）财产损害的客观事实。（3）违法行为与损害事实之间的因果关系。（4）行为人主观过错要件。所不同的是，每一个要件根据具体情形可能要分出多个层面，这是火灾事故侵权案件不同的特点。

火灾事故的发生、发展和形成过程有一定的规律性，其形成过程大致为：行为首先要引发起火，火势因失去控制而形成火灾，火灾蔓延、扩大造成损害事实。我们必须沿着火灾事故的发生、发展和形成过程，或者说沿着大火燃烧的过程来寻找行为过错并确定侵权责任主体。

上述过程又可以分成两个阶段，一是行为引发起火；二是火势因失去控制而形成火灾，蔓延、扩大导致损失。

从火灾原因来分析，按照有关规定，火灾原因包括起火原因和灾害成因：首先，从起火原因层面看，施工人员所在单位没有尽到管理义务，导致起火，负有过错责任。其次，从灾害成因看，比如使用了易燃的保温材料，火势迅猛，来不及扑救，导致火灾蔓延、扩大。除此以外，当然还要考察是否有其他原因导致了火灾的蔓延、扩大。如消防规划情况、消防系统的设计情况、施工情况、维护使用情况等，是否违反了消防法律、技术标准的规定等。

在火灾事故侵权案件中，导致火灾蔓延扩大的行为，还可能有《消防法》第58～69条中相关条款规定的消防安全违法行为。包括但不限于上述行为，都可能是导致火灾蔓延、扩大的因素，这些行为都有可能承担火灾事故的赔偿责任。

第五条　重要提示

在司法实践中，我们过多地关注起火原因层面的责任主体，很少关注或者忽略灾害成因层面的责任主体，导致加重部分责任主体的赔偿责任，而减轻了另一部分责任主体的赔偿责任，甚至让一部分责任者逃脱法律的追究，一部分责任者为另一部分责任者充当了替罪羊。

第十二章 锁定过错方

第一条 起火原因层面的过错

起火原因有如下几种常见原因：电器原因、吸烟、生活用火不慎、生产作业不慎、设备故障、玩火、雷击、放火等。

违反法律法规，或者违反生活常识，导致起火燃烧的行为，都属于过错行为。该类行为中，既有积极作为的过错，也有不作为的过错。

按照燃烧的三要素来说，火源、引火物的使用者或管理者都可能成为过错方。

第二条 灾害成因层面的过错

根据中华人民共和国公共安全行业标准《火灾原因认定规则》（XF 1301—2015）规定，灾害成因的认定规则为：

1. 灾害成因部分主要是查找、分析造成火灾蔓延、失控的主观和客观因素。

2. 认定灾害成因不受火灾性质、起火原因的限制，与火灾蔓延、损失扩大存在直接因果关系的事实都可以是灾害成因。

3. 认定灾害成因应当围绕火灾现场显现的火势发展、蔓延途径和造成人员伤亡、财产损失的情况，根据火灾实际，从火灾控制和火灾扑救方面进行分析：

（1）建筑物、堆垛、罐区等的防火间距，消防车道、公共消防设施、消防水源。

（2）建筑物耐火等级、建筑构件、装饰装修，安全疏散设施、防火分隔设施、防排烟设施、消防通信设施，火灾自动报警系统、自动灭火系统、室内外消防给水系统、通风空调系统，消防电源。

（3）火灾荷载，可燃物品、材料性质。

（4）建筑物开口、未封者的孔洞情况。

（5）火灾报警、初起火灾扑救和人员疏散情况。

（6）消防队接警、出动、扑救情况。

（7）处置初起火灾的单位员工、社会群众的灭火常识和火场自救逃生能力。

（8）单位消防安全自我管理情况。

（9）其他导致火灾失控、人员伤亡、财产损失的事实。

凡是导致火灾蔓延扩大的行为，都可能存在过错。有积极作为的过错，也有不作为的过错。

第三条 混合过错

很多火灾事故案件都不是由单一的原因引发的，比如，引发起火的原因包括火源和起火物；导致火灾蔓延扩大的行为包括使用易燃保温材料、报警扑救不及时、消防设计违反规定、没有消防用水等，这些都构成过错，混合在一起或各自起作用，或相互作用，形成损害结果。

第十三章　提起民事诉讼

第一条　诉讼时效

1. 《民法典》第 188 条规定，向人民法院请求保护民事权利的诉讼时效期间为 3 年。法律另有规定的，依照其规定。

诉讼时效期间自权利人知道或者应当知道权利受到损害以及义务人之日起计算。法律另有规定的，依照其规定。但是自权利受到损害之日起超过 20 年的，人民法院不予保护；有特殊情况的，人民法院可以根据权利人的申请决定延长。

2. 如果是产品质量缺陷故障引发火灾，诉讼时效的起算应该是在火灾事故侵权事实确认之日起算。

3. 如果是产品质量缺陷故障引发火灾，还要注意保质期的约定或规定对当事人权利义务的影响。

第二条　确定被告

1. 导致起火的起火源、引火物的使用者、管理者和导致火灾蔓延扩大的行为人，都可以列为民事诉讼的被告。

2. 一般情况下，消防机构不能成为民事诉讼的被告。

第三条　起草起诉状

民事起诉状是整个民事诉讼中最基础的一份文书，原被告双方围绕民事起诉状进行诉辩和举证质证，法院围绕民事起诉状的诉讼请求进行逐项审查并作出裁判。诉状如檄文，篇幅虽短，力道却大，写诉状又是个技术活儿。民事起诉状通常是法官对原告方的第一印象。

1. 起诉状的基本要素。

《民事诉讼法》第 121 条规定：起诉状应当记明下列事项：（1）原告基本信息。（2）被告基本信息。（3）诉讼请求和所根据的事实与理由。（4）证据和证据来源，证人姓名和住所。

2. 围绕上述基本要素，要做到以下几点：

（1）全面掌握案件事实。

了解事实是否全面是我们能否写好民事起诉状的前提条件。必须在了解基本事实上下足功夫。

（2）准确定性法律关系，找到请求权基础。

基本事实清楚了，法律关系搞定了，请求权基础确定了，民事起诉状的书写方向也就基本确定了。

（3）诉讼请求要具体、全面、有依据。

所谓诉讼请求，就是原告请求法院裁判的事项和权利主张，这是法院进行审查和裁判的中心，也是民事起诉状的重中之重。列明诉讼请求时，应具体、全面，并做到有事实和法律依据。

（4）列明适格的诉讼当事人。

列明适格的诉讼当事人，要区分合同纠纷和侵权纠纷的诉讼当事人。

（5）准确表达事实与理由，必须和案由、诉讼请求相呼应。

事实与理由部分应简明扼要，运用法言法语将事实经过进行抽象概括，用词应精简准确，表达注重逻辑，详略得当，必须和案由、诉讼请求相呼应。

第四条 整理证据

凡是能够证明火灾案件事实的材料，都是证据。

1. 火灾事故案件证据包括：火灾发生的证据，起火源，起火物等；火灾蔓延扩大的证据；证明损失发生的证据。

2. 证据来源：从消防机构调取的；自行收集的；申请鉴定；证据保全；现场勘验；申请法院调取等。

3. 制作证据目录。

第五条 到有管辖权的法院起诉

根据《民法典》第186条的规定，因当事人一方的违约行为，损害对方人身权益、财产权益的，受损害方有权选择请求其承担违约责任或侵权责任。这是《民法典》关于合同违约责任与侵权责任竞合的情形下，可以选择案由的法律规定，不同的案由有着不同的管辖规定。

《民事诉讼法》第23条规定，因合同纠纷提起的诉讼，由被告住所地或者合同履行地人民法院管辖。第28条规定，因侵权行为提起的诉讼，由侵权行为地或者被告住所地人民法院管辖。

第六条 申请财产保全

财产保全对于被保全人是一种震慑，尤其是对正常经营的企业来说，如果把基本账号封住，就等于卡住了被保全人的财产、资金命脉。采取保全措施有利于问题的早日解决，也可能使矛盾升级。有时候会成为双方角力的重点，在本诉和反诉中互相保全也很常见。

第七条 申请损失鉴定

1. 消防机构作为处理火灾事故的证据，委托的鉴定。

《火灾事故调查规定》第23条第2款规定，公安机关消防机构可以根据需要委托依法设立的价格鉴证机构对火灾直接财产损失进行鉴定。

2. 民事诉讼中的司法鉴定。

《民事诉讼法》第 76 条规定，当事人可以就查明事实的专门性问题向人民法院申请鉴定。当事人申请鉴定的，由双方当事人协商确定具备资格的鉴定人；协商不成的，由人民法院指定。

3. 消防机构委托的损失鉴定和法院委托的司法鉴定的区别。

消防机构委托的损失鉴定只包括火灾直接财产损失，司法鉴定包括火灾直接财产损失和间接损失。

消防机构委托的价格鉴证机构对损失的鉴定结论能否作为民事赔偿的证据？如果请求人仅主张火灾直接财产损失，该结论可以作为赔偿依据。也就是说，在此种情况下，用于处理行政和刑事案件的火灾直接财产损失结论可以作为民事赔偿的证据。

第十四章 抗 辩

第一条 诉讼时效抗辩

1. 诉讼时效的起算。

《民法典》第188条第2款规定,诉讼时效期间自权利人知道或者应当知道权利受到损害以及义务人之日起计算。

按照上述规定,如果以"权利人知道或者应当知道权利受到损害权利受损害之日"作为起算点的话,应为火灾被扑灭之日起算;如果以"知道或者应当知道义务人之日"作为起算点的话,应为接到火灾事故原因认定书之日起算。

2. 诉讼时效抗辩。

《民法典》第192条规定,诉讼时效期间届满的,义务人可以提出不履行义务的抗辩。

诉讼时效期间届满后,义务人同意履行的,不得以诉讼时效期间届满为由抗辩。

火灾事故是一种侵权行为,自权利人知道或者应当知道权利受到损害以及义务人之日起计算,即火灾被扑灭之日或接到火灾事故原因认定书之日起算,超过三年的,应为诉讼时效期间届满。

第二条 侵权要件抗辩

火灾事故侵权的构成要件包括:(1)火灾事故侵权案件中的违法行为。(2)财产损害的客观事实。(3)违法行为与损害事实之间的因果关系。(4)行为人对火灾的发生发展有过错。每一个要件根据具体情形可能要分出多个层面。只要有一个要件不成立,就够不成侵权。

第三条 过错或责任大小抗辩

引发起火的起火源、引火物的使用者或管理者和导致火灾蔓延扩大的行为人,都可以列为民事诉讼的被告。但是各个行为在火灾事故发生发展过程中所起的作用不同,因此过错或责任大小也就不同。

第四条 证据抗辩

由于火灾的毁灭性特点,使得证据缺失,导致起火原因和灾害原因认定难。火灾成因认定难又导致民事诉讼举证难,损失数额核算难。

民事诉讼的基本规则是谁主张谁举证,作为受损失一方的原告必须首先完成所受损失及其数额的举证责任,否则,按照证据规则就要承担不利的后果。没有证据,证据的证明力的有无或强弱程度会成为对方抗辩的理由。

第五条　对司法鉴定意见的质证

司法鉴定意见是建立在证据基础之上的证据，对基础证据和鉴定意见分别进行质证。对基础证据和鉴定意见分别进行质证，包括程序质证和实体质证。本部分内容既包括本诉的鉴定，也包括反诉的鉴定。

1. 对基础证据即鉴定材料的质证。

人民法院应当组织当事人对鉴定材料进行质证。证据应当在法庭上出示，由当事人质证。未经质证的证据，不能作为认定案件事实的依据。

质证时，当事人应当围绕证据的真实性、关联性、合法性，针对证据证明力有无以及证明力大小进行质疑、说明与辩驳。

2. 对司法鉴定意见进行质证。

证据能力包括对司法鉴定意见证据能力即合法性进行质证，主要内容为鉴定机构和鉴定人员的资质是否符合法定条件，鉴定程序是否合法等。证明力是指鉴定意见的科学性或技术性。

《最高人民法院关于民事诉讼证据的若干规定》第36条规定，人民法院对鉴定人出具的鉴定书，应当审查是否具有下列内容：

（1）委托法院的名称。（2）委托鉴定的内容、要求。（3）鉴定材料。（4）鉴定所依据的原理、方法。（5）对鉴定过程的说明。（6）鉴定意见。（7）承诺书。

3. 要求重新鉴定或补充鉴定。

《最高人民法院关于民事诉讼证据的若干规定》第40条规定，当事人申请重新鉴定，存在下列情形之一的，人民法院应当准许：

（1）鉴定人不具备相应资格的。（2）鉴定程序严重违法的。（3）鉴定意见明显依据不足的。（4）鉴定意见不能作为证据使用的其他情形。

存在前款第一项至第三项情形的，鉴定人已经收取的鉴定费用应当退还。拒不退还的，依照本规定第81条第2款的规定处理。

对鉴定意见的瑕疵，可以通过补正、补充鉴定或者补充质证、重新质证等方法解决的，人民法院不予准许重新鉴定的申请。

重新鉴定的，原鉴定意见不得作为认定案件事实的根据。

实务中，重新鉴定需要更换鉴定机构。

4. 对鉴定机构鉴定资质提出质疑。

《最高人民法院关于民事诉讼证据的若干规定》第32条规定，人民法院准许鉴定申请的，应当组织双方当事人协商确定具备相应资格的鉴定人。当事人协商不成的，由人民法院指定。

人民法院依职权委托鉴定的，可以在询问当事人的意见后，指定具备相应资格的鉴定人。

第十五章　提起反诉

第一条　起草反诉状

1. 反诉的程序条件。

（1）提出反诉的时间：法庭辩论结束前。

（2）反诉的当事人应当限于本诉的当事人的范围。

（3）反诉与本诉的诉讼请求基于相同法律关系、诉讼请求之间具有因果关系，或者反诉与本诉的诉讼请求基于相同事实的，人民法院应当合并审理。

（4）反诉只能向审理本诉的同一人民法院提出。

（5）反诉一般只存在于请求之诉中，不存在确认之诉和形成权之诉中。

（6）本诉与反诉法律上的牵连性表现为建立在同一法律关系之上。本诉与反诉事实上的牵连性表现为虽不是同一种法律关系，但存在利害关系，反诉主张的权利可以吞并、抵销原告的诉讼请求，而且反诉的内容与本诉是同一的或类似的，合并审理符合诉讼经济原则。

（7）本诉与反诉的标的必须是同一性质。既然反诉与本诉意在为某种程度的抵销，其标的必定是同一种类物，否则就无法一并判决。

（8）反诉必须有证据支持。

2. 反诉的实体条件。

反诉实质要件：反诉与本诉基于同一法律关系。

《民事诉讼法》第51条规定，原告可以放弃或者变更诉讼请求。被告可以承认或者反驳诉讼请求，被告有权提起反诉。

3. 反诉必须提出请求。

此类案件的反诉一般是针对房屋出租房的起诉提起的。当房东以侵权为由对引发起火的当事人提起损害赔偿的时候，引发起火的当事人认为房屋存在消防设计缺陷等导致火灾蔓延扩大的行为时，可以针对房东的本诉提起反诉，要求其承担过错范围内的损失。作为引发起火的当事人，利用抗辩或反驳，可以要求房东对自己的损失在过错范围内承担一定份额；利用反诉，可以要求房东对引发起火的当事人的损失承担过错范围内的相应损失。

第二条　整理反诉证据

反诉人对自己在火灾事故中的损失进行统计，列出损失物品、设备等清单。针对清单准备证据，包括购买、使用、库存的证据。如果没有上述物品、设备等的证据，可以让销售方提供书面购货证明。以上证据多为间接证据，证据链条最薄弱的环节是如何证明这些物品、设备是在烧毁的财产范围内，尤其是现场没有留下残骸的情况下。

第三条 申请损失鉴定

如果有证据证明房屋存在不符合消防设计规范等导致火灾蔓延扩大的行为，针对房东的起诉，可以提起反诉，要求房东承担火灾造成的相应损失，并申请损失鉴定。

第四条 反诉不同于反驳

反驳，是被告对原告起诉请求所依据的事实、理由、证据的辩驳。包括提供相反的证据；部分或全部推翻原告提出的事实和证据；提出新的法律根据，反驳原告起诉援引法律的错误，以此论证原告的诉讼请求部分或全部不能成立。

反驳和反诉都是被告在诉讼中的防御手段，但是反驳是被告的单纯防御行为，而反诉则是被告通过发动进攻来进行防御。区分反诉还是反驳，关键在于被告是否向原告提出了独立的诉讼请求。

第十六章　损失鉴定过程的跟踪

司法鉴定是指在诉讼活动中鉴定人运用科学技术或者专门知识对诉讼涉及的专门性问题进行鉴别和判断并提供鉴定意见的活动。

实务经验告诉我们，盯紧司法鉴定意见的形成过程，很有必要。

司法鉴定意见是《民事诉讼法》规定的八种证据形式之一，是建立在证据基础之上的证据。它的形成有一个严格的过程，在这个过程中有两个重要时段，一是提交材料后形成初稿前，二是形成初稿后，形成正式稿前。在这两个阶段要充分表达自己的意见，包括质证和举证，包括基础证据和鉴定意见初稿。实务经验告诉我们，这两个阶段的跟踪和意见表达十分重要。

第一条　专门性技术鉴定

现场提取的痕迹、物品需要进行专门性技术鉴定的，公安机关消防机构应当委托依法设立的鉴定机构进行，并与鉴定机构约定鉴定期限和鉴定检材的保管期限。

目前，沈阳、天津等地都有公安部设立的公安部消防局火灾物证鉴定中心（以下简称鉴定中心），如公安部消防局沈阳火灾物证鉴定中心成立于1993年10月，是公安部消防局授权的全国性火灾物证鉴定的专业机构。主要从事火灾基础理论、成因规律分析、火灾调查及火灾痕迹物证鉴定技术的研究。

公安部消防局火灾物证鉴定中心出具的《技术鉴定报告》是认定火灾原因的重要证据。

第二条　损失价格鉴证

公安机关消防机构可以根据需要委托依法设立的价格鉴证机构对火灾直接财产损失进行鉴定。

对受损单位和个人提供的由价格鉴证机构出具的鉴定意见，公安机关消防机构应当审查下列事项：

（1）鉴证机构、鉴证人是否具有资质、资格。
（2）鉴证机构、鉴证人是否盖章签名。
（3）鉴定意见依据是否充分。
（4）鉴定是否存在其他影响鉴定意见正确性的情形。

对符合规定的，可以作为证据使用；对不符合规定的，不予采信。

第三条　死因及伤残程度检验

1. 死因检验。

有人员死亡的火灾，为了确定死因，公安机关消防机构应当立即通知本级公安机关刑事科学技术部门进行尸体检验。公安机关刑事科学技术部门应当出具尸体检验鉴定文书，确定死亡原因。

2. 伤残程度检验。

卫生行政主管部门许可的医疗机构具有执业资格的医生出具的诊断证明，可以作为公安机关消防机构认定人身伤害程度的依据。但是，具有下列情形之一的，应当由法医进行伤情鉴定：

（1）受伤程度较重，可能构成重伤的。

（2）火灾受伤人员要求作鉴定的。

（3）当事人对伤害程度有争议的。

（4）其他应当进行鉴定的情形。

第四条　火灾损失统计与火灾直接财产损失鉴定的关系

受损单位和个人应当于火灾扑灭之日起7日内向火灾发生地的县级公安机关消防机构如实申报火灾直接财产损失，并附有效证明材料。

公安机关消防机构应当根据受损单位和个人的申报、依法设立的价格鉴证机构出具的火灾直接财产损失鉴定意见以及调查核实情况，按照有关规定，对火灾直接经济损失和人员伤亡进行如实统计。

第十七章　开　庭

第一条　制作证据目录

如果证据较多，开庭前一定制作证据目录。封面要注明证据名称、证据序号、证据内容以及证明目的，证据一定要编好页码和页数范围，根据封面标明的页码马上就能找到所指向的证据。证据的原件也要按照证据的复印件顺序排列，以便对方当事人要求看原件时，不耽误时间。

提交的证据目录，一定要有页目的具体编排，在庭上能够让仲裁员老师根据页目编码马上找到你说的那份证据。

第二条　参与证据交换

经当事人申请，人民法院可以组织当事人在开庭审理前交换证据。

人民法院对于证据较多或者复杂疑难的案件，应当组织当事人在答辩期届满后、开庭审理前交换证据。

证据交换应当在审判人员的主持下进行。

第三条　庭审发言的语速把控

开庭时，当事人或代理人发言的时候，要根据记录人员的打字速度安排语速，保证书记员准确完整地记录下来，日后庭审笔录很重要。

第四条　证据的质证

在证据的质证环节，只要求围绕证据的三性及证明力等直白说明，不要展开辩论。

第五条　提交辩论意见或答辩意见

辩论意见或答辩意见，一定要有电子版，提前提交给法庭是最好的，这样可以大大提高庭审效率。

第六条　法律文书单面打字

提交的各种书面文件，最好是单面打字，不要为了省几张纸而搞成双面打字，双面打字不如单面打字看起来方便。

第七条　庭前认真准备

庭前认真准备很重要，有没有准备是看得出来的。在庭上长时间翻找资料会显得很仓促，很狼狈。

第十八章　责任承担

第一条　归责原则

1. 过错原则、过错推定原则。《民法典》第 1165 条规定，行为人因过错侵害他人民事权益造成损害的，应当承担侵权责任。

根据法律规定推定行为人有过错，行为人不能证明自己没有过错的，应当承担侵权责任。

2. 无过错责任原则。《民法典》第 1166 条规定，行为人造成他人民事权益损害，不论行为人有无过错，法律规定应当承担侵权责任的，依照其规定。

3. 举证责任分配的自由裁量权。法官对举证责任没有自由裁量权，但对证明程度即高度盖然性有作出判定的权力。

第二条　按份责任

《民法典》第 1172 条规定，二人以上分别实施侵权行为造成同一损害，能够确定责任大小的，各自承担相应的责任；难以确定责任大小的，平均承担责任。

第三条　连带责任

《民法典》第 1171 条规定，二人以上分别实施侵权行为造成同一损害，每个人的侵权行为都足以造成全部损害的，行为人承担连带责任。

第四条　火灾事故民事责任主体与责任承担

1. 起火原因层面的过错承担主要责任。

起火原因已经查清的，应当认定起火时间、起火部位、起火点和起火原因。

对起火原因无法查清的，应当认定起火时间、起火点或者起火部位以及有证据能够排除和不能排除的起火原因。

2. 灾害成因层面的过错承担次要责任。

很多人，并不懂火灾形成发展的规律，所以对于这个层面的过错认识不够，或者根本认识不到，这是最容易被忽略的责任。在房屋租赁引发火灾的案件中，通常是房屋出租房存在过错的层面。

3. 起火原因明确的责任承担。

起火原因明确，说明责任主体明确，有无过错及过错大小可以区分，能够落实侵权责任法的侵权要件。

4. 起火原因不明，但起火点或起火部位明确的责任承担。

起火原因虽不明确，但起火点或起火部位明确，对起火点或起火部位所在空间负有管理义务者，应该承担侵权责任。

5. 起火原因不明，起火点也不明确的责任承担。

起火原因不明，起火点也不明确的，在起火原因层面不能确定侵权责任主体，只能在火灾蔓延扩大层面寻找过错方。

6. 混合过错。

混合过错一般是指房屋租赁双方都有过错的情形。比如，出租的房屋不符合消防防火要求，承租方用火不慎导致火灾。

7. 责任承担形式。

实务中，大多案件为按份责任，鲜有连带责任。

第十九章　和解程序

庭外和解，法律意义上指当事人约定互相让步，不经法院以终止争执或防止争执发生。

庭内和解，是指在诉讼进行中，法院法官利用劝解的方法，促使原告和被告和解，经原告和被告同意而达成的和解。

第二十章　房屋租赁合同下的建筑火灾事故案件

第一条　侵权责任与违约责任的竞合及案由选择

《民法典》第186条规定，因当事人一方的违约行为，损害对方人身权益、财产权益的，受损害方有权选择请求其承担违约责任或侵权责任。

实务中，按照上述规定，可以在房屋租赁合同下的建筑火灾事故案件中选择侵权责任或违约责任案由提起诉讼，因为两个不同的案由是基于不同的法律关系确定，要特别注意两者的本质区别。

第二条　起火原因是否查明

实务中，根据起火原因是否查明，可以分四类案件：（1）起火原因查明的案件。（2）起火原因不明，但起火点或起火部位明确的案件。（3）起火原因不明，起火点或起火部位也不明确的案件。（4）没有公安消防机构的《火灾事故认定书》的案件。

火灾事故认定书是处理火灾事故侵权案件的主要证据，当涉案火灾事故中没有公安消防机构的《火灾事故认定书》，或是《火灾事故认定书》语焉不详，无法直观区分火灾事故责任时，应按照民事诉讼的举证责任举证证明火灾事实，否则将承担不利后果。

起火原因不明，起火点也不明确的，在起火原因层面不能确定侵权责任主体，只能在火灾蔓延扩大层面寻找过错方。

第三条　消防义务可否随房屋出租转移给承租方

《消防法》对消防责任主体分别规定了法定的消防义务，法定消防义务不能通过合同约定转移。

比如构成固定资产组成部分的消防设施的设计、施工等由建设方负责，如果建设方没有这些设施的话，不能通过合同约定将消防设施的完善义务转移给承租方，也不能因为承租方知晓没有消防设施，就免除建设方的消防义务。

第二十一章　产品故障引起火灾事故的追偿

第一条　产品质量合同纠纷和产品质量侵权纠纷的区别

产品侵权责任是侵权行为，产品质量纠纷是合同纠纷。二者有原则的区别，主要如：产品质量合同纠纷主要法律规定不同；案由不同；选择的被告不同；诉讼管辖不同等。

第二条　火灾事故的损失追偿

损失追偿的基本原则是火灾事故责任方承担损失赔偿责任后，可以向产品的生产和销售方追偿损失。

第三条　产品质量缺陷导致火灾损失追偿的诉讼时效起算

火灾事故侵权事实被法院认定后，开始起算产品故障侵权的诉讼时效。

第四条　产品是否存在质量缺陷，通常要经过鉴定来判定

是否属于质量问题，是一个专门性问题，需要通过司法鉴定确认。

界定产品质量缺陷的法律规定主要有：《民法典》第1202条；《产品质量法》第46条、第41条第1款；《消费者权益保护法》第7条第2款；《最高人民法院关于民事诉讼证据的若干规定》第4条第6款；2004年国家质检总局、国家发展改革委、商务部、海关总署四部委联合发布的《缺陷汽车产品召回管理规定》第5条。我国对产品缺陷的定义由原《民法通则》规定的"产品质量不合格"发展为《产品质量法》规定的"不合理危险"和不符合强制性标准。

第五条　依据电器或电气故障导致火灾，能否认定产品质量缺陷

故障不能等同于质量缺陷。故障是一个概括性的笼统说法，发生故障的具体原因有很多，产品质量是否存在重大质量缺陷，不能直接依据"电器或电气故障"认定。设备使用中出现故障，其原因可能有安装使用不当，或者维护保养不善等原因，不能直接等同于质量缺陷，在此情况下，受害人应申请对质量问题进行鉴定。

"起火原因是电气线路发生故障"的鉴定结论，这一结论并不能等同于车辆存在产品质量缺陷。

第六条　必须保留好购买产品的证据，作为追偿损失的证据

当遭遇产品质量纠纷或者产品质量缺陷侵权纠纷案件时，首先要证明产品的生产和销售方是谁。购买产品的发票或收据等就会成为有力的证据。

第七条　火灾发生后保留好产品残骸，作为追偿损失的证据

故障产品残骸是追偿损失的直接证据，这是一个容易被忽略的环节，一旦丢失就没有了追偿的证据。

第二十二章 仓库火灾事故保险追偿实务

第一条 企业财产险火灾事故中的主体

在企业财产险火灾事故中，一般包含四方主体：保险公司、企业、物流公司和仓储公司。

第二条 保险公司的代位追偿权

《最高人民法院关于适用〈中华人民共和国保险法〉若干问题的解释（二）》第16条规定，保险人应以自己的名义行使保险代位求偿权。

根据《保险法》第60条第1款的规定，保险人代位求偿权的诉讼时效期间应自其取得代位求偿权之日起算。

企业与物流公司签订物流仓储合同，并将货物交物流公司保管。物流公司将被保险人的货物实际存放在其租赁的仓储公司的仓库之中。货物在仓库中遇火灾导致受损，企业基于财产一切险条款向保险公司索赔。保险公司赔付后获得代为求偿权，再向物流公司和仓储公司进行追偿。

第三条 常见法律问题

1. 保险追偿的基础法律关系。根据《保险法》第60条的规定，保险人自向被保险人赔偿保险金之日起，在赔偿金额范围内代位行使被保险人对第三者请求赔偿的权利，故保险人的追偿权可视为债权的法定转让，其追偿得以被保险人同第三人之间的法律关系为据。

对于货物所遭受火灾损害，保险人可依据被保险人同物流公司之间的仓储物流合同向物流承运人主张违约损害赔偿救济；或基于《民法典》直接向负有保管货物安全的仓库经营者主张侵权救济；抑或保险人可就保险事故所致损失向物流公司和仓储公司一并索赔，要求物流公司和仓储公司承担连带赔偿责任。

2. 保管人对于仓储货物的保管不善问题。

《民法典》第917条规定："储存期间，因保管不善造成仓储物毁损、灭失的，保管人应当承担赔偿责任。"根据此条规定，妥善保管仓储物是保管人的义务，保管人承担赔偿责任的前提是"保管不善"，即存在过错，包括故意和过失两种情形。如果保管人能够证明仓储货物的损失是由于不可抗力或货物自身的原因导致，则无需承担赔偿责任。

3. 对于保管人存在过错的举证责任。

保管人的过错存在于两个层面，一是具体过错；二是管理过错。具体过错是指具体过错行为；管理过错是找不到具体过错的情况下，看谁最有能力控制风险，适用过错推定原则。

即使消防主管部门出具的鉴定意见为火灾原因不明，只要能确定起火点或起火部位是在保管人的仓库内，因为仓储货物是在保管人的仓库中遭遇火灾的，此时货物是在保管人的控制之下而非货主的控制之下。仍不能免除保管人对于自身无过错承担证明责任。

第二十三章　火灾事故财产保险的重要作用

第一条　推行火灾事故财产保险的重要意义

实践证明，推行工程保险及火灾保险制度很有必要。现实情况中，大部分火灾事故财产没有上保险。推行工程保险及火灾保险制度很有必要性。保险的现实意义：（1）证据意义。（2）有效的救济方式，对于赔偿有保障。

第二条　火灾保险主要险种

财产保险基本险，是以企事业单位、机关团体等的财产物资为保险标的，由保险人承担被保险人财产所面临的基本风险责任的财产保险，它是团体火灾保险的主要险种之一。

根据我国财产保险基本险条款，该险种承担的保险责任包括：（1）火灾。（2）雷击。（3）爆炸。（4）飞行物体和空中运行物体的坠落。（5）被保险人拥有财产所有权的自用的供电、供水、供气设备因保险事故遭受破坏，引起停电、停水、停气以及造成保险标的的直接损失，保险人亦予以负责。（6）必要且合理的施救费用。

财产保险综合险也是团体火灾保险业务的主要险种之一，它在适用范围、保险对象、保险金额的确定和保险赔偿处理等内容上，与财产保险基本险相同，不同的只是保险责任较财产保险基本险有扩展。

根据财产保险综合险条款规定，保险人承保该种业务时所承担的责任包括：（1）火灾、爆炸、雷击。（2）暴雨。（3）洪水。（4）台风。（5）暴风。（6）龙卷风。（7）雪灾。（8）雹灾。（9）冰凌。（10）泥石流。（11）崖崩。（12）突发性滑坡。（13）地面突然塌陷。（14）飞行物体及其他空中运行物体坠落。

第三条　保险范围

火灾属于财产一切险所涵盖的保险事故。就保险标的范围而言，火灾保险的可保财产包括：（1）房屋及其他建筑物和附属装修设备。（2）各种机器设备，工具、仪器及生产用具。（3）管理用具及低值易耗品、原材料、半成品、在产品、产成品或库存商品和特种储备商品。（4）各种生活消费资料等。对于某些市场价格变化大、保险金额难以确定、风险较特别的财产物资，如古物、艺术品等，则需要经过特别约定的程序才能承保。

第四条　保险责任

1. 火灾保险承保的保险责任通常包括：
（1）火灾及相关危险。

（2）施救费用。

2. 保险人在经营火灾保险时，亦有如下除外不保风险：

（1）被保险人的故意行为。

（2）各种间接损失。

第五条　保险责任和民事赔偿责任的关系

《最高人民法院关于适用〈中华人民共和国保险法〉若干问题的解释（二）》规定：

1. 保险人未行使合同解除权，直接以存在《保险法》第 16 条第 4 款、第 5 款规定的情形为由拒绝赔偿的，人民法院不予支持。但当事人就拒绝赔偿事宜及保险合同存续另行达成一致的情况除外。

2. 保险人应以自己的名义行使保险代位求偿权。

根据《保险法》第 60 条第 1 款的规定，保险人代位求偿权的诉讼时效期间应自其取得代位求偿权之日起算。

3. 保险事故发生后，被保险人或者受益人起诉保险人，保险人以被保险人或者受益人未要求第三者承担责任为由抗辩不承担保险责任的，人民法院不予支持。

财产保险事故发生后，被保险人就其所受损失从第三者取得赔偿后的不足部分提起诉讼，请求保险人赔偿的，人民法院应予依法受理。

第二十四章　与《消防法》有关的刑事处罚

第一条　失火罪

1. 失火罪的量刑标准。

《中华人民共和国刑法》（2017年，简称《刑法》，全书同）第115条规定，放火、决水、爆炸以及投放毒害性、放射性、传染病病原体等物质或者以其他危险方法致人重伤、死亡或者使公私财产遭受重大损失的，处10年以上有期徒刑、无期徒刑或者死刑。过失犯前款罪的，处3年以上7年以下有期徒刑；情节较轻的，处3年以下有期徒刑或者拘役。

2. 失火罪的追诉标准。

最高人民检察院、公安部《关于公安机关管辖的刑事案件立案追诉标准的规定（一）》第1条规定，过失引起火灾，涉嫌下列情形之一的，应予立案追诉：

（1）导致死亡一人以上，或者重伤三人以上的。

（2）造成公共财产或者他人财产直接经济损失五十万元以上的。

（3）造成十户以上家庭的房屋以及其他基本生活资料烧毁的。

（4）造成森林火灾，过火有林地面积二公顷以上，或者过火疏林地、灌木林地、未成林地、苗圃地面积四公顷以上的。

（5）其他造成严重后果的情形。

第二条　重大责任事故罪

1. 重大责任事故罪量刑标准。

《刑法》第134条第2款规定，强令他人违章冒险作业，因而发生重大伤亡事故或者造成其他严重后果的，处5年以下有期徒刑或者拘役；情节特别恶劣的，处5年以上有期徒刑。

2. 重大责任事故罪的追诉标准。

最高人民检察院、公安部《关于公安机关管辖的刑事案件立案追诉标准的规定（一）》重大责任事故罪量刑标准：

犯本罪的，处3年以下有期徒刑或者拘役；情节特别恶劣的，处3年以上7年以下有期徒刑。

发生安全事故，具有下列情形之一的，应当认定为"造成严重后果"或者"发生重大伤亡事故或者造成其他严重后果"，对相关责任人员，处3年以下有期徒刑或者拘役：

（1）造成死亡一人以上，或者重伤三人以上的。

（2）造成直接经济损失一百万元以上的。

（3）其他造成严重后果或者重大安全事故的情形。

发生安全事故，具有下列情形之一的，对相关责任人员，处3年以上7年以下有期徒刑：

（1）造成死亡三人以上或者重伤十人以上，负事故主要责任的。

（2）造成直接经济损失五百万元以上，负事故主要责任的。

（3）其他造成特别严重后果、情节特别恶劣或者后果特别严重的情形。

第三条　消防责任事故罪

1. 消防责任事故罪的量刑标准。

《刑法》第139条规定，消防责任事故罪，是指违反消防管理法规，经消防监督机构通知采取改正措施而拒绝执行，造成严重后果的，对直接责任人员，处3年以下有期徒刑或者拘役；后果特别严重的，处3年以上7年以下有期徒刑。

失火罪是指由于行为人的过失引起火灾，造成严重后果，危害公共安全的行为。这是一种以过失酿成火灾的危险方法危害公共安全的犯罪。

2. 消防责任事故罪的追诉标准。

《关于公安机关管辖的刑事案件方案追诉标准的规定（一）》第15条规定，违反消防管理法规，经消防监督机构通知采取改正措施而拒绝执行，涉嫌下列情形之一的，应予立案追诉：

（1）造成死亡一人以上，或者重伤三人以上；

（2）造成直接经济损失五十万元以上的；

（3）造成森林火灾，过火有林地面积二公顷以上，或者过火疏林地、灌木林地、未成林地、苗圃地面积四公顷以上的；

（4）其他造成严重后果的情形。

第四条　滥用职权罪、玩忽职守罪

1. 滥用职权罪、玩忽职守罪的量刑标准

《刑法》第397条规定，国家机关工作人员滥用职权或者玩忽职守，致使公共财产、国家和人民利益遭受重大损失的，处3年以下有期徒刑或者拘役；情节特别严重的，处3年以上7年以下有期徒刑。本法另有规定的，依照规定。

国家机关工作人员徇私舞弊，犯前款罪的，处5年以下有期徒刑或者拘役；情节特别严重的，处5年以上10年以下有期徒刑。本法另有规定的，依照规定。

2. 滥用职权罪、玩忽职守罪的追诉标准。

《最高人民法院、最高人民检察院关于办理渎职刑事案件适用法律若干问题的解释（一）》第1条，规定国家机关工作人员滥用职权或者玩忽职守，具有下列情形之一的，应当认定为《刑法》第397条规定的"致使公共财产、国家和人民利益遭受重大损失"：

（1）造成死亡1人以上，或者重伤3人以上，或者轻伤9人以上，或者重伤2人、轻伤3人以上，或者重伤1人、轻伤6人以上的。

（2）造成经济损失30万元以上的。

（3）造成恶劣社会影响的。

（4）其他致使公共财产、国家和人民利益遭受重大损失的情形。

具有下列情形之一的，应当认定为《刑法》第397条规定的"情节特别严重"：

（1）造成伤亡达到前款第（1）项规定人数3倍以上的。

（2）造成经济损失150万元以上的。

（3）造成前款规定的损失后果，不报、迟报、谎报或者授意、指使、强令他人不报、迟报、谎报事故情况，致使损失后果持续、扩大或者抢救工作延误的。

（4）造成特别恶劣社会影响的。

（5）其他特别严重的情节。

《最高人民法院、最高人民检察院关于办理渎职刑事案件适用法律若干问题的解释（一）》第2条规定，国家机关工作人员实施滥用职权或者玩忽职守犯罪行为，触犯《刑法分则》第九章第398～419条规定的，依照该规定定罪处罚。

国家机关工作人员滥用职权或者玩忽职守，因不具备徇私舞弊等情形，不符合《刑法分则》第九章第393～419条的规定，但依法构成《刑法》第397条规定的犯罪的，以滥用职权罪或者玩忽职守罪定罪处罚。

第二十五章　主要参考书目及规定

第一条　《建筑火灾事故民事赔偿法律实务》

该书是王文杰律师于 2013 年 9 月 11 日，在法律出版社出版的专业著述，到目前为止，该书在我国还是第一本专业研究的著述。该书最大的特点在于构建了建筑火灾事故民事赔偿法律实务的框架。

第二条　公安部 121 号令《火灾事故调查规定》

第三条　《火灾原因认定规则》（XF 1301—2016）

第四条　《电气火灾痕迹物证技术鉴定方法　第 1 部分：宏观法》（GB 16840.1—2008），《电气火灾原因技术鉴定方法》（GB 16840.2～4）

主要有宏观分析法、金相分析法、成分分析法、剩磁分析法

第五条　《火灾事故调查工作实务指南》

该书由公安部执法规范化建设领导小组办公室组织编写，公安部相关业务局的领导担任编委，2013 年由公安大学出版社出版。

第六条　常用的法律依据和消防技术规范

1. 《消防法》。
2. 公安部部门规章：《机关团体企业事业单位消防安全管理规定》《建筑工程消防监督管理规定》《消防监督管理规定》《火灾事故调查规定》《消防产品监督管理规定》《仓库防火安全管理规则》《高层居民住宅楼防火管理规则》《社会消防技术服务管理规定》《公共娱乐场所消防安全管理规定》《火灾原因认定规则》等。
3. 《建筑防火设计规范》等。
4. 地方性法规：各省（市、自治区）规定。

第二部分 典型案例解析

第一章 火灾损失统计的法律性质及证据作用

一、火灾损失统计的法律依据及性质

《消防法》第51条规定，消防救援机构有权根据需要封闭火灾现场，负责调查火灾原因，统计火灾损失。

火灾扑灭后，发生火灾的单位和相关人员应当按照消防救援机构的要求保护现场，接受事故调查，如实提供与火灾有关的情况。

消防救援机构根据火灾现场勘验、调查情况和有关的检验、鉴定意见，及时制作火灾事故认定书，作为处理火灾事故的证据。

《火灾事故调查规定》第23条第2款规定，公安机关消防机构可以根据需要委托依法设立的价格鉴定机构对火灾直接财产损失进行鉴定。第27条规定，受损单位和个人应当于火灾扑灭之日起7日内向火灾发生地的县级公安机关消防机构如实申报火灾直接财产损失，并附有效证明材料。第28条规定，公安机关消防机构应当根据受损单位和个人的申报、依法设立的价格鉴证机构出具的火灾直接财产损失鉴定意见以及调查核实情况，按照有关规定，对火灾直接经济损失和人员伤亡进行如实统计。

统计方法，依照行业标准《火灾损失统计方法》(XF 185—2014)(2014年5月1日执行)

本标准代替《火灾直接财产损失统计方法》(GA 185—1998)。火灾损失是描述火灾的重要指标，是火灾统计的重要内容，也是分析揭示火灾规律重要依据之一。本标准依据《消防法》和《火灾事故调查规定》，规定了火灾直接经济损失和人身伤亡统计方法，为公安机关消防机构做好火灾损失统计工作提供依据。

《火灾损失统计方法》(XF 185—2014) 4.1条规定了统计范围：火灾损失统计包括火灾直接经济损失和人身伤亡。4.2条规定了火灾直接经济损失分类：火灾直接经济损失包括火灾直接财产损失、火灾现场处置费用、人身伤亡所支出的费用。

律师说明：

1. 统计火灾损失，是消防机构的法定职责。
2. 此处的损失只包括直接损失，不包括间接损失。
3. 火灾损失统计的基础是受损单位和个人的申报、火灾直接财产损失鉴定意见以

及调查核实情况。

4. 火灾损失统计的数额一般不能作为火灾等级的依据。

5. 当事人必须按照消防机构的要求及时、如实填报财产损失清单并提供相应证据。

6. 火灾损失统计可以作为损失鉴定的重要资料，也可以和其他证据共同作为确定损失的证据。

7. 为了免受上级处罚，减少负面影响，有关部门会隐瞒事故级别，让当事人少报损失，当事人必须认真对待，以免申报不足，造成证据缺失或无法举证。

二、火灾直接损失统计在具体案例中的作用

【民事案例1】 消防大队制作的《火灾直接财产损失申报统计表》可否作为法院认定损失的根据？

【案号】（2015）民申字第895号

【案由】财产损害赔偿责任纠纷

【申请再审意见】

申请人认为应以《火灾事故认定书》认定损失，而不应以《评估鉴定报告》认定损失。《火灾直接财产损失申报统计表》是《火灾事故认定书》组成内容之一。

原审法院依据《评估鉴定报告》认定火灾损失数额是错误的。首先，该评估报告并非一、二审法院依法委托作出的。其次，《火灾事故认定书》对受损资产的认定结论是消防大队经过现场勘验依职权作出的，具有较强的证明力，且《火灾事故认定书》送达后万德福公司也没有提出异议，因此应依《火灾事故认定书》第一时间现场勘验确认的财产损失情况及数额认定火灾损失。《评估鉴定报告》所列的财产损失远远超出《火灾事故认定书》，其作为后续形成的损失报告不具有准确性。

根据《最高人民法院关于民事诉讼证据的若干规定》第59条规定，鉴定人应当出庭接受当事人质询。滨州市四环资产评估事务所作出的《评估鉴定报告》是原审法院认定火灾损失的证据，原审法院审理时并未要求鉴定人出庭接受质询，故原判决认定事实的主要证据未经质证。

火灾事故第一时间到达现场的是消防部门，其依法作出的一系列统计资料更具真实性和合法性。因本案消防部门统计的火灾损失与《评估鉴定报告》评估的损失相差巨大，天海公司书面申请原审法院调取消防部门火灾有关统计资料作为证据，但原审法院对此置之不理。

综上，天海公司根据《民事诉讼法》第200条相关规定申请再审。

【被申请人意见】

公安消防机构对火灾损失的统计是用于内部的统计数据，不是火灾实际损失，不能作为进行民事赔偿的根据。《评估鉴定报告》对火灾损失数额的认定符合事实和法律规定。原审中所有证据均已经当事人充分质证，原审法院也不存在其他违反法定程序的行为。

【最高人民法院意见】

原审法院对火灾损失数额的认定是否有误?天海公司主张应依《火灾事故认定书》来认定火灾损失情况及数额应否得到支持?

最高人民法院认为,关于火灾损失情况,《火灾事故认定书》仅在首段概括列明"火灾事故基本情况",其在末段同时申明:对火灾事故损害赔偿的争议,可依法直接向法院提起民事诉讼。说明《火灾事故认定书》对火灾损失的认定仅是当地消防大队在灾后第一时间对现场损坏基本情况的概括描述,并不能据此来确定相关事故损失。同时,经审查查明,因双方对鉴定机构选择存在分歧,无棣县法院依法委托滨州四环资产评估事务所对损失价值进行鉴定,不存在程序违法,故对天海公司有关主张不予支持。

【民事案例2】 如何认定火灾事故造成的损失大小?

【案号】(2018)渝民申2237号

【基本案情】

再审申请人(一审被告、二审上诉人):扫把加工厂

被申请人(一审原告、二审被上诉人):张某

扫把加工厂申请再审称,一审法院认定火灾损失数额有误。《火灾损失统计表》不能作为民事赔偿的证据使用,万州区消防支队亦出具函件说明了火灾损失统计的地位及功能。张某通过伪造证据、虚报损失的手段,骗取赔偿,依法不应予以主张。万州区人民法院民一庭领导与本案有利害关系,影响案件公正审理。综上,依照《民事诉讼法》第200条相关规定,申请再审。

二审法院经审查对如何认定火灾事故造成的损失大小的意见,现分别评述如下:

如何认定火灾事故造成的损失大小?张某为证明其损失大小,举示了其损失物品的部分原始凭据及万州区消防支队作出的《火灾损失统计表》。《火灾损失统计表》系灾后消防队依据受害人自行报告损失,提交损失相关材料并实地勘察后作出。虽不能精确反映损失具体数额,但亦能较为客观真实地反映损失大小。而消防队的函件,并不能否定《火灾损失统计表》能够反映客观事实并作为民事证据的性质。本案在审理中,扫把加工厂虽否定张某举示的前述证据,但经人民法院释明,其未申请对损失大小进行鉴定,又未举示相反证据对损失大小予以证明,也未举证证明张某证据系伪造的事实。故一、二审法院依据张某举示的损失物品原始凭证、《火灾损失统计表》等证据综合认定损失大小亦无不当。

【刑事案例】 火灾损失统计在刑事量刑中的作用

【案号】(2013)朝刑初字第2535号

【案由】 失火罪

【基本案情】

北京市朝阳区人民检察院指控:被告人任某于2013年5月13日,在北京市朝阳区十八里店乡小武基村四站某家具经营部库房北侧外焚烧垃圾,后将库房内家具引燃,经鉴定,造成家具库房经济损失人民币2447970元。被告人后被查获归案。公诉机关就指

控的事实提供了证人证言、书证、鉴定意见、视听资料等证据材料，认为被告人任某的行为触犯了《刑法》第 115 条之规定，应当以失火罪追究其刑事责任。被告人任某对公诉机关指控的内容未提出异议。其辩护人的辩护意见为：被告人任某在侦查机关尚未掌握其罪行之前主动交代罪行，自愿认罪，系自首；被害单位某家具经营部有过错；被告人任某是过失犯罪，情节比较轻微，建议本院对其从轻处罚。经审理查明，被告人任某于 2013 年 5 月 13 日 8 时许，在北京市朝阳区十八里店乡小武基村四站其工作的修理厂附近（某家具经营部库房北侧）焚烧垃圾，后引发火灾，将某家具经营部库房内的家具引燃。经公安消防支队火灾事故认定书认定，火灾系由于被告人任某焚烧垃圾过程中火焰沿外墙孔洞窜入库房内引燃存放的家具等可燃物所致。经鉴定，火灾造成某家具经营部库房经济损失人民币 2447970 元。被告人任某在火灾发生后拨打"119"电话报警，后在接受公安机关询问时主动交代了其罪行。

上述事实，公诉机关提供了下列证据予以证实：

（1）火灾直接财产损失申报统计表证明：某家具经营部及北京德里亚汽车修理服务中心在火灾发生后申报的财产损失情况。

（2）涉案财产价格鉴定书证明：经鉴定，某家具公司因火灾毁损的库存家具价值总计人民币 2447970 元。

上述证据材料，经法庭举证、质证，本院予以确认。

本院认为，被告人任某法制观念淡薄，未尽到安全注意义务，过失引发火灾，造成公司财产损失，其行为触犯了刑法，已构成失火罪，依法应予惩处。北京市朝阳区人民检察院指控被告人任某犯失火罪的事实清楚，证据确实、充分，指控罪名成立。鉴于被告人任某在失火后拨打火警电话报警，后在司法机关询问时主动交代自己罪行，系自首；且被告人任某在发现起火后积极进行施救，故本院对其所犯罪行依法予以减轻处罚。关于辩护人所提被告人任某犯罪情节较轻的辩护意见，经查，被告人任某的行为给被害单位造成经济损失人民币 240 余万元，危害后果严重，故该辩护意见本院不予采纳。

【行政案例】 火灾损失统计在行政案件中的作用

【案号】（2017）湘 1021 行初 129 号

【案由】消防行政处罚

【基本案情】

上诉人（原审原告）：谢某均。

被上诉人（原审被告）：嘉禾县公安局。

一审查明：2017 年 1 月 28 日，谢某均一家人去嘉禾县珠泉镇中华东路 2 号其二伯父谢某兴家拜年。下午 14 时 41 分许（监控时间为 14 时 49 分许），谢某均将爆竹放置在谢某兴住宅一楼东南侧楼梯间卷闸门外侧燃放，14 时 50 分许，一楼南侧楼梯间东面卷闸门下方缝隙处开始有烟气冒出；15 时 00 分许，胡某荣从一楼北侧商店的北门跑过来打开卷闸门时，卷闸门内火势已猛烈燃烧。2017 年 1 月 28 日 15 时 02 分，嘉禾县公安消防大队接到报警，立即调派力量赶赴现场实施火灾扑救。灭火救援行动结束后，嘉禾县公安消防大队立即对火灾现场进行了封闭，并对报警人、扑救火灾人员、火灾肇事嫌疑人和被侵害人等知情人员进行询问和现场勘验、提取现场火灾物证、调取周边监控录像等调查取证活动。2017年2月10日，嘉禾县公安消防大队对现场提取的火灾物证即起火点正上方被人为截断的闸刀开关送至公安部消防局天津火灾物证鉴定中心进行鉴定。2017年2月24日，公安部消防局天津火灾物证鉴定中心作出了技术鉴定报告，鉴定结果为：送检的闸刀开关检材编号221熔痕为火烧熔痕，排除了一楼东南侧楼梯间卷闸门内侧仓储区电气线路故障引发火灾的可能。2017年5月8日，嘉禾县公安消防大队向相关人员作了火灾事故拟认定说明，内容包括火灾基本情况、起火时间、起火部位、起火原因的认定。2017年5月26日16时，嘉禾县公安局告知了谢某均拟作出行政处罚的事实、理由、依据、结果，以及陈述、申辩、听证权利。2017年5月28日，嘉禾县公安消防大队作出《嘉公消火认字〔2017〕第0003号火灾事故认定书》，主要内容包括火灾事故基本情况、起火原因认定以及申请复核的时间、部门等。其中，火灾直接财产损失共计48万元，无人员伤亡，属于一般火灾事故。起火时间为2017年1月28日14时50分许；起火部位位于谢某兴住宅一楼东南侧楼梯间卷闸门内的仓储区；起火点位于谢某兴住宅一楼东南侧楼梯间卷闸门内的仓储区，距离仓储区北墙0~2米，距离楼梯间卷闸门0~1米范围内。认定起火原因为燃放爆竹引燃周边可燃物引起火灾。2017年6月16日，嘉禾县公安局以谢某均燃放爆竹过失引起火灾，火灾直接财产损失48万元为由，根据《消防法》第64条第1款第（二）项之规定，作出《嘉公行罚决字〔2017〕第0002号公安行政处罚决定书》，决定对谢某均行政拘留10日。2017年6月27日，谢某均向人民法院提起行政诉讼，请求撤销该决定。

【法院意见】

一审法院认为：《火灾事故调查规定》第41条第1款第（二）项规定，公安机关消防机构在火灾事故调查过程中，涉嫌消防安全违法行为的，按照《公安机关办理行政案件程序规定》调查处理。《公安机关办理行政案件程序规定》第148条规定，行政拘留处罚由县级以上公安机关或者出入境边防检查机关决定。依法应当对违法行为人予以行政拘留的，公安派出所、依法具有独立执法主体资格的公安机关业务部门应当报其所属的县级以上公安机关决定。本案中，嘉禾县公安局对嘉禾县公安消防大队在火灾事故调查过程中涉嫌消防安全违法行为人，依法决定予以行政拘留，是其法定职责。本案争议的焦点是嘉禾县公安局作出的行政处罚决定认定事实是否清楚、证据是否充分、程序是否违法。

1. 关于本案行政处罚决定认定的事实及证据问题。根据《火灾事故调查规定》第23条第2款规定，公安机关消防机构可以根据需要委托依法设立的价格鉴定机构对火灾直接财产损失进行鉴定。第27条规定，受损单位和个人应当于火灾扑灭之日起7日内向火灾发生地的县级公安机关消防机构如实申报火灾直接财产损失，并附有效证明材料。第28条规定，公安机关消防机构应当根据受损单位和个人的申报、依法设立的价格鉴证机构出具的火灾直接财产损失鉴定意见以及调查核实情况，按照有关规定，对火灾直接经济损失和人员伤亡进行如实统计。本案中，嘉禾县公安局认定谢某均于2017年1月28日在谢某兴住宅一楼东南侧楼梯间卷闸门外侧燃放爆竹过失引起火灾，有谢某均的陈述，扑救火灾人员、被害人的证言，现场勘验图、照片，现场提取的火灾物证，周边监控录像，气象资料证明，技术鉴定报告，火灾事故认定书等证实，事实清楚，证据确凿。但火灾损失统计表认定直接财产损失48万元，没有受损单位和个人申报火灾直接财产损失及有效证明材料，没有价格鉴定机构对火灾直接财产损失进行鉴定，嘉禾县公安局以此作为处罚裁量的重要依据，证据不充分。

2.《火灾事故认定书》是否超过法定期限作出及送达谢某均问题。《火灾事故调查规定》第18条规定，公安机关消防机构应当自接到火灾报警之日起30日内作出火灾事故认定；情况复杂、疑难的，经上一级公安机关消防机构批准，可以延长30日。火灾事故调查中需要进行检验、鉴定的，检验、鉴定时间不计入调查期限。第33条规定，公安机关消防机构应当制作火灾事故认定书，自作出之日起7日内送达当事人，并告知当事人向公安机关消防机构申请复核和直接向人民法院提起民事诉讼的权利。无法送达的，可以在作出火灾事故认定之日起7日内公告送达。公告期为20日，公告期满即视为送达。第35条第1款规定，当事人对火灾事故认定有异议的，可以自火灾事故认定书送达之日起15日内，向上一级公安机关消防机构提出书面复核申请。复核申请应当载明复核请求、理由和主要证据。本案中，嘉禾县公安消防大队于2017年1月28日接到火灾报警，于2017年5月28日作出火灾事故认定书，且未经上一级公安机关消防机构批准。期间，嘉禾县公安消防大队于2017年2月10日对现场提取的闸刀开关送至公安部消防局天津火灾物证鉴定中心进行鉴定，该鉴定中心于2017年2月24日作出技术鉴定报告，鉴定时间14日。扣除鉴定时间，嘉禾县公安消防大队作出火灾事故认定书已超过上述规定的30日期限。同时，嘉禾县公安消防大队〔2017〕第0021号送达回证载明，火灾事故认定书于2017年6月1日16时18分邮寄送达原告谢某均，但未提供邮寄单及签收回执。嘉禾县公安局也自认，火灾事故认定书后因故未邮寄送达谢某均，但在告知作出拟行政处罚时向谢某均送达了火灾事故认定书，谢某均认为至今未收到火灾事故认定书。嘉禾县公安局于2017年5月26日告知谢某均拟行政处罚事项，嘉禾县公安消防大队于2017年5月28日才作出火灾事故认定书，故嘉禾县公安局所述在告知谢某均拟行政处罚事项时向其送达了火灾事故认定书的理由不成立，应当认定该火灾事故认定书未送达谢某均，剥夺了谢某均申请复核的权利。

3. 关于嘉禾县公安局作出的行政处罚决定是否符合法定程序问题。《火灾事故调查规定》第四章、第五章规定，火灾事故调查包括现场调查、检验、鉴定、火灾损失统计、火灾事故认定、复核、处理。结合前述《火灾事故调查规定》第41条第1款第（二）项、《公安机关办理行政案件程序规定》第148条规定，作出火灾事故认定是对消防安全违法行为人予以行政拘留的前提条件之一。嘉禾县公安消防大队作为公安机关消防机构于2017年5月28日作出《火灾事故认定书》，嘉禾县公安局在火灾事故认定书未作出之前，于2017年5月26日作出拟行政处罚告知，且在火灾事故认定书未送达谢某均的情况下，作出《嘉公行罚决字（2017）第0002号公安行政处罚决定书》，违反上述程序规定。综上所述，嘉禾县公安局作出的《嘉公行罚决字（2017）第 0002 号公安行政处罚决定》，认定直接财产损失 48 万元，主要证据不足；火灾事故认定书未送达谢某均，违反法定程序。据此，依照《行政诉讼法》第 70 条第（一）（三）项之规定，判决：撤销嘉禾县公安局于 2017 年 6 月 16 日作出的嘉公行罚决字（2017）第 0002 号公安行政处罚决定。

三、火灾损失价格鉴定的法律依据及性质

火灾事故中，火灾损失价格鉴定委托主体如下：

（1）公安机关消防机构委托鉴定。

按照《火灾事故调查规定》的规定，公安机关消防机构可以根据需要委托依法设立的价格鉴定机构对火灾直接财产损失进行鉴定。受损单位和个人应当于火灾扑灭之日起 7 日内向火灾发生地的县级公安机关消防机构如实申报火灾直接财产损失，并附有效证明材料。公安机关消防机构应当根据受损单位和个人的申报、依法设立的价格鉴证机构出具的火灾直接财产损失鉴定意见以及调查核实情况，按照有关规定，对火灾直接经济损失和人员伤亡进行如实统计。

公安机关消防机构委托的鉴定，其结果可以作为确定火灾级别和行政处罚的依据。

（2）法院、检察院委托鉴定。

在涉及火灾事故的刑事案件中，损失是涉及定罪量刑的证据，要由侦查机关委托鉴定。

在火灾事故民事案件中，一般由负有举证责任的当事人申请，法院根据需要决定是否启动鉴定程序。

四、火灾直接损失统计与损失价格鉴定的关系

《火灾事故调查规定》第 28 条规定：公安机关消防机构应当根据受损单位和个人的申报、依法设立的价格鉴证机构出具的火灾直接财产损失鉴定意见以及调查核实情况，按照有关规定，对火灾直接经济损失和人员伤亡进行如实统计。

按照上述规定，火灾直接财产损失鉴定意见是火灾直接损失统计的基础。

第二章　火灾事故认定书及调查报告的法律性质及证据作用

一、火灾事故认定书及调查报告的法律性质

法律法规的相关规定如下：

《消防法》第 51 条第 3 款规定，公安机关消防机构根据火灾现场勘验、调查情况和有关的检验、鉴定意见，及时制作火灾事故认定书，作为处理火灾事故的证据。

国务院《生产安全事故报告和调查处理条例》第 30 条规定，事故调查报告应当包括下列内容：

（1）事故发生单位概况。
（2）事故发生经过和事故救援情况。
（3）事故造成的人员伤亡和直接经济损失。
（4）事故发生的原因和事故性质。
（5）事故责任的认定以及对事故责任者的处理建议。
（6）事故防范和整改措施。

事故调查报告应当附具有关证据材料。事故调查组成员应当在事故调查报告上签名。

《生产安全事故报告和调查处理条例》第 32 条规定，重大事故、较大事故、一般事故，负责事故调查的人民政府应当自收到事故调查报告之日起 15 日内做出批复；特别重大事故，30 日内做出批复，特殊情况下，批复时间可以适当延长，但延长的时间最长不超过 30 日。

有关机关应当按照人民政府的批复，依照法律、行政法规规定的权限和程序，对事故发生单位和有关人员进行行政处罚，对负有事故责任的国家工作人员进行处分。

事故发生单位应当按照负责事故调查的人民政府的批复，对本单位负有事故责任的人员进行处理。

负有事故责任的人员涉嫌犯罪的，依法追究刑事责任。

二、火灾事故认定书及调查报告的证据作用

【民事案例 1】火灾事故认定书以及调查报告只是证据的一种，不是认定事实的唯一依据

【案号】（2014）民申字第 1006 号
【案由】保险代位求偿权纠纷
【基本案情】
本案火灾事故重新认定书以及调查报告等文件作为专门机构对火灾成因和责任的认

定,在法律上只是作为证据形式来使用的。经过认证可以成为证明案件事实和作为判决认定责任的依据,但是其不是判决认定责任的唯一依据。

【法院意见】

本案火灾事故重新认定以及调查报告等文件作为专门机构对火灾成因和责任的认定,在法律上只是作为证据形式来使用的。经过认证可以成为证明案件事实和作为判决认定责任的依据,但是其不是判决认定责任的唯一依据。本案火灾发生时,仪征公司承包的钢结构工程实际上仍然在进行施工当中,钢结构工程与杰庆公司承包的装饰工程,在施工时间、工程空间上均有交叉,从整体上是重合的。仪征公司没有证据证明火灾发生时钢结构工程已经完工,虽然有部分面积已经投入使用,不能认定钢结构工程已经交付,仪征公司与夏都公司及杰庆公司之间并没有办理任何钢结构工程的交接手续。杰庆公司进入钢结构工程进行部分内部装饰工程,并不能证明仪征公司对钢结构工程整体的安全管理义务已经终结。因而,仪征公司和杰庆公司作为建设方,均没有完全尽到依法维护施工现场安全的职责和义务,仪征公司对本案火灾所造成的损失根据其过错酌情承担10%的赔偿责任,具有事实和法律依据。

【民事案例2】 四份火灾事故原因认定书,法院如何认定责任

【案号】(2011)郑民一终字第1369号

【案由】产品责任纠纷

【基本案情】

2008年12月22日原告在被告处购买轩逸轿车一辆。2009年1月2日原告对该车辆进行贴太阳膜、铺地板、座套装饰。2009年1月8日原告缴纳车辆购置税13200元,在车辆管理部门注册登记,车牌号为豫D××。后原告在中国人民财产保险股份有限公司郑州市分公司处为该车投保。2009年1月20日凌晨3点左右,该车在汝州市望嵩苑小区院内起火,原告发现后报警,汝州市公安消防大队将火灾扑灭。2009年4月7日汝州市公安消防大队出具火灾原因认定书,载明:该起火灾排除人为纵火,不排除电气线路故障引发火灾。在车辆起火后原告向保险公司报险,保险公司聘请河南省火灾事故调查专家委员会委员季某对该车起火原因进行调查,季某经现场勘察作出火灾原因认定书,载明:该起火灾直接原因是由于该车方向盘前侧仪表盘处电源线短路起火所致。另查明:2009年4月3日汝州市公安消防大队委托汝州市价格认证中心对该车损失进行评估,汝州市价格认证中心于2009年4月7日作出价格评估结论书,载明:该车事故时市场中等价为163000元(含相关费用),扣除残值1500元,损失估价161500元;根据委托方提供资料证明,该车配置装饰材料贴太阳膜、铺地板、座套等花费8000元,成新率90%,损失估计为7200元;该车总损失为168700元。在事故发生后原告通知被告公司,并要求被告予以赔偿,2009年3月11日被告公司将该事故报知车辆生产厂家东风汽车有限公司东风日产乘用车公司(以下简称东风公司),东风公司出具一份火灾分析报告,载明:火灾的发生与车辆本身质量无关,具体引发车辆火灾的原因不明。在庭审之后被告申请对涉案车辆火灾原因进行司法鉴定,法院受理被告的鉴定申请,委托公

安部消防局天津火灾物证鉴定中心进行鉴定,该鉴定中心鉴定人员作出《关于豫D××轩逸汽车火灾原因的鉴定意见》,载明:起火点位于驾驶室内左侧仪表板处;火灾原因不明,但排除人为放火、车内吸烟、车外燃放爆竹引起火灾的因素。

【一审法院意见】

原告以被告所售的车辆存在缺陷导致自燃为由诉至法院,请求被告予以赔偿车款及相关损失,本案案由应为产品责任纠纷。

首先,要查明的是被告所售的车辆是否存在缺陷的产品。本案原告陈述车辆在静止状态下起火,被告对此未提出异议,法院对此事实予以确认。对于起火原因存在四份火灾原因认定书,分别是由消防部门、保险公司、生产厂家以及司法鉴定机构出具的,因生产厂家与本案审理结果有直接利害关系,所出具的火灾原因结论相对缺少客观性。由被告申请法院委托公安部消防局天津火灾物证鉴定中心所作的火灾结论相对客观公正,并且与消防部门、保险公司所作的火灾认定结论并不冲突,故法院以公安部消防局天津火灾物证鉴定中心所作的认定作为查明本案事实的主要依据。依据天津火灾物证鉴定中心所作的火灾认定结论,参考消防部门、保险公司、生产厂家的火灾认定结论,法院确定以下事实:(1)车辆在静止状态由车内部起火。(2)起火点位于驾驶室内左侧仪表板处。(3)火灾原因不明,但排除人为放火、车内吸烟、车外燃放爆竹引起火灾的因素。

在产品责任案件中,原告需对产品存在缺陷负举证责任。本案中,经原告举证、被告举证及申请司法鉴定,法院已查明上述事实,考虑到原告作为车辆使用者相对被告车辆销售者缺少对车辆本身构造等知识的了解,法院认为已经举证证明上述法律事实,原告的举证责任已经完成。依据上述法律事实,法院认为,依据现有证据法院无法确定涉案车辆是否存在缺陷,但应确定涉案车辆起火是由于车辆本身问题所引起,作为产品销售者应当对产品质量包括产品缺陷承担担保责任,故被告应赔偿原告因涉案车辆起火引起的损失。

其次,原告因涉案车辆起火引起的损失应如何确定。依据查明的事实,原告支付车款提走车辆后,缴纳车辆购置税,在车辆管理部门办理登记上牌,购买车辆相关保险,并对车辆进行装饰,均支付相关费用。依据消防部门委托的汝州市价格认证中心对该车损失所作的评估结论,经扣除残值,计算折旧率评估该车损失为168700元,法院认为该评估结论相对客观公正,在无其他关于涉案车辆损失证据的情况下,法院以此作为车辆损失的定案依据。原告同时请求交通费350元、误工费4650元、评估费2500元,对于交通费350元,原告称系主张权利及提起诉讼所产生的费用,法院认为理由适当,数额合理,予以支持;对于误工费4650元,法院认为原告此项请求与本案缺少关联性和必要性,不予以支持;对于评估费2500元,在被告不同意原告赔偿要求的情况下,原告因举证证明损失数额所产生的费用应由被告承担,故对原告主张的此项损失法院予以支持。综上,原告因涉案车辆起火引起的损失共计为171550元。依照《中华人民共和国产品质量法》(2018年,简称《产品质量法》,全书同)第4条、第40条的规定,判决如下:(1)被告河南威佳汽车贸易有限公司于本判决生效后十日内赔偿原告损失

171550元。（2）驳回原告其他诉讼请求。若未按本判决指定的期间履行给付金钱义务，应当按照《民事诉讼法》第229条之规定，加倍支付迟延履行期间的债务利息。案件受理费3820元，由原告负担97元，被告负担3723元。

宣判后，河南威佳汽车贸易有限公司不服一审判决提起上诉称，（1）一审判决认定涉案车辆起火是由于车辆本身问题所引起没有根据。（2）上诉人销售的车辆是合格的，不应适用《产品质量法》。

被上诉人答辩称，本案经多家鉴定机构作出同一鉴定结论车辆系自燃，排除了所有意外原因，说明车辆存在质量问题。一审根据《产品质量法》判决正确。

本院查明的事实与原审法院认定的事实一致。

【二审法院意见】

上诉人上诉称一审判决认定涉案车辆起火是由于车辆本身问题所引起没有根据。双方当事人均认可涉案车辆在凌晨3点静止状态下起火。被上诉人魏某发现火灾后立即报警，公安消防大队将火扑灭，作出火灾认定书，载明：该起火灾排除人为纵火，不排除电气线路故障引发火灾。报险后保险公司及一审法院委托的司法鉴定机构对火灾原因作出的结论，均排除车辆以外原因，认定起火点位于驾驶室内左侧仪表板处。一审法院根据以上三家鉴定机构的结论认定涉案车辆起火系车辆本身问题正确，上诉人的上诉理由不充分，本院不予支持。关于上诉人销售的车辆是否合格的问题。上诉人为此提供其生产厂家出具的一份火灾分析报告，载明：火灾的发生与车辆本身质量无关，具体引发车辆火灾的原因不明。因生产厂家与本案审理结果有直接利害关系，故一审法院不予采信，并无不当。上诉人该上诉理由不成立，本院不予支持。综上，一审法院认定事实清楚，处理正确，应予维持。

【民事案例3】沈阳火灾物证鉴定中心和天津火灾物证鉴定中心的结论不一致，法院如何采信

【案号】（2013）烟民四终字第1059号

【案由】财产损害赔偿纠纷

【基本案情】

2009年5月18日11时6分许，原告王某鹏所在的位于村南的鸡棚发生火灾。2009年7月24日，龙口市公安消防大队出具的《龙公消火认字〔2009〕第0005号火灾事故认定书》认定：原告鸡棚起火原因为王某鹏的鸡棚上方架空电线短路引起的。被告对该认定书有异议，提请烟台市公安局消防大队复核。2009年9月1日，烟台市公安消防大队作出《烟公消火复字〔2009〕第003号火灾事故复核认定书》，此复核认定认为：龙口市公安消防大队作出的《龙公消火认字〔2009〕第0005号火灾事故认定书》因证据不确实充分，需补充调查，重新作出火灾事故认定。2009年11月23日，龙口市公安局消防大队作出撤销《龙公消火认字〔2009〕第0005号火灾事故认定书》的决定，重新作出了《龙公消火认字〔2009〕第0018号火灾事故认定书》，认定：火灾事故基本情况为2009年5月18日11时6分许，龙口市北马镇九甲村村民王某鹏所属的位于村南的鸡棚发生火灾。起火原因为2009年5月18日11时6分许，位于王某鹏住房南侧中间鸡棚北端棚顶外部首先起火，起火原因为王某鹏的鸡棚上方架空电线短路，引燃鸡棚棚顶可燃物，引发火灾。灾害成因为火灾首先从中间鸡棚北端棚顶外部引起，而鸡棚采用塑料薄膜、毛毡布、稻草帘、竹竿、木方等材料搭建，使火势迅速沿可燃材料从中间鸡棚北端向南蔓延，并由于热辐射和飞风作用将两侧的鸡棚和料棚引燃，使整体形成充分燃烧。

本案中，出现两份鉴定结论，即沈阳火灾物证鉴定中心鉴定结论和天津火灾物证鉴定中心鉴定结论，两份鉴定结论完全相反。

沈阳火灾物证鉴定中心鉴定结论认为系火烧熔痕，由此可以认定，本次火灾并非电线短路引起燃烧。天津的鉴定结论为有一次短路熔痕，证明系短路引起燃烧。龙口市公安局消防大队依据天津火灾物证鉴定中心鉴定结论做出了火灾事故原因认定。一审判决后，被告不服，提起上诉。

关于起火的原因。一审法院依据《火灾认定书》认定起火原因为架空电线短路引燃鸡棚棚顶可燃物引发火灾是错误的，没有认真全面地审核关键事实和证据。公安消防机构作出的《火灾事故认定书》不是法院办理民事案件过程中必然采信的证据，其效力如同交警部门作出的交通事故认定书一样，人民法院经审理认为不妥的，不应采信，应以人民法院认定的案件事实作为定案依据。本案起火原因认定的关键问题是，消防部门的卷宗材料可以证实，消防机关先后两次提取火灾现场裸铝线残留物送到沈阳火灾物证鉴定中心和天津火灾物证鉴定中心进行鉴定，沈阳的鉴定结论为火烧熔痕，证明本次火灾不是电线短路引起，天津的鉴定结论为有一次短路熔痕，两鉴定中心均是公安部消防局授权的全国性火灾物证鉴定的权威专业机构，两份鉴定结论完全不同，龙口消防在第一次做出火灾认定书时，尚不存在天津的鉴定结论，故烟台消防支队以证据不确实充分为由责令重新做出认定。龙口消防第二次做出火灾认定书时，虽然做了天津的鉴定结论，但消防部门依据什么采纳天津的结论，而不采信沈阳的结论？况且消防部门到天津鉴定时送检的检材未依据《火灾事故调查规定》第21条第3款的规定，由上诉人签名确认，不能确定送检的检材为现场封存的检材，程序上存在重大瑕疵。由此，第18号火灾认定书作出的依据严重不足。

【法院意见】

上诉人称不应采信《龙公消火认字〔2009〕第0018号火灾事故认定书》，理由是该认定书采信了天津的鉴定结论，而天津的鉴定程序违法。但上诉人没有充分证据证明天津的鉴定结论程序违法或鉴定结论明显与事实不符。并且，消防部门是认定火灾事故的法定部门，其依据哪个鉴定结论作出事故认定属于消防部门职责范围内的事，在没有充分证据否认该事故认定书的前提下，应对该事故认定书予以采信。

【民事案例4】法院认定《火灾事故认定书》证据效力的逻辑思路

【案号】（2013）浙民申字第539号

【案由】财产损害赔偿纠纷

【基本案情】

区消防大队出具的《火灾事故认定书》认定的起火点没有确切位置，这种模糊认定不宜作为界定相关当事人责任的依据。福安公司在一审时提出了技术审核的建议，二审提交了要求进行技术审核的申请书，一、二审未报送技术审核违反法律规定。

【法院意见】

关于《火灾事故认定书》的证据效力。

温州市公安局瓯海分局消防大队对本次火灾事故进行调查后，作出《瓯公消火认字（2011）第0006号火灾事故认定书》，该《火灾事故认定书》是消防部门第一时间赶到事故现场，并在最快的时间内对事故发生原因、财产烧毁情况进行现场勘验，同时就火灾情况询问相关当事人，温州市公安局瓯海分局消防大队依据现场勘验笔录、询问笔录、事故照片结合其专业知识而作出，客观反映起火原因和火灾事故形成的各种因素，且福安公司对《火灾事故认定书》认定的内容也没有提出复核申请，该《火灾事故认定书》应作为有效证据采信。福安公司提出消防部门作出起火点在其仓库一楼的认定缺乏依据，但未提供有效证据证明，该理由不能成立。

【附】

中华人民共和国最高人民法院

民 事 裁 定 书

（2017）最高法民申1831号

本院经审查认为，围绕当事人的再审请求、事实理由，本案审查焦点为：原判雄鹏公司、丽都广场、徐×良对火灾事故损失责任承担是否正确。

首先，关于认定火灾损失责任认定依据问题。雄鹏公司、丽都广场、徐×良均申请再审主张以准格尔旗公安消防大队作出的《火灾事故认定书》和《准格尔旗人民政府关于金峰商厦4·3火灾事故调查报告的批复》作为认定民事侵权案件判决依据不当。

最高人民法院认为，依据《消防法》第51条规定，公安机关消防机构有权根据需要封闭火灾现场，负责调查火灾原因，统计火灾损失。火灾扑灭后，发生火灾的单位和相关人员应当按照公安机关消防机构的要求保护现场，接受事故调查，如实提供与火灾有关的情况。公安机关消防机构根据火灾现场勘验、调查情况和有关的检验、鉴定意见，及时制作火灾事故认定书，作为处理火灾事故的证据。国务院《安全事故报告和调查处理条例》第30条、第32条规定，事故调查报告应包含事故造成的人员伤亡和直接经济损失、事故发生的原因和事故性质、事故责任的认定及对事故责任者的处理建议等，政府对调查报告做出批复后，有关机关应当依照人民政府的批复，依照法律、行政法规规定的权限和程序，对事故发生单位和有关人员进行行政处罚，负有事故责任的人员涉嫌犯罪的，依法追究刑事责任。因此，原判依据《火灾事故认定书》和《准格尔旗人民政府关于金峰商厦4·3火灾事故调查报告的批复》作为认定火灾发生原因及处理火灾事故的证据并无不当。雄鹏公司、丽都广场、徐×良申请再审亦未提供相反证据足以推翻公安消防机构在其职权范围内制作文书所记载的事项，对其该项再审申请不予支持。

【民事案例 5】消防局认定"不能排除空调内部故障引起火灾",能否认定火灾系空调质量缺陷所引起

【案号】(2014)鲁民一终字第 266 号

【案由】财产损害赔偿纠纷

上诉人杨某称,本案中,火灾系由被上诉人格兰仕公司生产的空调质量问题引起的;并且从火灾事故认定书中可以确定,消防部门已明确认定起火点为涉案空调内部,同时排除了外部引起火灾的可能,但是不排除空调内部故障引起火灾。且火灾发生时正值严冬,该商业区无统一供暖,各商户均用空调取暖,而其他商户正在使用的所有电器均未出现任何问题,由此可以排除所谓可能"因电压不稳"而导致空调起火的主张;该空调已正常使用数月时间,由此也可排除所谓"因安装及操作使用是否正确"而导致空调起火的可能性。

【法院意见】

本案审查的主要问题为:1. 火灾是否是由格兰仕空调质量缺陷所引起的?2. 本案应由哪一方当事人承担火灾损失认定的举证责任?

1. 关于火灾是否是由格兰仕空调质量缺陷所引起的问题。

消防局作出的火灾认定书仅是认可存在空调内部故障引发火灾的这种可能性,但其并没有得出空调内部故障是引起火灾的原因这一确定性的结论,并且空调器存在的质量问题并不是导致空调器内部故障的唯一原因,电压是否稳定、安装及操作使用是否正确、维修是否规范等均可能导致空调器内部故障,消防局作出的火灾认定书对涉案火灾原因并未做出确定性、结论性认定。因此,杨某仍需列举其他证据证明涉案空调存在质量缺陷。本案中,杨某主张在其与格兰仕公司协商的过程中格兰仕公司实际承认了空调质量存在缺陷,本院认为,尽管格兰仕公司与杨某曾协商过预赔款的相关事宜,但格兰仕公司在此过程中均未明确表示火灾是由其空调质量缺陷所引起,并且杨某、格兰仕公司两次达成的预先赔付协议中均明确载明"本协议不作为判定空调有无质量问题的任何依据",因此该证据不能证明空调存在质量缺陷。除此之外杨某无其他证据对其该主张加以证明,故本案不能认定火灾是由格兰仕空调质量缺陷所引起的。

2. 关于本案应由哪一方当事人承担火灾损失认定的举证责任的问题。

《民事诉讼法》第 64 条第 1 款规定:"当事人对自己提出的主张,有责任提供证据。"另外,《最高人民法院关于民事诉讼证据若干问题的规定》(2008 年版,2019 已修正)第 2 条规定:"当事人对自己提出的诉讼请求所依据的事实或者反驳对方诉讼请求所依据的事实有责任提供证据加以证明。没有证据或者证据不足以证明当事人的事实主张的,由负有举证责任的当事人承担不利后果。"本案中,杨某要求格兰仕公司赔偿其因火灾造成的各项损失,因此,本案火灾损失的举证责任应由杨某承担。然而,本案中,火灾发生前的照片及相关货品的鉴定证书不能证明其真实性,而杨某自行编制、计算的损失明细无其他证据予以佐证,其客观真实性待证。因此,杨某提交的该证据无法证实其因本次火灾所遭受的损失数额，杨某需承担举证不能的不利后果，故杨某的该项申请理由不能成立。

【民事案例6】 二次熔痕能否作为认定火灾原因的直接证据

【案号】（2015）承民终字第00688号

【案由】财产损害赔偿纠纷

【基本案情】

一审查明：2011年5月15日16时17分许，承德市开发区承兆祥钢材经销处办公用房发生火灾。火灾烧毁承德市开发区承兆祥钢材经销处办公用房及室内办公生活用品等，文飞公司库房及汽车配件等，博堃公司仓库及室内办公生活用品等，过火面积约150平方米。承德市公安消防支队作出的《承公消火认字（2011）第0004号火灾事故认定书》认定，起火原因为：此起火灾起火部位位于承德市开发区承兆祥钢材经销处办公用房由东向西第二间房屋北墙所处的局部空间范围，因北墙外侧上方电缆线故障引发墙体泡沫板起火发生火灾。灾害成因为：（1）彩钢瓦建筑用房耐火等级低，加速火势蔓延。（2）起火部位堆放轮胎、衣柜、床垫等易燃可燃物品，加速火势蔓延。同时查明，发生故障的电缆线为被告所有。

2011年9月15日，被告以不服承德市公安消防支队对此次火灾作出的火灾事故认定书，已提起行政诉讼为由，申请本案中止诉讼，当日，本院裁定本案中止诉讼。后被告提起的行政诉讼被法院裁定驳回起诉，2013年7月29日，本案恢复审理。2014年3月25日，本院委托承德市涉案物品价格鉴证中心对原告因此次火灾受到的损失进行鉴定，因鉴定标的灭失，鉴定机构无法进行准确的价格鉴定，2014年11月26日，承德市涉案物品价格鉴证中心退回委托。

【法院意见】

因发生故障的电缆线为被告所有，故原告因火灾所受到的损失应由被告赔偿。结合本案实际情况，本院确认被告需赔偿原告火灾损失4万元。根据《侵权责任法》第6条之规定，判决如下：（1）被告承德市文飞汽车修理有限公司于本判决生效后10日内赔偿原告承德博堃建设集团有限公司人民币4万元。（2）驳回原告承德博堃建设集团有限公司其他诉讼请求。如果未按本判决指定的期间履行给付金钱义务，应当依照《民事诉讼法》第232条之规定，加倍支付迟延履行期间的债务利息。案件受理费6700元，由原告负担3350元，由被告负担3350元。

上诉人博堃公司不服一审判决提起上诉称：作为人民法院确定当事人损失的依据应当是客观事实，而不应当是主观意识，原审判决对于上诉人的损失数额认定过低。上诉人所遭受的火灾事故损失从承德市公安消防支队所作出的火灾事故责任认定书中确定过火面积约150平方米，实际面积为168平方米，光彩钢房一项损失就达6万余元，这是市场的平均价格，不包括基础、垫层以及恢复重建的停工损失。上诉人的彩钢房是仓库存放着建筑用装修器材及生活用品。168平方米房间中堆放物品价值30万元，加之房屋损失不少于36万元，原审判决仅凭主观判断确定出来的赔偿数额尚不够恢复原状重建房屋的损失，认定损失数额过低。故此提出上诉予以改判，判令被上诉人赔偿上诉人经济损失36万元。

上诉人文飞公司不服一审判决提起上诉，称：一审法院认定事实不清。《火灾事故认定书》认定起火原因为电缆故障引发与科学结论不符，与客观事实不符。《火灾事故认定书》中称："现查明，此起火灾起火部位于承兆祥钢材市场经销处办公用房由东向西第二间房屋北墙所处的局部空间范围，起火原因为承兆祥钢材市场经销处办公用房由东向西第二间房屋北墙外侧上方电缆故障引发墙体泡沫板起火发生火灾。"通过向有关消防专业人员和电气专家进行咨询，查阅了大量相关资料，认为这起火灾原因认定并不充分。承德市公安消防支队《承公消火认字（2011）第0004号火灾事故认定书》未经过合理排除其他起火原因，即单纯认定火灾系电缆故障引发，此举缺乏公正性和科学性，在整个认定过程和认定方法上存在诸多问题：（1）责任认定的结论与两份鉴定报告的起火原因相互矛盾。一次短路熔痕是指，导线因自身故障于火灾前形成的短路熔化痕迹，二次短路熔痕是指在外界火焰或高温作用下，导线绝缘层失效发生短路熔化后残留的痕迹。而承德市公安消防支队《承公消火认字（2011）第0004号火灾事故认定书》，没有采纳公安部消防局沈阳火灾物证鉴定中心第SY2011110号技术鉴定报告和第SY2011120号技术鉴定报告"不认定一次短路熔痕，即导线因自身故障于火灾前形成的短路熔化痕迹"的结论。其中，第一次送检的东侧1号线；东侧往西房后3.5米处熔珠；房后3.5米处向西延伸的导线；房后3.5米处铁皮上残存的熔珠。金相分析为：送检的1-1#、1-2#、1-3#、1-4#和1-5#熔痕均为二次短路熔痕；1-6#熔痕为电热作用形成的熔痕；2#和4#熔珠（均为若干枚）均为火烧熔珠（各附其中一枚的金相组织照片）；3#熔痕为火烧熔痕。

第二次所送检的承兆祥钢材市场经销处后侧起火部位下方地面残留物中水洗熔珠2粒。金相分析为：送检的1#、2#熔珠均为火烧熔珠。仅仅有1-6#熔痕鉴定为电热作用形成的熔痕，但此熔痕并没有明确注明是火灾前电热作用形成的熔痕（一次熔痕），还是火灾后电热作用形成的熔痕（二次熔痕）。从第一次送检的1-1#、1-2#、1-3#、1-4#和1-5#熔痕均为二次短路熔痕、2#和4#熔珠（均为若干枚）均为火烧熔珠、3号熔痕为火烧熔痕和第二次送检的1#、2#熔珠均为火烧熔珠，来综合分析判断应当为火灾后电热作用形成的熔痕（二次熔痕）。如果理解为火灾前电热作用形成的熔痕（一次熔痕）与上述鉴定结论结果互相矛盾；火烧带电导线，短路可能会连续发生，在导线多处留下短路痕迹，火灾前短路只有一对短路点。SY2011110号技术鉴定报告的鉴定结论：经金相分析，送检的1-1#、1-2#、1-3#、1-4#和1-5#熔痕均为二次短路熔痕，由此证明了是火烧带电导线，造成短路和连续短路，在导线多处留下多处短路痕迹。一次短路熔痕是不可能出现此种现象的。综上所述，上述证据均证明了以下三点，即：①两份技术鉴定报告与承德市消防支队出具的火灾事故认定书不相符。②承德市消防支队认定的火灾事故起火原因既没有事实依据，也没有科学依据。承兆祥钢材市场经销处办公用房由东向西第二间房屋北墙外侧上方电缆故障引发墙体泡沫板起火发生火灾的认定没有科学依据，此处并不是第一处起火点。所有的证据都证明，应当是二次短路熔痕在外界火焰或高温作用下，导致由东向西第二间房屋北墙外侧上方正在通电的电缆线绝缘层失效发生短路熔化。③证明了蔓延路线，是由承兆祥钢材市场经销处办公用房由东侧第一间向西火烧到第二间后，造成第二房间的电线被烧短路。使用同一电源的其他房间没有发现短路痕迹，说明火灾烧到有短路痕迹的房间。因为它短路引起保险器动作，其他房间导线绝缘烧坏后已经没电，则不能产生短路痕迹。（2）承兆祥钢材市场经销处办公用房由东侧第一间开始着火时，原告单位的房间内电视还开着，工人还在正常使用电焊机，也证明了不是电缆故障引起的火灾。如果在火场全部线路中只存在唯一的一处短路点，并且充分排除了其他所有起火因素，或者短路点与起火点位置一致；或者起火前这一电路的电灯熄灭，都可说明这个短路发生在起火之前，它就是起火原因。若在一段导线范围内发现多个短路点，且火灾前照明正常，说明这种短路由火灾造成。原告单位的电源就来自这一根电缆线，出庭作证的证人大都证明了一点，即承兆祥钢材市场经销处办公用房由东侧第一间开始着火时，原告单位的房间内电视还开着，工人还在正常使用电焊机，这也足以说明不是电缆故障引起的火灾。（3）从承兆祥钢材市场经销处办公用房由东向西外侧上方电缆质量及用电热常识上分析，能排除并非电缆引起的火灾。承兆祥钢材市场经销处办公用房与上诉人单位办公用房相连，由东向西，东边为承兆祥钢材市场经销处厨房。两个单位使用一个配电箱，此配电箱输出输入有多根线路，主要是承兆祥钢材市场经销处的线路，有380伏的工业用电；也有较细的220伏的民用电路。①上诉人单位的电缆是符合国家标准的，是2010年10月份购买的新电缆，且不超熔，不老化。②电表和电闸都符合国家质量标准，现在仍没有任何问题。③二诉人单位的电缆是一根电缆，两边的接头完好，没有问题，中间没有接头，所以不存在接头接触不良打火形成短路问题。④经有关电力专家现场察看，就此电缆的质量和相关的电力设备质量和安装，除非人为因素或外界自然因素是不会引起火灾的。上诉人提供的证据足以证明此起火灾起火部位于承兆祥钢材市场经销处办公用房由东向西第一间房屋，所以，此单位负责人应当承担赔偿责任。在行政诉讼中，本案上诉人申请双桥区人民法院两次致函公安部消防局沈阳火灾物证鉴定中心，对此《火灾事故认定书》的物证鉴定意见的有关术语和资料给予解答，排除了电缆线引起的火灾的可能性。按照《民事诉讼规定》的要求，上诉人提供的17份证据都具有关联性、真实性、合法性，且形成了完整的证据链条，有派出所出现场的录像，有国家认定火灾起因标准，有科学结论，有人民法院对专业机构和专家的咨询意见，有相同的判例，有多份现场目击证人的证人证言。足以证明起火部位于承兆祥钢材市场经销处办公用房由东向西第一间房屋。所以，承兆祥钢材市场责任人应当赔偿因此次火灾所造成的全部损失。一审判决上诉人赔偿被上诉人人民币4万元，此数字从何而来，没有任何依据。综上所述，请求二审法院在查清事实的基础上，依法撤销承德市双桥区人民法院（2011）双桥民初字第2980号民事判决；依法改判驳回一审原告的诉讼请求，或发回重审。

二审法院经审理查明的事实与一审查明认定的事实基本一致。

1. 2011年6月10日承德市公安消防支队《承公消火认字（2011）第0004号火灾事故认定书》主要载明："现查明，此起火部位位于承兆祥钢材市场经销处办公用房由东向西第二间房屋北墙所处的局部空间范围，起火原因为：承兆祥钢材市场经销处办公用房第二间房屋北墙外侧上方电缆线故障引发墙体泡沫板起火发生火灾。经分析，灾害成因为：（1）彩钢瓦建筑用房耐火等级低，加速火势蔓延。（2）起火部位处堆放轮胎、衣柜、床垫等可燃物品，加速火势蔓延。

2. 2011年7月25日河北省公安消防总队《冀公消火复字（2011）第02号火灾事故认定复核书》主要载明："承德市文飞汽车修理有限公司：你（单位）提出的承德市承兆祥钢材市场经销处'5.15'火灾事故认定复核申请，经审查，根据《火灾事故调查报告》第39条第2款规定，作出以下复核结论：原火灾事故认定主要事实清楚，证据确实充分、程序合法，起火原因和灾害成因认定正确，维持原火灾事故认定。"

3. 公安部消防局沈阳火灾物证鉴定中心依据承德市公安消防支队的鉴定申请，出具了2份技术鉴定报告，报告编号SY2011110号技术鉴定报告主要载明：

送检样品名称：①东侧一号导线。②东侧往西房后3.5米处熔珠。③房后3.5米处向西延伸的导线。④房后3.5米处铁皮上残存的熔珠。

使用标准：GB/T 16840.1—2008《电气火灾痕迹物证技术鉴定方法 第1部分：宏观法》，GB 16840.4—1997《电气火灾原因技术鉴定方法 第4部分：金相法》。

鉴定结论载明：对承德市公安消防支队送检的承德市文飞汽车修理有限公司、承兆祥钢材市场经销处、承德博堃建设集团有限公司库房火灾现场残留物进行了检查，对送检标注为①东侧一号导线上的熔痕样品（编号为1-1#、1-2#、1-3#、1-4#、1-5#、1-6#）、②东侧往西房后3.5米处熔珠样品（编号为2#）、③房后3.5米处向西延伸的导线上熔痕样品（编号为3#）、④房后3.5米处铁皮上残存的熔珠样品（编号为4#）进行了技术鉴定，其结果如下：经金相分析，送检的1-1#、1-2#、1-3#、1-4#、1-5#熔痕为二次短路熔痕；1-6#熔痕为电热作用形成的熔痕；2#和4#熔珠（均为若干枚）均为火烧熔珠；3#熔痕为火烧熔痕。

报告编号SY2011120号技术鉴定报告主要载明：

送检样品名称：①承兆祥钢材市场经销处后侧起火部位下方地面。②残留物中水洗熔珠2粒。

使用标准：GB/T 16840.1—2008《电气火灾痕迹物证技术鉴定方法 第1部分：宏观法》，GB 16840.4—1997《电气火灾原因技术鉴定方法 第4部分：金相法》。

鉴定结论载明：对承德市公安消防支队送检的承德市文飞汽车修理有限公司、承兆祥钢材市场经销处、承德博堃建设集团有限公司库房火灾现场残留物进行了检查，对送检标注为①承兆祥钢材市场经销处后侧起火部位下方地面残留物中水洗熔珠2粒样品（编号为1#、2#）进行了技术鉴定，其结果如下：经金相分析，送检的1#和2#熔珠为火烧熔珠。

4. 公安部消防局沈阳火灾物证鉴定中心文件[鉴定中心（2012）02号]关于《承德市双桥区人民法院关于解答鉴定报告问题的函》的回复主要载明：

（1）第SY2011110号技术鉴定报告中所述，金相分析为送检的1-1#、1-2#、1-3#、

1-4#和1-5#熔痕均为二次短路熔痕。

(2) 是否是二次短路熔痕系铜铝导线带电,在外界火焰或高温作用下,导致绝缘层失效发生短路后残留的痕迹?二次短路熔痕与一次短路熔痕的概念,他们之间的关系是什么?

答:一次短路熔痕定义为"铜铝导线因自身故障于火灾发生之前形成的短路熔化痕迹;"二次短路熔痕定义为"铜铝导线带电,在外界火焰或高温作用下,导致绝缘层失效发生短路后残留的痕迹"。

(3) 第SY2011110号技术鉴定报告中所述2#和4#熔珠(均为若干枚)均为火烧熔珠;3#熔痕为火烧熔痕。Y2011110号技术鉴定报告中所述,金相分析为送检的1#和2#熔珠为火烧熔珠。

(4) 第SY2011110号技术鉴定报告中所述,1-6#熔痕为电热作用形成的熔痕。电热熔痕分为火灾前电热作用形成的熔痕(一次熔痕),火灾后电热作用形成的熔痕(二次熔痕)。①

问题:电热作用熔痕是否分为火灾前电热作用形成的熔痕(一次熔痕),火灾后电热作用形成的熔痕(二次熔痕)。这两个概念是什么?

答:电热作用形成的熔痕包括漏电熔痕、电作用形成局部过热熔痕、带电体与不同电位的其他金属接触熔痕等。

问题:火灾前电热作用形成的熔痕(一次熔痕)、火灾后电热作用形成的熔痕(二次熔痕),他们之间的关系是什么?

答:一种是因自身故障于火灾发生之前形成的熔化痕迹;一种是带电体在外界火焰或高温作用下,绝缘层失效形成的熔化痕迹。

问题:鉴定结论认定的是二次短路熔痕,在火灾现场只有一条电缆线、一个起火点的情况下,即相对应的电热作用熔痕是否应当为二次熔痕?

答:物证鉴定结果只对送检样品负责,不对火灾现场进行分析。

5. 承德市公安消防支队对火灾现场部分当事人的询问笔录主要载明:

(1) 2011年5月16日14时对张某龙(承兆祥钢材市场经销处员工)的询问笔录主要载明:"问:你在什么单位上班?答:我在承兆祥钢材市场经销处上班,经销处是我爸(张某军)开的。问:着火的时候你在做什么?答:我在玩电脑呢。问:怎么知道着火的?答:想给小狗弄点水喝,闻到了胶皮味,我就出去了,瞅见东边第二间房冒烟,然后把房子东侧的闸给拉了,储某亮把厨房的煤气罐给搬出来了,把我妈住的这个屋由东向西第二间的保险柜搬出来了。问:厨房有几个煤气罐,搬出几个?答:有两个,把用的那个给搬出来了,剩下的也不知道有没有气,没有搬出来。问:你闻到胶皮味的时候电脑还有电吗?答:有电,电脑是台式电脑。问:着火时电缆的情况如何?答:电缆是好的,电闸也是好的。问:你认为是怎么着火的?答:房北电缆线引起的。"

---

① 在邱曼等专家发表的《高压铝导线痕迹物证鉴别及引起火灾可能性的探讨》论文中论述。

(2) 2011年5月16日15时对储某亮（承兆祥钢材市场经销处钢筋制作工人）的询问笔录主要载明："问：着火的时候你在做什么？答：我在车间（着火房间南侧）装车，看见厨房与我们老板的房间（东侧第一间和第二间）之间的房后冒烟，先报了119火警，然后去厨房搬的煤气罐，我进去搬的，靠近厨房北侧的煤气罐，看见厨房冒烟很浓，进去是捂着湿毛巾的，厨房的西北角有火苗，煤气罐的塑料管有火，我抱出来之后把管上的火用水浇灭了，煤气罐的阀门是关闭，没有往外漏气，抱出来的时候里面有气，还有一个煤气罐没抱出来，他靠近房间的东南角处，当时也没注意。问：你发现着火的时候工地有作业的吗？答：有正在制作钢筋套子的，着火时这边没有断电，发现起火后把机器全部关了，张某龙去把闸合上了，在这之前机器运行正常。问：你认为是怎么着的？答：我们老板的房和厨房北侧电缆线电击打火引着的，听说去年就这么着过一次。"

(3) 2011年5月16日对武某强（文飞公司修理工）的询问主要载明："问：你是怎么知道着火的？答：昨天我正在焊挡泥板呢，王某飞告诉我说着火了，拿灭火器去救去，我拿了两个灭火器上承兆祥钢材经销处由东向西第二个屋灭火，看见里面火很大，站在门口喷的，火喷出来以后，我就离开了。问：通知你着火时有电吗？答：我正在焊着呢，当时也没有停电，我们用电是从承兆祥钢材经销处东侧房间东面电闸直接接的电线，电线从整排房间的北侧房檐经过。"

(4) 2011年5月20日对赵某雨（文飞公司校泵工人）的询问笔录主要载明："问：5月15日发生大火你知道吗？答：知道，我在屋子里看电视，听见有人喊'着火了'，我出来发现着火了。问：当时听见喊着火时，电视正常播放吗？答：是正常播放，当时我正在调台，具体演什么给忘了，可能是中央一台，到着火后电视电源我一直没顾上关，后来我进屋搬了些配件。"

(5) 2011年5月15日至25日承德市公安消防支队的《火灾现场勘察笔录》中载明，勘察情况共分环境勘察、初步勘察、细项勘察、专项勘察四个部分。在细项勘察"厨房内现场勘察情况"中没有煤气罐的记载。

本院认为，通过本案的审理，对本院作出的《（2012）承行终字第113号行政裁定书》，公安部消防局沈阳火灾物证鉴定中心依据承德市公安消防支队的鉴定申请，出具的2份技术鉴定报告书（报告编号SY2011110号技术鉴定和报告编号SY2011120号技术鉴定报告），以及公安部消防局沈阳火灾物证鉴定中心文件［鉴定中心（2012）02号］关于《承德市双桥区人民法院关于解答鉴定报告问题的函》的回复，予以确认。

公安部消防局沈阳火灾物证鉴定中心文件［鉴定中心（2012）02号］关于《承德市双桥区人民法院关于解答鉴定报告问题的函》的回复中明确了：一次短路熔痕定义为"铜铝导线因自身故障于火灾发生之前形成的短路熔化痕迹；"二次短路熔痕定义为"铜铝导线带电，在外界火焰或高温作用下，导致绝缘层失效发生短路后残留的痕迹。"参照上述一次短路熔痕的定义和二次短路熔痕定义，本案中，承德市公安消防支队送检的承德市文飞汽车修理有限公司、承兆祥钢材市场经销处、承德博塈建设集团有限公司库房火灾现场残留物，经公安部消防局沈阳火灾物证鉴定中心鉴定，均为二次短路熔痕，证明送检的材料不是铜铝导线因自身故障于火灾发生之前形成的短路熔化痕迹，而是发生火灾后铜铝导线带电，在外界火焰或高温作用下，导致绝缘层失效发生短路后残留的痕迹。

承德市公安消防支队对张某龙（承兆祥钢材市场经销处员工）的询问笔录主要证明，在着火时没有断电，在着火部位的室内有两个煤气罐。对储某亮（承兆祥钢材市场经销处钢筋制作工人）的询问笔录主要证明，储某亮在着火部位的室内抱出来一个煤气罐，还有另外一个煤气罐没抱出来。对武某强（文飞公司修理工）的询问主要证明，武某强在着火时正使用电焊焊接挡泥板，没有停电。对赵某雨（文飞公司校泵工人）的询问笔录主要证明，着火时电视电源有电，正在屋子里看电视。

关于承德市公安消防支队火灾原因认定书的效力问题，虽然是承德市公安消防支队作出的，但不是确认民事责任和义务的依据，其在民事诉讼中只能是人民法院审查证据。本案中，2011年5月15日至25日承德市公安消防支队的"火灾现场勘察笔录"中勘察情况共分为环境勘察、初步勘察、细项勘察、专项勘察四个部分。在细项勘察"厨房内现场勘察情况"中，对于因火灾烧毁的有关物品名称，进行了详细登记和载明，但对于厨房内有可能引起火灾的煤气罐却没有登记和载明，也没有对引起火灾是否与煤气罐有因果关系的分析意见，更没有参考自己对现场目击证人作的询问笔录，即作出了火灾事故认定书。该火灾事故认定机构在遗漏了主要证据，未参考现场目击证人询问笔录的情况下，作出的火灾事故认定书存在较大的瑕疵，且火灾事故认定书与公安部消防局沈阳火灾物证鉴定中心出具的2份技术鉴定报告相悖，故河北省公安消防总队维持承德市公安消防支队火灾事故认定结论，本院不作为证据采信。一审法院依据承德市公安消防支队的火灾事故认定书，判决文飞公司赔偿博堃公司因火灾受到的损失证据不足。上诉人文飞公司关于火灾原因的上诉理由成立，予以支持。上诉人博堃公司请求文飞公司赔偿损失的上诉理由不成立，不予支持。《消防法》第51条第3款规定"公安机关消防机构根据火灾现场勘验、调查情况和有关的检验、鉴定意见，及时制作火灾事故认定书，作为处理火灾事故的证据。"文飞公司因此次火灾提起的行政诉讼，二审法院的裁定认定"火灾事故认定意见，其本身并不确定当事人的权利和义务，不是一种独立的具体行政行为"，故本案民事诉讼不受本院驳回文飞公司行政诉讼上诉请求的影响。依照《民法通则》第5条，《最高人民法院关于民事诉讼证据的若干规定》第63条、第64条、第66条，《民事诉讼法》第170条第1款第（二）项之规定，判决如下："一、撤销河北省承德市双桥区人民法院（2011）双桥民初字第2980号民事判决；二、驳回上诉人承德博堃建设集团有限公司请求承德市文飞汽车修理有限公司赔偿损失的诉讼请求。"

【民事案例7】公安消防支队火灾原因认定书的证明力问题

《最高人民法院关于适用〈中华人民共和国保险法〉若干问题的解释（二）》第18条规定："行政管理部门依据法律规定制作的交通事故认定书、火灾事故认定书等，人民法院应当依法审查并确认其相应的证明力，但有相反证据能够推翻的除外。"

北京市高级人民法院

民事裁定书

（2019）京民申2093号

关于化学危险品的存放与火灾形成是否有因果关系及是否造成损失扩大的问题。本院经审查认为：《最高人民法院关于适用〈中华人民共和国保险法〉若干问题的解释（二）》第18条规定："行政管理部门依据法律规定制作的交通事故认定书、火灾事故认定书等，人民法院应当依法审查并确认其相应的证明力。"本案中，房山消防支队出具的《火灾事故认定书》、房山消防支队和房山安监局的调查笔录，均认定大部分化学危险品已被抢救出来，未参与燃烧，本案火灾的起火原因及灾害成因与化学危险品不存在因果关系。虽然房山消防支队、房山安监局的调查笔录中也提到部分化学危险品参与燃烧，但是在参与燃烧的化学危险品的数量、品种、参与燃烧的时间等均没有证据予以证明，且房山消防支队和房山安监局再三确认起火原因和灾害成因均与化学危险品不具有因果关系的情况下，难以确认参与燃烧的化学危险品对火灾损失造成显著的扩大。一、二审法院依据《火灾事故认定书》及相关管理部门的意见，并结合公估公司在现场调查过程中亦未发现其他起火原因的情况，认定化学危险品的存放与火灾形成不具有因果关系，且未造成损失扩大，并无不当。

吉林省高级人民法院

民 事 裁 定 书

（2018）吉民申650号

本院经审查认为，（一）辉南县公安消防大队《辉公消火认字（2017）第0001号火灾事故认定书》经吉林省通化市公安消防支队复议维持，且未经行政判决推翻，具有法律效力。申请人徐某福所作火灾事故发生原因的分析均为推测且都带有可能字眼，亦未经过专业鉴定机构证实，不能推翻上述火灾事故认定书。虽然《最高人民法院关于适用〈中华人民共和国保险法〉若干问题的解释（二）》第18条规定："行政管理部门依据法律规定制作的交通事故认定书、火灾事故认定书等，人民法院应当依法审查并确认其相应的证明力，但有相反证据能够推翻的除外。"但申请人徐某福提供的所谓能够推翻该火灾事故认定书的证据均是书面证人证言，证人未出庭作证，没有相关材料证实证人身份，且火灾事故发生原因亦无法经过没有专业知识的群众通过观察予以确定，故徐某福没有充分证据推翻火灾事故认定书对火灾发生原因的认定，一审法院采信火灾事故认定书确认火灾原因并无不当。（二）本案一审卷宗收录了辉南县公安消防大队火灾事故调查卷共76页材料的复印件，其中包含火灾事故调查报告、火灾事故调查认定延期审批表、相关人员询问笔录、火灾现场勘验笔录、痕迹物证提取清单和公安部消防局沈阳火灾物证鉴定中心技术鉴定报告等材料，能够与本案火灾事故认定书相互印证。徐某福为证明火灾原因确实在原审时提交书面材料要求调取火灾现场录像，但通过火灾现场录像并不能直接确认起火原因或推翻火灾事故认定书的结论，故该证据不属于"审理案件需要的主要证据"，申请人徐某福此点申请再审的理由不符合《民事诉讼法》第200条第（五）项规定的情形。

新疆维吾尔自治区高级人民法院
民 事 判 决 书
（2015）新民二终字第43号

《最高人民法院关于适用〈中华人民共和国保险法〉若干问题的解释（二）》第18条规定："行政管理部门依据法律规定制作的交通事故认定书、火灾事故认定书等，人民法院应当依法审查并确认其相应的证明力，但有相反证据能够推翻的除外"。本案中，阿拉山口口岸公安消防大队在事故发生后于2012年9月25日作出的《阿公（消）字消火认字〔2012〕第0001号火灾事故认定书》已确认了灾害成因并指出"消防安全管理混乱，管理制度落实差，人防、物防、技防不到位，制度执行流于形式"。地平线公司未就起火原因或灾害成因的认定提出异议，亦未提出复议申请。地平线公司提交的阿拉山口口岸气象局关于风力等级的《大风证明》并不能否认《火灾事故认定书》的内容和效力，亦不能证明其对火灾的发生具有法定的免责事由。故阿拉山口口岸公安消防大队作为认定火灾事故的法定职能部门，在现场勘验、调查取证的基础上，对火灾灾害成因的认定具有专业性和权威性。地平线公司并未提供充分证据推翻该《火灾事故认定书》，故该认定书能够作为认定案件事实及确定民事责任的依据。本院对地平线公司认为《火灾事故认定书》对火灾成因分析含糊、不能作为其承担民事责任的依据的上诉理由不予采纳。太平洋财险新疆分公司虽在起诉状中提及乌鲁木齐铁路公安局奎屯公安处消防监督科（2012）乌铁奎消火认字第001号《火灾事故认定书》，但并未提交该证据，原审法院亦未就此作出审理，且太平洋财险新疆分公司在二审答辩中自认系其笔误。故，地平线公司认为太平洋财险新疆分公司起诉内容变更，原审法院审理程序违法的上诉理由无事实依据，本院亦不予采纳。

浙江省宁波市中级人民法院
民 事 判 决 书
（2018）浙02民终4296号

一审法院认为，本案讼争焦点主要为：1.杰宇公司是否享有涉案保险利益。2.本案是否属于赔偿责任免除范围。3.若应予保险赔偿，则保险赔偿金额的确定。

关于争议焦点一，因涉案机动车投保单及保险单明确载明保险投保人、被保险人均为杰宇公司，杰宇公司与涉案车辆具有管理利害关系，且太保公司在接受杰宇公司对涉案车辆投保时未对杰宇公司享有保险利益持有异议，又未在本案中提供相应的证据证明杰宇公司不享有涉案车辆保险利益，故太保公司仅以涉案车辆未登记在杰宇公司名下等为由主张杰宇公司不享有涉案保险利益而不得要求太保公司赔偿损失，依据不足，不予采信。杰宇公司应认定为享有涉案保险利益。

关于争议焦点二，根据涉案保险条款的第8条："在上述保险责任范围内，下列情况下，不论任何原因造成被保险机动车的任何损失和费用，保险人均不负责赔偿：（一）事故发生后，被保险人或其允许的驾驶人或操作人因故意破坏、伪造现场、毁灭证据……"第9条"下列原因导致的被保险机动车的损失和费用，保险人不负责赔偿……（三）人工直接供油、高温烘烤、自燃、不明原因火灾……"以及保险条款释义部分的内容即"自燃指在没有外界火源的情况下，由于本车电器、线路、供油系统、供气系统等被保险机动车自身原因或所载货物自身原因起火燃烧。火灾指被保险机动车本身以外的火源引起的、在时间或空间上失去控制的燃烧（即有热、有光、有火焰的剧烈的氧化反应）所造成的灾害"等的规定，结合太保公司出具给杰宇公司的《拒赔案件商榷书》载明的"2016年7月4日7点35分，夏某昙向我司95××0报案称其驾驶标的车辆浙B×号车在沈海高速宁波往上海方向在慈城服务区附近车辆发生燃烧的事故。7月6日被保险人通知我司事故车辆已拖到宁波北仑登亮修理厂，我司查勘员傅某在7月7日到事故车停放地拍了车辆的概况照片"等内容，则杰宇公司已按涉案保险条款第13条"发生保险事故时，被保险人或其允许的驾驶人在保险事故发生后48小时内通知保险人"的义务，而太保公司也已对涉案车辆予以拍照等，则太保公司主张杰宇公司"故意破坏、伪造现场、毁灭证据"，依据不足，不予采信。因涉案保单所载"自燃"定义中的"等"字应指"保险车辆本车电器、线路、供油系统、供气系统、所载货物"引起火灾的几种情况，而无更多内涵，同时，"不明原因火灾"应指公安消防部门依法认定的起火原因不明的火灾，应属事故调查的一种结果，而非事实认定上的火灾原因，本案中，慈城消防中队已认定涉案车辆事故系轮胎发生火灾所致，不属于起火原因不明的火灾，况且，太保公司接到报案后未及时对涉案车辆起火原因积极予以鉴定，则太保公司认为涉案事故系车辆自燃、起火原因不明而属免予赔偿范围的主张，依据不足，不予采信。结合涉案保险条款第6条"保险期间内，被保险人或其允许的驾驶人或操作人在使用被保险机动车过程中，因下列原因造成被保险机动车的直接损失，且不属于免除保险人责任的范围，保险人依照本保险合同的约定负责赔偿：（一）碰撞、倾覆、坠落；（二）火灾、爆炸……"之规定，杰宇公司诉请太保公司在涉案保险限额内赔偿其车辆因涉案事故所致的损失，予以支持。

吉林市中级人民法院
民 事 判 决 书
（2019）吉02民终459号

本院认为，本案系因火灾事故引发的财产损害赔偿纠纷，综合双方当事人的诉辩意见，争议的主要焦点问题为：1. 本次火灾事故的起火原因、起火点；2. 马某清应否承担赔偿责任。关于第一个焦点问题起火原因和起火点的认定问题，本次火灾事故发生后，磐石市公安消防大队经过现场勘验，就火灾事故认定向马某清、张某元、孙某富进行了说明：起火时间为2017年4月12日12时20分许，起火点为马万清家西侧闷顶内部，起火原因可以排除飞火、放火、烟囱呲火、自燃，不能排除电气故障引发火灾。马某清、张某元、孙某富对上述说明内容表示听清，并表示无意见，分别签名按印。磐石市公安消防大队制作了《火灾事故认定书》，对起火原因、起火点作出了如上认定。本院认为，该认定书符合《消防法》和公安部《火灾事故调查规定》的相关规定，马某清在诉讼中虽然提出异议，但其既未在有效的期限内申请复核，也未提供充分的证据予以反驳，故该《火灾事故认定书》应当作为认定起火点及火灾原因的依据，马某清关于磐石市公安消防大队对起火点认定不清的上诉理由不能成立，本院不予支持。

【民事案例8】没有消防机构的火灾原因认定书，法院能否依据其他证据认定事实

【案号】（2018）黑01民终7947号

【基本案情】

亿隆公司上诉请求：请求撤销哈尔滨市香坊区人民法院（2017）黑0110民初1189号民事判决，依法改判或者发回重审。

上诉事实和理由：

关于火灾事故依法应当由哪个部门作为认定以及证据效力的问题。张家口亿隆公司认为，根据《消防法》第51条以及公安部《火灾事故调查规定》第29条、第30条的规定，由消防部门作出的火灾事故认定书才是合法、有效的证据，才具备证明效力。

一审法院认定事实：2014年9月2日，亿丰公司与亿隆公司签订《工矿产品购销合同》，约定以450000元价格购买河北宣化公司生产的宣工推土机一台（型号ts165-2hw），质保期自出售之日起一年或工作2000小时，以先到者为准。留5%质保金22500元，质保期无质量问题，返还出卖人。交货地点为哈尔滨市香坊区向阳镇金家村向阳垃圾场。亿丰公司按合同约定支付了合同价款，2014年9月下旬该推土机运抵亿丰公司哈尔滨市香坊区向阳镇金家村向阳生活垃圾场院内。2015年5月21日上午，该车在垃圾场推地上覆土作业，工作至11点40分着火。经车辆配备的灭火器、垃圾场灭火器、洒水车喷水将火扑灭。事故发生后亿丰公司未报火警，亦未向公安消防部门申请火灾原因调查。在诉讼过程中，经亿丰公司申请，法院通过哈尔滨市中级人民法院司法技术处委托苏州华碧微科检测技术有限公司司法鉴定所对案涉推土机发生火灾原因进行鉴定。苏州华碧微科检测技术有限公司司法鉴定所于2018年4月2日作出《苏华碧司鉴〔2017〕物鉴字第117号司法鉴定意见书》认为：案涉推土机发电机整流器输出端接线柱附近存在熔痕的物证特征；依据现有状态，可排除推土机因机械碰撞、油路故障、外来火源、异物吸附高温部件导致起火的可能。发电机电气故障可导致推土机起火。

【一审法院意见】

亿丰公司在张家口亿隆公司购买宣工推土机一台（型号ts165-2hw），双方分别为购买者与销售者，案涉推土机系河北宣化公司生产，销售者及生产者理应向购买者提供合格产品。本案中，推土机自燃发生时，案涉推土机贬置不足一年，工作时间为1020小时，尚在《工矿产品购销合同》约定的自出售之日起一年或工作2000小时质保期内，依照苏州华碧微科检测技术有限公司司法鉴定所司法鉴定意见书，起火原因为发电机故障，该事件本身即已初步证明推土机存在质量缺陷，并不符合人们对推土机安全性和使用性能的正常期望。关于起火原因司法鉴定意见的合法性问题。在亿丰公司将推土机发生火灾事件通知销售方张家口亿隆公司时，销售方只表示协调生产方河北宣化公司对该推土机进行维修，却不履行质保期内的免费维修义务，亦不对火灾发生原因进行积极主动地调查，河北宣化公司、张家口亿隆公司对推土机发生火灾事故后没有经过消防部门的调查及认定，具有一定的过错。在亿丰公司进行三次诉讼的过程中，亿丰公司申请法院委托相应司法鉴定机构对推土机起火原因进行鉴定，河北宣化公司、张家口亿隆公司一直对相应司法鉴定机构资质予以否定，却未提出其认可的司法鉴定机构。本案虽未经公安消防部门作出火灾事故认定书确定火灾原因，但并不影响法院结合现有证据对该火灾原因作出认定并进行裁判。经审查，苏州华碧微科检测技术有限公司司法鉴定所司法鉴定意见书是法院通过哈尔滨市中级人民法院司法技术处进行委托鉴定的，该机构具备车辆起火原因的司法鉴定资质，鉴定人亦具备相应的鉴定资质，故法院对该司法鉴定意见予以采信。

【二审法院意见】

本案双方当事人争议的焦点问题为：1. 一审法院是否采信相互矛盾的证据，从而导致认定事实不清？2. 一审法院委托司法鉴定的程序是否违法？3. 关于案涉推土机起火原因等问题是否应由消防部门作出事故认定结论以及鉴定机构作出的鉴定结论的证明力问题。第一，关于一审法院是否采信相互矛盾的证据，从而导致认定事实不清问题。本案中，亿丰公司关于推土机起火的过程和原因的主要证据为：亿丰公司的陈述、司机刘某的证人证言、李某杰的证人证言、司法鉴定结论。现河北宣化公司、亿隆公司主张亿丰公司的陈述、刘某的证言与司法鉴定结论相互矛盾，一审判决对上述证据予以采信系采信相互矛盾的证据，从而导致认定事实不清。本院认为，案涉推土机起火系突发事件，而并非亿丰公司及司机刘某所实施的法律行为，故无论是亿丰公司还是刘某均非专业技术人员和司法鉴定人员，在陈述起火的客观过程和原因的同时，不可避免地带有部分人为的主观判断成分，一审判决也仅对其证明的客观过程予以认定。而苏州华碧微科检测技术有限公司司法鉴定所对案涉推土机发生火灾原因进行鉴定，是司法鉴定机构运用专门知识或技能对起火原因等专门性技术问题进行科学鉴别和判断，更侧重于专门知识和专业技术。因此，亿丰公司的陈述和司机刘某的证言中主观判断成分与司法鉴定结论即使存在某种程度上不统一性，亦属在所难免。河北宣化公司、张家口亿隆公司仅以三份证据存在矛盾之处为由，进行非此即彼的简单逻辑推理，进而否定上述三份证据的证明力，不符合民事诉讼中对证据证明力认定的相关法律规定，故对其异议主张本院不予支持。第二，关于一审法院委托司法鉴定的程序是否违法问题。2017年4月26日，一审法院通知河北宣化公司、张家口亿隆公司到哈尔滨市中级人民法院司法技术处摇号选择鉴定机构，当天摇号的花名册上是否登记本案双方当事人，系一审法院与哈尔滨市中级人民法院司法技术处工作业务衔接问题，不属于违反司法鉴定程序问题。亿丰公司未到场参加摇号选择鉴定机构，其放弃的是到场监督摇号选择程序是否公开、公平、透明的监督和见证的权利，而并未明确作出放弃申请鉴定的意思表示，故一审法院继续委托具有司法鉴定资质的鉴定机构对推土机起火原因等问题进行司法鉴定，鉴定程序并不违法。委托苏州华碧微科检测技术有限公司司法鉴定所进行鉴定，一审法院系经哈尔滨市中级人民法院司法技术处予以选择，并非一审法院单方指定和亿丰公司单方委托，鉴定程序并不违法。第三，关于案涉推土机起火原因等问题是否应由消防部门作出事故认定结论以及鉴定机构作出的鉴定结论的证明力问题。《最高人民法院关于适用〈中华人民共和国保险法〉若干问题的解释（二）》第18条规定："行政管理部门依据法律规定制作的交通事故认定书、火灾事故认定书等，人民法院应当依法审查并确认其相应的证明力，但有相反证据能够推翻的除外。"依照上述规定，消防部门进行火灾事故调查，作出火灾事故认定书，系依法履行职务行为，同时火灾事故认定书系人民法院处理火灾事故案件的关键证据，但并非唯一证据。本案中，亿丰公司在推土机发生起火后并未报请消防部门进行调查认定，诉讼中为查清本案事实申请对推土机起火原因等问题进行司法鉴定并不违反法律规定，河北宣化公司、张家口亿隆公司关于只有《火灾事故认定书》才是合法有效证据的主张缺乏法律依据，其以此否定司法鉴定结论有效性的主张亦不能成立。诉讼中，司法鉴定机构苏州华碧微科检测技术有限公司司法鉴定所在作出鉴定结论的同时，已附加出具了鉴定机构的司法鉴定许可证和鉴定人员的执业资格证书，明确载明鉴定机构及鉴定人员具备司法鉴定资质。并且河北宣化公司、张家口亿隆公司虽对鉴定结论提出异议，但没有足以反驳的相反证据和理由，故一审法院对鉴定结论的证明力予以认定并无不当。

【民事案例9】 火灾事故调查和处理的唯一法定机构是公安消防机构

【案号】（2011）民提字第12号

【案由】 水路货物运输合同货损赔偿纠纷案

【基本案情】

再审申请人中远公司与被申请人太保海南公司、一审第三人海马销售公司水路货物运输合同货损赔偿纠纷一案，海南省高级人民法院于2010年3月12日作出（2010）琼民三终字第2号民事判决，已经发生法律效力。中远公司不服该判决，向本院申请再审。本院于2010年11月19日以（2010）民申字第1504号民事裁定，决定对本案提审。本院依法组成合议庭，于2011年2月11日公开开庭审理了本案。本案现已审理终结。

海口海事法院一审查明：涉案船舶《海事报告》及《航海日志》证明，2007年12月21日约9时50分时，当航行至舟山群岛附近海域时，船上货舱发生火灾，船舶立即组织船员进行灭火，12月22日约8时23分至35分时，经派船员下船舱探火，证实火已被扑灭，12月23日17时船舶到达上海海通码头。涉案火灾燃烧范围广，中心及其所影响区域温度高，甚至造成甲板产生变形。火灾共涉及462辆车，为便于事故处理和车辆检查，双方确认将所涉车辆回运到海口。

保险事故发生后，"富源口"轮未向消防机构进行报告和申请火灾原因调查。为查明涉案火灾原因，太保海南公司、中远公司分别单独就火灾发生原因委托鉴定。太保海南公司委托中国检验认证集团上海有限公司进行鉴定，该公司出具鉴定报告，证明"富源口"轮火灾事故系车辆本身之外的原因所致。中远公司委托浙江出入境检验检疫鉴定所鉴定，该鉴定所出具《司法鉴定报告书》，证明本案火灾事故是因车辆本身自燃所致；中远公司委托上海悦之保险公估有限公司进行鉴定，该公司出具《公估报告》，证明本案火灾事故是因车辆本身自燃引起；中远公司委托广州海正保险公估有限公司进行鉴定，该公司出具《检验报告》，证明本案火灾事故是因车辆本身自燃引起。经审查，上述作出有关火灾原因认定的机构均不具备公共管理职能，不具备火灾调查和认定的资质及营业范围。

结合本案的事实，一审海口海事法院对本案争议焦点的分析认定如下：

关于涉案火灾事故原因问题。太保海南公司提供的中国检验认证集团上海有限公司出具的《鉴定报告》和中远公司提供的浙江出入境检验检疫鉴定所出具的《司法鉴定报告书》、上海悦之保险公估有限公司出具的《公估报告》、广州海正保险公估有限公司出具的《检验报告》，因出具报告的机构及其鉴定、检验人员均不具有从事火灾事故原因鉴定的资质或资格，违反了国家有关火灾事故鉴定及处理的强制性规定，且其鉴定和检验人员均不具备火灾鉴定及船舶、汽车电器等方面的专业知识。对于上述鉴定、检验和公估报告的证据效力，不予认定；对其所作出的火灾原因认定，不予采信。

根据《消防法》第51条的规定，以及公安部于2009年4月颁发的《火灾事故调查规定》第5条的规定，火灾事故调查和处理的唯一法定机构是公安消防机构，除此之外，其他任何单位和部门均无权、无资质、无能力对火灾事故进行调查和处理。

根据《海上交通事故调查处理条例》第9条的规定，以及《消防法》第64条的规定，中远公司及"富源口"轮船长负有报告火灾事故并申请公安消防机构进行鉴定的法定义务。由于中远公司未能及时报告和申请公安消防机构进行调查、鉴定，导致本案火灾事故因时过境迁而无法查明其原因。因此，对于太保海南公司、中远公司及海马销售公司所主张的本案火灾事故是因"汽车本身以外的原因"或"车辆本身自燃"所致的事实，不予认定。因无法查明火灾事故原因，故认定涉案火灾事故原因不明。

海南省高级人民法院根据各方当事人的诉辩情况，结合本案的事实，对本案争议焦点的分析认定如下：

1. 关于涉案火灾事故原因的认定问题。火灾事故调查是一项公共管理职能，未经法律及行政法规授权，任何单位不得行使该项职能。《消防法》第51条、《火灾事故调查规定》第5条以及《海上交通事故调查处理条例》第9条第3款均明确火灾事故调查和处理的法定机构是公安消防机构，法律、行政法规并未授权其他机关、单位行使此项职能。《运输船舶消防管理规定》第23条、《消防法》第64条均明确规定个人和组织在火灾发生后具有报警的义务。"富源口"轮船长在火灾后，没有报警并申请公安消防机构进行鉴定，其对火灾原因的查明负有不可推卸的责任。任何有关不报警、不鉴定的方案和约定都是非法、无效的。一审法院有关中远公司及"富源口"轮船长负有报告火灾事故并申请公安消防机构进行鉴定的法定义务的认定准确。

为证明火灾原因，太保海南公司提供了中国检验认证集团上海有限公司出具的《鉴定报告》，中远公司提供了浙江出入境检验检疫鉴定所出具的《司法鉴定报告书》、上海悦之保险公估有限公司出具的《公估报告》、广州海正保险公估有限公司出具的《检验报告》。上述出具报告的机构不具备火灾鉴定人的执业资格和营业范围，不具备社会公共管理职能，违背了前述法律、法规有关火灾事故原因调查权、鉴定权应由公安消防机构行使的规定，其所出具的结论不具备合法性和证明力。《中华人民共和国海商法》（以下简称《海商法》，全书同）第54条规定承运人应对在航运过程中所产生的货物灭失、损坏的免责事由承担举证责任，中远公司未能申请公安消防机构对火灾原因进行查明，其对火灾原因负有举证不能之责任，根据《最高人民法院关于民事诉讼证据的若干规定》第2条的规定，应由其承担不利的后果，对本次火灾所造成的损失承担赔偿责任。

2. 关于涉案火灾造成的车辆损失的认定问题。《火灾事故调查规定》第23条第2款规定："公安机关消防机构可以根据需要委托依法设立的价格鉴证机构对火灾直接财产损失进行鉴定。"第26条进一步规定："对受损单位和个人提供的由价格鉴证机构出具的鉴定意见，公安机关消防机构应当审查下列事项：（一）鉴证机构、鉴证人是否具有资质、资格；（二）鉴证机构、鉴证人是否盖章签名；（三）鉴定意见依据是否充分；（四）鉴定是否存在其他影响鉴定意见正确性的情形。对符合规定的，可以作为证据使用；对不符合规定的，不予采信。"因此，符合《火灾事故调查规定》第26条审查事项的鉴定意见，法院可以采纳作为认定火灾损失的证据，中远公司有关除公安消防机构之外的组织均不具备统计火灾损失的资质或资格的主张，不予支持。

浙江出入境检验检疫鉴定所不具备价格鉴定资质和损失认定的营业范围，对其出具的《司法鉴定报告书》所做的损失认定不予确认。广州海正保险公估有限公司虽然具备价格评估的资质和营业范围，但作为《检验报告》签署人之一的蔡某春在报告作出前并未取得有效的保险评估资质，该公司法定代表人周某英没有在《检验报告》上签字，该报告不具备合法性。蔡某春在一审出庭接受询问时拒绝在庭审笔录上签名。另外，中远公司委托代理人所在的广东恒运律师事务所的主任黄某泉先生是广州海正保险公估有限公司最大的股东，且黄某泉先生曾受中远公司委托，于2008年3月5日就本案火灾事故的处理，向金盘物流公司和太保海南公司发出过声明，一审法院对广州海正保险公估有限公司与中远公司存在利害关系的认定并无不当。广州海正保险公估有限公司作为利害关系人应当在鉴定过程中回避而未予回避，违反了《司法鉴定程序通则》第20条有关回避的规定。对该公司出具的《检验报告》的效力不予认定。

海口市价格认证中心具有价格司法鉴定资质和营业范围，其出具的《估价报告书》符合《火灾事故调查规定》第25条所要求的审查条件。对该《估价报告书》予以认定。

最高人民法院经审查认为，二审判决对本案火灾原因举证责任以及货损赔偿责任的认定是否正确。

海南省高级人民法院二审判决对本案认定中远公司对火灾事故原因负有举证不能的责任；对本案"火灾造成的车辆损失"进行认定时，适用《海商法》属于适用法律明显错误，应当予以纠正。

关于火灾事故原因的举证责任及货损赔偿责任。根据案涉"富源口"轮《海事报告》和《航海日志》的记载，'富源口'轮从海口至上海航行途中货舱发生火灾导致承运车辆受损。对此事实，各方当事人均无异议。本案不适用《海商法》第四章的规定，应当适用《合同法》第十七章运输合同的有关规定确定责任。《合同法》第311条规定："承运人对运输过程中货物的毁损、灭失承担损害赔偿责任，但承运人证明货物的毁损、灭失是因不可抗力、货物本身的自然性质或者合理损耗以及托运人、收货人的过错造成的，不承担损害赔偿责任。"因此，中远公司作为货物运输合同承运人，对运输过程中造成的货物损失应当承担赔偿责任，除非其举证证明存在法定免责事由。中远公司主张涉案火灾事故因汽车自燃引起，应当承担相应的举证责任。二审判决对火灾事故原因举证责任的认定并无不当。

为证明案涉火灾事故的原因，太保海南公司提交了中国检验认证集团上海有限公司出具的《鉴定报告》，中远公司提交了浙江出入境检验检疫鉴定所出具的《司法鉴定报告书》、上海悦之保险公估有限公司出具的《公估报告》和广州海正保险公估有限公司出具的《检验报告》。本院认为，《火灾事故调查规定》第6条规定："火灾事故的调查由公安消防机构负责实施。"第10条规定："各级公安消防机构应当配备专职或者兼职火灾事故调查人员。火灾事故调查人员应当按照公安消防监督人员资格管理的有关规定，取得岗位资格。"因此，火灾事故调查和处理机构应当为公安消防机构，调查人员应当具备相应的岗位资格。中远公司和太保海南公司委托的机构并非公安消防机构，检验师和鉴定人均不具备火灾事故鉴定的岗位资质。二审判决对中远公司和太保海南公司提交的鉴定、检验和公估报告中作出的火灾原因认定均不予采信并无不当。火灾事故发生后，因中远公司并未向公安消防机构以及港务监督部门报告，造成火灾原因无法查明。中远公司不能提交充分证据证明其对火灾事故具有法定免责事由，二审判决由中远公司承担举证不能的不利后果，对火灾事故造成的损失承担赔偿责任并无不当。

【行政案例1】最高法院案例：火灾事故认定不具有可诉性

【裁判要旨】 火灾事故认定作为处理火灾事故的证据，是公安消防机构对火灾产生原因的客观评价，是一种专业技术鉴定行为，本身并不确定当事人的权利义务，不是一种独立的行政行为。

【案号】（2016）最高法行申775号

【案由】 火灾事故认定复核决定

【基本案情】

再审申请人（一审起诉人、二审上诉人）杨某坤、任某芳因诉伊犁哈萨克斯坦自治州公安消防支队、新疆维吾尔自治区公安消防总队火灾事故认定复核决定一案，不服新疆维吾尔自治区高级人民法院（2015）新立终字第218号行政裁定，向本院申请再审。本院依法组成合议庭对本案进行了审查，现已审查终结。

杨某坤、任某芳申请再审称：申请人起诉有事实依据和法律依据，本案应当属于行政诉讼受案范围，一、二审裁定适用法律、法规错误。请求撤销一、二审裁定，撤销案涉火灾事故认定复核决定、复核申请不予受理通知，重新作出火灾事故认定并赔偿损失。

本院经审查认为：根据《消防法》第51条第3款规定："公安机关消防机构根据火灾现场勘验、调查情况和有关的检验、鉴定意见，及时制作火灾事故认定书，作为处理火灾事故的证据。"因此，火灾事故认定作为处理火灾事故的证据，是公安消防机构对火灾产生原因的客观评价，是一种专业技术鉴定行为，本身并不确定当事人的权利义务，不是一种独立的行政行为。本案中，杨某坤、任某芳对火灾事故认定复核决定、复核申请不予受理通知不服提起诉讼，不属于行政诉讼受案范围。原审裁定不予立案正确。

综上，杨某坤、任某芳的申请再审理由不能成立，其提出的再审申请不符合《行政诉讼法》第91条规定的再审条件。依照《最高人民法院关于执行〈中华人民共和国行政诉讼法〉若干问题的解释》第74条之规定，裁定如下：驳回杨某坤、任某芳的再审申请。

【行政案例2】 火灾原因认定行为是否可诉

【案号】（2016）浙05行终18号

【案由】消防行政确认

【原审法院意见】

根据《行政诉讼法》第2条、第49条的规定，被诉行为是属于行政诉讼受案范围的行政行为，系公民、法人或者其他组织提起行政诉讼需要符合的法定条件之一。本案中，杨某宣、南浔消防大队对被诉的湖浔公消火认字（2015）第0006号《火灾事故认定书》，是否系属于行政诉讼受案范围的行政行为，存在争议。《行政诉讼法》第12条、第13条的规定，未对此予以明确。《消防法》第51条第3款规定，公安机关消防机构根据火灾现场勘验、调查情况和有关的检验、鉴定意见，及时制作火灾事故认定书，作为处理火灾事故的证据。《道路交通安全法》第73条规定，公安机关交通管理部门应当根据交通事故现场勘验、检查、调查情况和有关的检验、鉴定结论，及时制作交通事故认定书，作为处理交通事故的证据。《最高人民法院关于适用〈中华人民共和国保险法〉若干问题的解释（二）》第18条规定："行政管理部门依据法律规定制作的交通事故认定书、火灾事故认定书等，人民法院应当依法审查并确认其相应的证明力，但有相反证据能够推翻的除外。"对比上述两部法律条款并结合该司法解释的内容可见，火灾事故认定与交通事故认定，应具有类似的性质与属性。全国人民代表大会常务委员会法制工作委员会在《关于交通事故责任认定行为是否属于具体行政行为，可否纳入行政诉讼受案范围的意见》[法工办复字（2005）1号]中，已经明确交通事故责任认定，不属于行政行为，不能向人民法院提起行政诉讼。该意见中所体现出的立法精神，应在本案中参照适用。据此，本案被诉的火灾事故认定书，并不属于行政诉讼受案范围的行政行为，原告杨某宣的起诉不符合法定条件。

【上诉人称】

第一，对一审法院裁定本案不属于行政诉讼范围的行政裁定不服。本案中，被上诉人作出火灾事故认定书是根据《消防法》授权，依职权做出的行政行为。火灾事故认定不是一种技术鉴定，而是一种行政行为。火灾事故责任认定是公安消防机构的法定职责，属于行政行为，具有可诉性。《消防法》明确授权公安消防机构对本行政区域内的消防工作负有监督管理职责，其对火灾原因及火灾事故作出的火灾事故认定书是依职权履行的具体行政行为，具有行政确认性，是行政确认行为。火灾原因认定一经作出，非经法定程序，公安消防机构及火灾事故特定当事人不得随意变更，都要受该认定内容的约束。且被上诉人作出的火灾事故认定对相对人权利义务产生了实质性的影响，导致一系列法律责任，所以该行为属于具体行政行为，具有可诉性。一审法院依据《最高人民法院关于适用〈中华人民共和国保险法〉若干问题的解释（二）》第18条规定，认为火灾事故认定书和交通事故认定书具有类似的性质和属性，缺乏法律依据。最高人民法院这个司法解释是针对保险纠纷中的若干问题，不能类推适用本案中。而交通事故认定书除了复核的救济程序外，还有诉讼。对交通事故认定书不服的当事人可以在机动车交通事故责任纠纷中提出，法院会根据事故事实证据认定相关责任比例，这属于对交通事故责任认定不服的诉讼救济程序。但火灾事故责任认定书根据《消防法》只有复核一条救济程序。因此，交通事故责任认定和火灾事故责任认定不能类推，两者完全不同。一审法院根据《关于交通事故责任认定行为是否属于具体行政行为，可否纳入行政诉讼受案范围的意见》认定的火灾事故认定书不属于行政诉讼范围缺乏法律依据，该意见是针对交通事故责任认定的，既然交通事故认定与火灾事故认定不能同日而语，那么该项意见同样不能适用于本案。

第二，本案中，被上诉人作出的《火灾事故认定书》的主要依据错误。

第三，根据《火灾事故调查规定》的有关规定，消防机构应该对火灾现场进行调查取证，提取痕迹物证，对于痕迹物证，如需进行技术鉴定，应当送交公安消防机构技术部门或者其委托的专业技术部门进行鉴定。被上诉人没有进行任何技术鉴定，仅凭现场勘验笔录、询问笔录、现场照片等证据，其中认定的主要依据为证人证言，认定起火部位是原告杨某宣投资的木屑车间，缺乏专业技术部门的鉴定，不具有效性。本案结合所有证据透过表面现象来研究火灾起因，得出的结论是起火部门是南侧地板车间，原始起火点是相邻墙上铜丝已经变形的电闸，与电闸连接的电线却未变形，本案是电气线路起火。综上，被上诉人作出的火灾事故认定行为属于具体行政行为，具有可诉性。

【消防队辩称】

第一，被上诉人作出的火灾事故认定并非是行政诉讼受案范围的行政行为。上诉人认为《火灾事故认定书》系被上诉人根据《消防法》规定，依职权作出的行政行为，而并非技术鉴定，具有可诉性，该理由没有法律依据。火灾事故认定虽系公安机关消防机构依职权作出，但并非行政行为而属于专业技术鉴定，是通过火灾现场询问、现场勘察、痕迹物证技术鉴定以及火灾模拟等手段，运用比较、分析、综合、假设、推理等逻辑方法，进行综合分析后对火灾事故作出的科学判断，具有认定事实的证据作用，本身并不确定当事人的权利义务，不属于行政行为。根据《消防法》第51条以及浙江省公安厅《关于贯彻实施〈中华人民共和国消防法〉若干问题的意见》第1条第6款的规定，火灾事故认定书属于处理火灾事故的证据，当事人不服的可以依照公安部《火灾事故调查规定》申请复核。而依据《道路交通安全法》第 73 条的规定及《最高人民法院关于适用〈中华人民共和国保险法〉若干问题的解释（二）》第 18 条规定，火灾事故认定与交通事故认定，具有极为类似性质与属性。可见，《火灾事故认定书》仅是作为证据使用，其救济途径亦为申请复核，并不符合行政行为特征。而全国人民代表大会常务委员会法制工作委员会在《关于交通事故责任认定行为是否属于具体行政行为，可否纳入行政诉讼受案范围的意见》［法工办复字（2005）1 号］也已明确，交通事故责任认定，不属于行政行为，不能向人民法院提起行政诉讼。依据该意见所体现的立法精神，并依据《行政诉讼法》第 2 条、第 12 条对于行政诉讼范围的规定，被上诉人作出火灾事故认定不具有可诉性。上诉人上诉称："对交通事故认定书不服的当事人可以在机动车交通事故责任纠纷中提出。"而"火灾事故责任认定书根据《消防法》只有复核一条救济程序"的观点认识有误，因为如对火灾事故责任认定书有异议也完全可以在民事侵权赔偿案件中提出。而且据被上诉人了解，上诉人在南浔区人民法院因此次火灾事故所引发的民事侵权赔偿案件中已经提出了其异议观点，是否成立由南浔法院依法认定。

第二，被上诉人出具《火灾事故认定书》证据充分、结论正确。根据《行政诉讼法》第 2 条、第 12 条，《道路交通安全法》第 73 条，《最高人民法院关于适用〈中华人民共和国保险法〉若干问题的解释（二）》第 18 条，浙江省公安厅《关于贯彻实施〈中华人民共和国消防法〉若干问题的意见》第 1 条第 6 款，《消防法》第 51 条，全国人民代表大会法制工作委员会《关于交通事故责任认定是否属于具体行政行为，可否纳入行政诉讼受案范围的意见》，《火灾事故调查规定》，被上诉人作出被诉《火灾事故认定书》适用法律法规正确。综上所述，被上诉人出具的《湖浔公消火认字（2015）第 006 号火灾事故认定书》并非行政诉讼受案范围的行政行为，不具有可诉性，且出具该《火灾事故认定书》程序正确、证据充分、结论正确，适用法律法规正确，上诉人要求撤销原判的理由依法不能成立。

【二审法院意见】

根据《行政诉讼法》第 2 条第 1 款规定："公民、法人或者其他组织认为行政机关和行政机关工作人员的行政行为侵犯其合法权益，有权依照本法向人民法院提起诉讼。"该法第 49 条规定："提起诉讼应当符合下列条件：（一）原告是符合本法第二十五条规定的公民、法人或者其他组织；（二）有明确的被告；（三）有具体的诉讼请求和事实根据；（四）属于人民法院受案范围和受诉人民法院管辖。"根据《消防法》第 51 条第 3 款规定，公安机关消防机构根据火灾现场勘验、调查情况和有关的检验、鉴定意见，及时制作火灾事故认定书，作为处理火灾事故的证据。南浔消防大队作出的《湖浔公消火认字（2015）第 0006 号火灾事故认定书》是公安消防机构应用专门技术知识、采取特定的技术手段、运用专门的规则及经验，对特定的法律事实（火灾）的性质、状态所作出的客观性的书面评价结论，该评价结论并不直接确定或者分配具体当事人之间的权利义务，故不属于行政行为范畴。

【行政案例3】 火灾事故调查报告批复具有可诉性

【裁判要旨】 火灾事故调查报告的批复是否属于行政诉讼受案范围，关键应从批复的本质特征、法律效果判断是否属于对相对人的权利义务产生实际影响的行政行为。

【案号】（2018）浙07行初227号

【基本案情】

2015年2月10日，原告爱蕊公司厂区内发生火灾，造成周边房屋和企业财产受损。2015年4月13日，兰溪市公安消防大队作出火灾事故认定书，认定起火原因为爱蕊公司操作工陈某兵在化料过程中，化料锅中油料沸溢流淌至煤炉上引起火灾。2015年2月11日，被告兰溪市政府成立由公安局、消防大队、监察局、安监局等有关单位组成的"2.10"火灾事故调查组。同年4月20日，事故调查组作出火灾事故调查报告，认定该火灾事故为一起责任事故，爱蕊公司应对事故负主要责任，法定代表人曹某庆负有重要领导责任，事故当事人陈某兵负事故直接责任，建议由公安、司法机关进一步处理。同年4月22日，被告批复同意火灾事故调查报告。

2016年6月13日，兰溪市人民法院作出了（2015）金兰刑初字第480号刑事判决，认定曹某庆犯重大事故责任罪，判处有期徒刑3年。曹某庆不服，提出上诉。2016年9月22日，金华市中级人民法院作出（2016）浙07刑终821号刑事裁定，驳回上诉，维持原判。2018年2月10日，曹某庆刑满释放。

2018年7月24日，爱蕊公司提起行政诉讼，请求撤销对"2·10"火灾事故调查报告的批复。

【法院意见】

金华市中级人民法院认为，根据《最高人民法院关于适用〈中华人民共和国行政诉讼法〉的解释》（2018年）的规定，对公民、法人或者其他组织权利义务不产生实际影响的行为，不属于行政诉讼的受案范围。根据该规定，如果行政行为已对相对人的权利义务产生实质性或具体的影响，则该行为应具有可诉性；如果行政行为对相对人的权利义务仅仅是产生了一定的影响，但该影响并非实际影响，而是笼统的，则该行政行为不具有可诉性。本案中，被告批复行为的指向为火灾事故调查报告，而该报告主要是明确事故发生的原因和性质，建议由公安机关、司法机关进一步处理。因此，当事人应承担的具体责任、赔偿方式、赔偿数额等，均有待具有相应职权的部门在查证之后综合考虑多方面因素才能确认。兰溪市法院作出（2015）金兰刑初字第480号刑事判决，认定曹某庆犯重大事故责任罪，是依据包括火灾事故调查报告在内的28组证据作出的综合认定，火灾事故调查报告并不直接决定刑事判决的结果。因此，被告对火灾事故调查报告的批复行为不会对原告的权利义务产生直接的、实际的影响。对原告的起诉，应当依法予以驳回。金华市中级人民法院一审裁定驳回原告的起诉。

爱蕊公司不服一审判决，提起上诉。

浙江省高级人民法院审理认为，本案的核心争议是对涉案火灾事故调查报告的批复是否属于人民法院行政诉讼的受案范围。涉案火灾事故发生在生产过程中，涉案调查报告的内容载明系根据《中华人民共和国安全生产法》（2014 修正，简称《安全生产法》，全书同）、《生产安全事故报告和调查处理条例》和《消防法》等法律法规作出。《生产安全事故报告和调查处理条例》第 32 条规定，重大事故、较大事故、一般事故，负责事故调查的人民政府应当自收到事故调查报告之日起 15 日内作出批复……有关机关应当按照人民政府的批复，依照法律、行政法规规定的权限和程序，对事故发生单位和有关人员进行行政处罚。负有事故责任的人员涉嫌犯罪的，依法追究刑事责任。本案中，兰溪市政府作出对涉案火灾事故调查报告的批复系依法行使法定职权的行为。被诉批复虽然未向爱蕊公司送达，但已经在兰溪市法院（2015）金兰刑初字第 480 号刑事附带民事判决中以证据的形式外化，并非行政机关内部行为。涉案火灾事故调查报告经过批复后，涉案事故的原因、性质及责任已被明确界定，包括认定爱蕊公司应对本次事故负主要责任等，该认定对后续处理产生拘束，成为后续刑事或行政、民事等处理程序的一个重要依据。爱蕊公司的权利义务自此已被设定，这种设定并不从属或依附于其后进行的处理行为，亦不必然被其后的处理行为所吸收，故被诉批复并非一种过程性的行政行为，而是对当事人的权利义务产生了直接影响。综上，涉案批复系针对特定主体就特定事项作出，对上诉人的权利义务产生实际影响，构成可诉的行政行为。原审法院以该批复不属于行政诉讼受案范围为由裁定驳回起诉，属适用法律错误，依法应予纠正。上诉人的上诉理由成立，法院予以采纳。

浙江省高级人民法院二审裁定：1. 撤销金华中院（2018）浙 07 行初 227 号行政裁定。2. 指令金华中院继续审理本案。

【行政案例 4】 在行政处罚案例中的证据作用

【案号】（2015）湘高法行终字第 447 号

【法院意见】

一审法院认为：

首先，陈某强是因认为其财产被赫山区供电部门损毁而对被告履行职责情况不服提起诉讼。根据《行政诉讼法》规定，必须是当自己的合法权益被行政机关侵犯时才有权提起行政诉讼，而陈某强的财产是否被赫山区供电部门损毁尚未确认，其财产权是否被赫山区供电部门侵犯，是否需行政机关切实履行保护职责，属待证事实，则其因权利被侵犯而不服行政机关履行保护职责情况所提诉讼请求缺乏起诉条件规定的事实根据。

其次，陈某强因认为其财产被赫山区供电部门损毁而要求国家予以保护，法律已规定了民事诉讼等专门的救济途径，但未赋予人民政府直接处理损赔案件的职责，故请求被告履行该保护职责于法无据。被告组成调查组对火灾事故进行调查处理，作出责任认定，作出《益阳市赫山区人民政府关于兰溪镇陈某强统糠厂"2013.11.4"粉尘爆炸火灾事故调查报告的批复》。依照《生产安全事故报告和调查处理条例》的规定，被告履行的是依法依职权应主动履行的监督管理职责，而不是履行处理损赔案件的应请求保护职责。陈某强对被告依法依职权应主动履行的监管职责的履行情况，有权监督，但监督权与诉权不同，其起诉不属于人民法院受案范围。

最后，陈某强认为其财产被赫山区供电部门损毁，其观点是否成立，需通过火灾事故鉴定与责任认定作出结论，对结论不服，可依规定提出复核申请，但结论只是作出行政行为、司法行为认定事实所依据的证据，不是行政行为本身。对结论不服，不可提起行政诉讼，对调查结论的批复当然也不可诉。

二审法院认为：根据《行政诉讼法》（1989年，2017年修正）第2条、《最高人民法院关于执行〈中华人民共和国行政诉讼法〉若干问题的解释》第12条的规定，公民、法人或其他组织认为具体行政行为对其权利义务产生实际影响，或者与具体行政行为有法律上利害关系的，可以依法提起行政诉讼。益阳市赫山区人民政府2014年8月10日向益阳市工商管理局赫山分局、区安监局作出益赫政函〔2014〕44号《益阳市赫山区人民政府关于兰溪镇陈某强统糠厂"11·4"粉尘爆炸火灾事故调查报告的批复》（以下简称《批复》），是依据《生产安全事故报告和调查处理条例》规定的履责行为，具备行政行为的法定要件。该《批复》明确了"事故发生的原因和事故性质"以及"事故责任的认定以及对事故责任者的处理方法"，且送达给了陈某强，对陈某强的权利义务（行政及民事责任）产生了实际影响，是可诉的行政行为，属于人民法院行政审判权限范围，陈某强的起诉符合法定条件。一审认为"结论只是作出行政行为、司法行为认定事实所依据的证据，不是行政行为本身。对结论不服，不可提起行政诉讼，对调查结论的批复当然也不可诉"，裁定驳回陈某强的起诉不当，依法应予纠正。

【行政案例5】消防机构行政不作为

【案号】（2015）湛开法行初字第328号

【案由】不履行行政复核法定职责纠纷

【基本案情】

2015年7月25日6时11分许，位于湛江市屋山建材市场第16、17、18号档口发生火灾，霞山区消防大队经调查于2015年9月9日作出湛霞公消火认字（2015）第0001号《火灾事故认定书》，对起火原因认定：起火时间为2015年7月25日6时11分许；起火部位为湛江市霞山区乐山西路21号湛江市屋山建材市场内洪开明17号档口第4、13条钢管柱至第6、15条钢管柱之间；起火点为洪开明17号档口第4、13条与第6、15条钢管柱之间的通道往北侧墙之间；起火原因排除人为放火的可能，排除雷电引起火灾的可能，排除遗留火种引起火灾的可能，不排除电气线路、电气设备故障引起火灾的可能。原告不服该《火灾事故认定书》，于2015年9月9日向被告申请对火灾原因进行重新认定。被告收到原告的申请后，向霞山区消防大队调取该火灾事故调查档案及相关证据进行审查。经审查，被告认为原火灾事故认定主要事实清楚、证据确凿充分、程序合法、起火原因认定正确，决定维持原火灾事故认定结论。于是根据《火灾事故调查规定》第36条第1款的规定，作出湛公消火不字（2015）第002号《火灾事故认定复核不予受理通知书》，决定不予受理原告的申请。原告不服，遂向本院提起行政诉讼。

【法院意见】

本案属于不履行行政复核法定职责纠纷。本案的争议焦点是：被告是否存在不予受理原告的复核申请,不履行法定职责的情形。

根据《火灾事故调查规定》第35条第1款规定:"当事人对火灾事故认定有异议的,可以自火灾事故认定书送达之日起十五日内,向上一级公安机关消防机构提出书面复核申请。"第38条第1款规定:"复核机构应当对复核申请和原火灾事故认定进行书面审查,必要时,可以向有关人员进行调查;火灾现场尚存且未被破坏的,可以进行复核勘验。"湛江市消防局作为霞山区消防大队的上一级公安机关消防机构,对当事人不服霞山区消防大队作出的火灾事故认定,具有复核的职责。湛江市消防局收到原告的复核申请之后,向霞山区消防大队调取该火灾事故调查档案及相关证据进行审查,符合规章的规定。根据《火灾事故调查规定》第36条第1款第(三)项规定:"复核机构应当自收到复核申请之日起七日内作出是否受理的决定并书面通知申请人。有下列情形之一的,不予受理……(三)复核机构维持原火灾事故认定或者直接作出火灾事故复核认定的……"市消防局经过对霞山区消防大队火灾事故调查档案及相关证据进行审查,认为原火灾事故认定主要事实清楚、证据确凿充分、程序合法、起火原因认定正确,决定维持原火灾事故认定结论,于是作出不予受理原告复核申请的决定,并无不当。原告诉称被告市消防局不予受理其的复核申请,不履行法定复核职责,于法无据,本院不予支持。

综上所述,被告湛江市消防局收到原告的复核申请之后,经过书面审查,认为霞山区消防大队作出的湛霞公消火认字(2015)第0001号《火灾事故认定书》正确,决定维持该火灾事故认定的结论,于是依据《火灾事故调查规定》第36条第1款之规定作出不予受理原告复核的决定,符合规章的规定。故被告市消防局不存在不履行行政复核法定职责的情形。

【行政案例6】不服事故调查报告及其批复,能否提起行政诉讼

【案号】(2016)苏行终1033号

【法院意见】

原审法院认为,国务院《生产安全事故报告和调查处理条例》第32条第1款、第2款规定,负责事故调查的人民政府应当在法定期限内对事故调查报告作出批复。有关机关应当按照人民政府的批复,依照法律、行政法规规定的权限和程序,对事故发生单位和有关人员进行行政处罚,对负有事故责任的国家工作人员进行处分。本案中,南通市政府对崇川区政府呈报的事故调查报告作出了批复,该批复中含有对顺捷公司在该起事故中的责任意见等内容,且该批复亦是崇川安监局对顺捷公司进行行政处罚的基础,该批复对顺捷公司的权利义务具有实际影响,顺捷公司对此不服提起行政诉讼,属于人民法院行政案件的受案范围。南通市政府认为其所作批复行为不直接设定顺捷公司的责任,故不具有可诉性的诉讼主张不能成立,不予采信。

二审法院认为,本案中,南通市政府对崇川区政府呈报的《"12·3"火灾事故调查报告》作出了批复,因该批复中含有对顺捷公司在该起事故中的责任意见等内容,且南通市政府亦确认于2014年2月20号向上诉人的相关工作人员送达了2号《火灾事故调查结案的批复》，该批复已对外发生法律效力。故原审法院认定该批复对顺捷公司的权利义务具有实际影响，顺捷公司对此不服提起的本案诉讼属于行政诉讼受案范围，并无不当。

在此案例中，法院认为调查报告和批复是可诉的。而有的案例中，法院认为是不可诉的，关键是没有明确的法律依据。

【刑事案例1】 失火罪中财产损失数额的界定

【案号】（2018）苏10刑终206号

【基本案情】

经审理查明：上诉人杜某言系无锡市洛社镇杨市成明纺织机械厂的员工，从事机器的安装调试及维修工作。2017年1月7日，杜某言受企业负责人的指派至扬州魔力熊百货商贸有限公司维修发生故障的热转移印花机。当日9时许，杜某言来到位于扬州市邗江区蜀岗东路的扬州银珠照明电器有限公司院内，进入扬州魔力熊百货商贸有限公司租用的车间，对故障热转移印花机设定温控表温度，然后打开机器进行升温整定，因急于去新厂区调试其他机器，杜某言无视热转移印花机的导热油"如果过多，请注意放气放油并且人员不能离开"的操作规范，征得扬州魔力熊百货商贸有限公司厂区负责人童某的同意，指定该公司工人高某临时看管正在整定过程中的机器，之后，杜某言随童某一起去新厂区调试机器。后童某先行返回，发现整定过程中的热转移印花机温度异常并引发导热油溢出的情况，数次打电话请示杜某言如何处置，杜某言未能正确引导处置，表示没有问题。当日11时许，最终导致现场发生火灾并造成周边多家单位的厂房和物品被烧毁。杜某言闻知火灾发生后，当即返回无锡，次日，接到公安机关的电话通知后主动到案，如实供述了自己的行为。经市公安消防支队邗江区大队火灾事故认定，起火原因为维修热转移印花机方法不当，导致导热油温度过高引发火灾。另经资产评估，该火灾造成的经济损失价值人民币9910703元。

上述事实，有下列证据予以证明：

……

14. 被害人李某的陈述及火灾直接财产损失申报统计表证明，其系魔力熊公司的法人代表，火灾导致公司损失计1847400元，有生产机器发票、被烧货物残痕证明。

15. 被害人周某的陈述及受损物品清单证明，其经营的金鑫源电子商贸服务部向鑫贝玩具有限公司租赁了一个仓库用来存放货物，办公地点就在仓库里面，地址位于发生火灾的魔力熊公司东侧，当时大火蔓延到其仓库，向公安机关申报的物品损失计512700元。

16. 证人王某的证言及车损评估鉴定清单证明，其在扬州湘宜汽车销售有限公司担任展厅经理，公司是专门销售猎豹汽车的4S店，停放在扬州乾丰修理厂有11辆猎豹汽车，与魔力熊公司只隔了一堵铁皮墙，火灾导致9辆猎豹CS10款式汽车被烧毁，其中3辆被大火烧成了钢架，售价是每辆125800元，另6辆汽车经过修理厂的车损评估，9辆汽车总计损失为478358元。

......

27. 江苏新华联资产评估有限公司出具的（2017）第 005 号资产评估报告书证明：市公安消防支队邗江区大队委托对火灾损失进行评估，评估方以 2017 年 1 月 7 日为评估基准日，主要采用资产基础法为评估方法，依据了委托方提供的相关资料，以现场所见实物评估为准，确认火灾损失的价值总计 9910703.47 元。

......

对于上诉人提出的上诉理由及辩护人提出的辩护意见，结合本案的事实和证据情况，本院综合评判如下：认定火灾损失的资产评估报告能够作为定案证据。

本案火灾事故发生后，多家被害单位均申报了各自的经济损失并提供了部分损失证据，为准确认定火灾损失，市公安消防支队邗江区大队委托江苏新华联资产评估有限公司进行评估，两名具有资产评估师资质的人员主要采用资产基础法作为评估方法，结合资料和现场调查，由此作出的火灾损失为 9910703 元的评估结论具有客观性，应予采信。

【刑事案例 2】 电气火灾事故一次熔痕认定的失火罪

【案号】（2015）西刑初字第 130 号

【基本案情】

附带民事诉讼被告人李某在北京市西城区槐柏树街南里某楼 D31 号房间内，私自搭接经过沙发底部的电线。2014 年 2 月 7 日凌晨 1 时许，该电线发生短路，引发火灾，致使居住在地下室 D33 号房间的被害人王某、D37 号房间的被害人梁某因一氧化碳中毒死亡。火灾被随后赶来的民警及消防人员扑灭，后附带民事诉讼被告人李某在现场被民警当场查获。现附带民事诉讼被告人李某因犯失火罪被判处有期徒刑四年，且刑事部分的判决已经发生法律效力。

上述事实，有经法庭质证、认证的下列证据予以证明：

......

4. 北京市公安司法鉴定中心法医学尸体检验鉴定书，证明被害人王×、梁某符合一氧化碳中毒死亡。

5. 北京市特种设备检测中心鉴定报告，证明引入 D031 房间的电气线路没有按照标准要求安装入户的开关电器，并且所用塑料护套电源线截面面积远小于标准要求，当用电设备功率过大时，存在线路过热烧毁的安全隐患。

6. 公安部消防局天津火灾物证鉴定中心技术鉴定报告，证明对北京市西城区公安消防支队送检的西城区槐柏树南里某楼 D031 室火场残留物进行了检查和提取，并对标注为"移动插座电源线"样品上的熔痕样品进行了技术鉴定，结果为送检的 2014099-W01-01 熔痕为一次短路熔痕。

7. 北京市西城区公安消防支队火灾事故认定书，证明起火时间认定为 2014 年 2 月 7 日 1 时 30 分许，起火的部位为槐柏树南里某楼 D031 房间西侧放置的沙发处，起火点为沙发下方的电源线，起火的原因认定为电气线路短路引发。

8. 现场勘验检查笔录及现场照片，证明案发现场的具体情况。

……

12. 北京市西城区人民法院（2014）西刑初字第444号刑事附带民事判决书及北京市第二中级人民法院（2014）二中刑终字第1457号刑事附带民事裁定书，证明附带民事诉讼被告人李某在北京市西城区槐柏树街南里某楼D31号房间内，私自搭接经过沙发底部的电线。2014年2月7日凌晨1时许，该电线发生短路，引发火灾，致使居住在地下室D33号房间的王某、D37号房间的梁某因一氧化碳中毒死亡。火灾被随后赶来的民警及消防人员扑灭，后附带民事诉讼被告人李某在现场被民警当场查获。现附带民事诉讼被告人李某因犯失火罪被判处有期徒刑四年，刑事部分的判决已经发生法律效力。

以上证据，来源合法，确实充分，本院均予以确认。

【法院意见】

附带民事诉讼被告人李某应当预见到自己私接电线的行为可能产生安全隐患，因疏忽大意且没有预见，以致引发火灾，造成被害人王某的死亡，其对王某的死亡负有直接的责任。

【刑事案件3】消防责任事故罪

【案号】（2016）粤01刑终752号

【案由】消防责任事故罪

【一审意见】

同案人黎某桥（已判刑）作为建业大厦的实际控制人，广州市信龙企业管理有限公司、广州信浓物业管理有限公司实际经营者，聘请被告人李某甲先后担任广州市信龙企业管理有限公司副总经理、广州信浓物业管理有限公司的总经理，指派被告人李某甲与同案人黎某乙（已判刑）一起管理建业大厦，在该大厦未经消防部门验收的情况下擅自对外出租经营。2010年11月，广州市公安局越秀区分局在消防监督检查中发现建业大厦未经消防验收，被广州市信龙企业管理有限公司出租，擅自用作货物仓储和办公室使用，该局决定责令停止使用建业大厦，并处罚款。2011年1月4日，广州市信龙企业管理有限公司逾期拒不执行上述处罚决定，广州市公安局越秀区分局决定对建业大厦出租的仓库予以查封，强制停止使用。同年7月，被告人李某甲在明知建业大厦已被消防监督机构查封且未经消防验收的情况下，仍接受同案人黎某甲的授意，以政府支持其复建建业大厦需筹集资金等为由，以公司的名义继续出租建业大厦给承租人邓某均等五十多名商户，作为存放鞋类等货物的仓库。2013年12月15日18时37分许，建业大厦发生火灾，造成该大厦局部受损，烧毁、烧损成品鞋等货物一批，过火面积12500m²，未造成人员伤亡。经广东京华资产评估房地产土地估价有限公司评估，结论是：直接财产损失4066.23万元。广州市公安消防局火灾事故认定书认定起火点位于该大厦首层邓某均承租的仓库内，起火原因系经过邓某均承租仓库的建业大厦首层总电源线短路引燃可燃物所致。

另查明，建业大厦内部设置了消防配电系统、火灾自动报警系统、自动喷水灭火系统、室内消火栓系统、防排烟系统、防火分隔系统等消防设施。但由于建业大厦一直未能办理市政永久用电手续，仅使用建设期间供电局提供的临时电源，致整栋大厦安装的建筑消防设施无法正常运转。

【法院意见】

上诉人李某甲作为建业大厦的消防管理直接责任人员，违反消防管理法规，对消防监督机构通知采取改正措施而拒绝执行，造成特别严重的后果，其行为已构成消防责任事故罪，依法应予惩处。上诉人李某甲及其辩护人所提上诉意见经查均据理不足，均不能成立，本院均不予采纳。出庭检察员提出的意见有理，本院予以采纳。原判认定事实清楚，证据确实充分，定罪和适用法律正确，量刑适当，审判程序合法，本院予以维持。

【刑事案件 4】 由楼梯间内可燃物引发火灾认定的消防责任事故罪

【案号】（2015）海南二中刑终字第 168 号

【案由】消防责任事故罪

【基本案情】

2013 年 7 月 25 日 3 时 50 分许，儋州市那大镇那恁安置区 A42 号出租屋一层西南角楼梯间内起火，引燃停放在楼梯间内的摩托车、电动车等物，因火灾造成姚某、钟某当场死亡，符某笔被烧成重伤。导致电动摩托车 8 辆、摩托车 2 辆、自行车 1 辆被烧毁，直接财产损失统计为 88701 元。

经火灾事故认定，起火原因可以排除人为放火、房屋电气线短路起火、自燃及雷击起火，不排除出租屋一层楼梯间内停放的电动摩托车在充电过程中起火引燃车身可燃物引发火灾。经海南省儋州市公安局司法鉴定中心鉴定，姚某、钟某因生前遭受火烧导致死亡，符某笔的损伤构成重伤一级，致残等级为三级。经鉴定，被烧毁的 1 辆铃木牌电动车（型号大优悦）及 1 辆山洋牌两轮摩托车价值为人民币 7360 元。

儋公消火认字（2013）第 0004 号《火灾事故认定书》中证实 2013 年 7 月 25 日 4 时 6 分，儋州市那大镇那恁安置区 A42 号一栋居民房一楼楼梯口发生火灾，烧毁一层楼梯间居民停放的电动摩托车八辆、摩托车二辆、自行车一辆，造成二人死亡，一人重伤，直接财产损失统计为 88701 元。起火原因可以排除人为放火、房屋电气线短路起火、自燃及雷击起火，不排除出租屋一层楼梯间内停放的电动摩托车在充电过程中起火引燃车身可燃物引发火灾。

《技术鉴定报告书》证实，对海南省儋州市公安局消防局送检的海南省儋州市那大镇那恁安置区 A42 号的铜导线、铜片、熔珠等火灾残留物进行检查，部分样品的熔痕为火烧熔痕，部分样品的熔痕为二次短路熔痕。

2013 年 6 月 9 日，儋州市公安局解放派出所民警符某文及协警郭某，因儋州市那大镇那恁安置区一房屋屋主林某报案电动车被盗一事赶往现场检查。符某文、郭某波检查完毕离开林某房屋时，发现林某房屋前面有一家新设的出租屋（儋州市那大镇那恁安置区 A42 号），二人便进入该出租屋，进行消防安全隐患检查，经检查发现，该出租屋存在没有安装、配置消防栓、灭火器、应急灯，且外墙装有防盗网等消防隐患。符某文便以口头形式要求被告人何某侬进行整改，何某侬事后未予以整改。

【法院意见】

被告人何某侬建房并出租给他人居住，未按规定配置消防栓、灭火器、应急灯等设施，且外墙安装防盗网，存在着消防隐患，在经具有消防监督检查职能的儋州市公安局解放派出所民警例行消防检查过程中，还隐瞒其房东身份，并对公安民警当面口头提出的消防隐患问题持放任态度，以致火灾发生时未能及时有效地采取抢救措施，因而造成二人死亡、一人重伤，八辆电动车、二辆摩托车、一辆自行车等财物损毁，直接财产损失统计为88701元，其行为构成了消防责任事故罪，而且属于后果特别严重情形，依法应追究刑事责任。鉴于被告人何某侬对火灾的发生在主观上并无直接故意，且其本人也遭受了一定的经济损失。因此，综观本案发生的原因，被告人何某侬的主观意念、犯罪情节以及对社会的危害后果，对被告人何某侬宣告缓刑没有再犯罪的危险，可对其适用缓刑。经原审审判委员会研究决定，依照《刑法》第139条，第72条第1款，第73条第2款、第3款之规定，判决：被告人何某侬犯消防责任事故罪，判处有期徒刑三年，缓刑五年。

原审被告人何某侬提出上诉及其辩护人为其辩护称：本案没有直接的证据能够证明公安消防人员对其涉案楼房进行过消防检查和要求过其整改。

上诉人何某侬违反消防管理法规，经消防监督机构通知采取改正措施而拒绝执行，造成特别严重后果，其行为已构成消防责任事故罪，依法应予惩处。关于上诉人何某侬的上诉理由及其辩护人的辩护意见，经查，原判认定上诉人何某侬所建楼房因存在消防隐患，经公安派出所民警提出整改意见后，仍未采取任何改正措施，致使他人用电时引发火灾的事实清楚，有消防检查民警符某文和协警郭某波的证言证实，有证人林某和李某武的证言以及《火灾事故认定书》和《民警工作日记簿》等证据予以佐证，其本人的多次供述亦能与之相互印证，证据确实充分。上诉人何某侬及其辩护人认为《民警工作日记簿》为存疑证据以及其在公安侦查阶段所作的供述系派出所副所长李某武诱供所为，均不能作为定案依据。因其提不出合法有效的证据加以证明，且与本院查证核实的事实不符，故上诉人及其辩护人的该主张不能成立；上诉人何某侬作为该楼房的经营者和管理者，对该楼房未配置消防栓、灭火器、应急灯等消防设施以及外墙安装防盗网，存在消防隐患的问题，没有采取任何防范措施，特别是经消防监督机构提出整改意见后仍不予改正，致使特别严重后果的发生，其违反消防管理法规与特别严重后果之间存在因果关系。根据《刑法》第139条的规定，其行为已符合消防责任事故罪的构成要件，构成了消防责任事故罪；本案火灾后造成二人死亡、一人重伤，直接经济损失88701元，原判据此认定该事故为后果特别严重，并对直接责任人何某侬判处其有期徒刑三年，缓刑五年，均并无不当。综上，上诉人何某侬的上诉理由及其辩护人的辩护意见均不能成立，本院不予采纳。原判认定上诉人何某侬犯消防责任事故罪的事实清楚，证据确实充分，定罪准确，适用法律正确，量刑适当，审判程序合法，应予维持。

【刑事案例5】刑事案件中的鉴定报告可否作为民事赔偿的证据

【案号】（2019）川34民终624号

【案由】财产损害赔偿纠纷

【法院意见】

本案争议焦点：《价格认定意见书》是否应当予以采信并作为本案因火灾遭受的实际财产损失的赔偿依据？

法院认为，根据《消防法》第51条规定："公安机关消防机构有权根据需要封闭火灾现场，负责调查火灾原因，统计火灾损失。火灾扑灭后，发生火灾的单位和相关人员应当按照公安机关消防机构的要求保护现场，接受事故调查，如实提供与火灾有关的情况。公安机关消防机构根据火灾现场勘验、调查情况和有关的检验、鉴定意见，及时制作火灾事故认定书，作为处理火灾事故的证据。"《火灾事故调查规定》第28条规定："公安机关消防机构应当根据受损单位和个人的申报、依法设立的价格鉴证机构出具的火灾直接财产损失鉴定意见以及调查核实情况，按照有关规定，对火灾直接经济损失和人员伤亡进行如实统计。"公安消防机构具有作出火灾原因认定、火灾损失统计等法定职责，是火灾事故调查和处理的法定机构。因此，在火灾事故发生后，应由相关的公安消防机构按照规定认定火灾事故的原因和统计因火灾导致财产损失的数额。《价格认定意见书》是西昌市公安消防大队委托专业机构西昌市价格认证中心作出，《价格认定意见书》中明确载明：委托方提供的有关资料只是价格认定的依据之一；价格认定过程包括指派价格认定人员会同西昌市公安消防大队工作人员前往火灾现场进行了现场勘验；告知了有关各方对价格认定意见有异议的，可按照程序向认定机构提出补充认定、重新认定或向省级以上（含省级）政府价格主管部门设立的价格认证机构申请复核裁定。但时至今日，有关各方包括殷某祥等五人均从未向西昌市公安消防大队或西昌市价格认证中心提出过书面异议及相关申请。一审庭审中，一审法院提示本案当事人是否申请鉴定，本案所有当事人包括殷某祥等五人均未提出鉴定申请。以上事实应当视为殷某祥等五人对《价格认定意见书》已经予以认可。况且，火灾事故于2016年10月2日发生，距今已经两年半有余，火灾之后，被火灾烧毁的库房及火灾现场的相关物品等均已全部拆除和清理完毕，现已失去重新鉴定的条件。同时，《价格认定意见书》已经得到了生效刑事判决书的认定和确认，生效刑事判决书直接采信了《价格认定意见书》的认定意见，已经对火灾损失进行了确认。按照《最高人民法院关于适用〈中华人民共和国民事诉讼法〉的解释》第93条第1款第五项"下列事实，当事人无需举证证明：已为人民法院发生法律效力的裁判所确认的事实"的规定，本院对《价格认定意见书》予以采信。西昌市公安消防大队委托西昌市价格认证中心作出的《价格认定意见书》应当作为认定本案火灾损失的依据，火灾全部损失为《价格认定意见书》中认定的"直接损失认定价格40057066元"，其中王某邦在本案火灾中所遭受的财产直接损失为6402795元。《价格认定意见书》中虽载明"本次价格认定意见书只适用于刑事案件的价格依据，不作为民事赔偿的依据"，但现行法律法规并未规定财产损害价格的鉴定在刑事诉讼及民事诉讼中需分别进行，故以上内容不影响人民法院在民事诉讼中对《价格认定意见书》依法予以认定和采信。一审法院直接采信《价格认定意见书》并作为认定本案财产损失赔偿数额的依据并无不当，本院予以维持。根据《民事诉讼法》第64条第1款规定："当事人对自己提出的主张，有责任提供证据。"《最高人民法院关于适用〈中华人民共和国民事诉讼法〉的解释》第90条规定："当事人对自己提出的诉讼请求所依据的事实或者反驳对方诉讼请求所依据的事实，应当提供证据加以证明，但法律另有规定的除外。在作出判决前，当事人未能提供证据或者证据不足以证明其事实主张的，由负有举证证明责任的当事人承担不利的后果。"在殷某祥等五人不能举出足以推翻的相反证据的情况下，殷某祥等五人关于《价格认定意见书》不应采信的主张因证据不足，本院不予支持。

第三章 损失赔偿比例问题

【案例1】起火原因不明，各担50%的民事赔偿责任

【案号】（2015）浙民申字第1295号

【案由】财产损害赔偿纠纷

【法院意见】

对火灾损失的赔偿比例原审确定是否正确？经审查，金华市公安消防支队婺城区大队对火灾现场进行勘察，已作出了火灾事故认定书，认定起火部位为七号店铺，起火原因系电气线路故障引燃周边可燃物蔓延所致。火灾造成的经济损失，经浙江省金华市金建价格评估有限公司根据双方的委托以及提供的相关资料和描述，通过评估人员的现场勘察、清点、核实，整理出损失物品清单，并结合有无残值留存等情况，作出火灾损失的价格评估报告，确定了评估标的在价格评估基准日的价值。上述火灾事故认定书、火灾损失的价格评估报告一审中经各方当事人质证，各方对其真实性均不持异议。因此，原审将此作为本案审理的依据，并无不当。本案现无其他证据证明火灾发生系因其他外力原因所致，五一村合作社作为商铺的所有人和管理人，将未经消防验收合格的商铺出租他人经营，对商铺使用的电气线路在改造后又未进行有效的安全检查，对火灾事故的发生负有一定的责任，而作为承租人崔某赦对所租房屋是否已经消防验收未尽到必要的注意义务，亦负有一定的责任。原审按租赁双方在涉案事故中应承担的责任，经综合考量，酌情判令双方各按50%的比例承担责任，并无不当。

【案例2】起火原因和起火物共同过错导致火灾事故，责任如何承担

【案由】财产损害赔偿纠纷

【裁判要旨】

涉案建筑物外墙装饰材料不符合消防安全标准，建筑物管理人以及物业公司在不同时期的行为密切结合一起致使火灾发生，进而导致涉案标的物造成损失，应当对损失在各自过错范围内承担相应的责任。

消防安全事关人身、财产安全，属于社会公共利益，确保建筑物消防安全是建设单位的法定义务。商品房买卖合同的购房人一般不具有检测所购房屋是否符合消防安全规定的能力，难以适用一般商品买卖合同在标的物交付后买受人应当及时检验产品质量的规定。案涉责任人在不同时期的数个行为密切结合致使火灾发生，侵权行为、致害原因前后接继而非叠加，责任人对火灾的发生均有重大过失，但没有共同故意或者共同过失，应各自承担相应的责任。建设单位并非主动积极的行为致受害人权益受损，不承担主要责任。物业服务企业依法或依约在物业管理区域内负有安全防范义务，应协助做好安全事故、隐患等的防范、制止或救助工作。第三人原因致损，物业服务企业未尽到专业管理人的谨慎注意义务的，应在其能够预见和防范的范围内承担相应的补充责任。

【附 裁判原文】

中华人民共和国最高人民法院

民 事 判 决 书

（2018）最高法民再 206 号

再审申请人（一审原告、二审上诉人）：赵淑华。

被申请人（一审被告、二审被上诉人）：万鑫公司。

被申请人（一审被告、二审被上诉人）：中一公司。

再审申请人赵淑华因与被申请人万鑫公司、中一公司财产损害赔偿纠纷一案，不服辽宁省高级人民法院（2015）辽民一终字第 00300 号民事判决，向本院申请再审。本院于 2017 年 12 月 20 日作出（2017）最高法民申 4829 号民事裁定，提审本案。

赵淑华申请再审称，请求撤销沈阳市中级人民法院（2013）沈中民一初字第 39 号民事判决及辽宁省高级人民法院（2015）辽民一终字第 00300 号民事判决，改判万鑫公司、中一公司赔偿赵淑华因火灾导致的房屋损失 3186300 元、室内财产损失 2199363 元、租房费用 357000 元、契税 182926.20 元、维修基金 8646.56 元、房屋备案费 5000 元、赵淑华对兴业银行股份有限公司沈阳分行（以下简称兴业银行）的按揭贷款逾期利息 100000 元及逾期付款违约金损失 228000 元。万鑫公司、中一公司给付赵淑华保险理赔款 200 万元。事实和理由：

（一）万鑫大厦外墙装饰材料违法使用可燃挤塑板是万鑫大厦 A 座着火并引燃 B 座的直接原因。

1.《火灾事故认定书》已认定案涉大厦形成立体燃烧的原因是可燃挤塑板引燃。

2. 2009 年 9 月 25 日发布实施的《民用建筑外保温系统及外墙装饰防火暂行规定》（以下简称《暂行规定》）规定，高度大于 100 米的建筑物保温材料燃烧性能应为 A 级。万鑫大厦于 2009 年 12 月 31 日竣工验收，于 2010 年 2 月 9 日通过消防验收。《暂行规定》生效在先，万鑫大厦验收在后，万鑫公司在万鑫大厦外墙装饰中使用可燃挤塑板，具有违法性。

（二）万鑫公司在大火后获得的保险理赔金与赵淑华的财产损失存在直接关联。

1.《公估报告书》中 2009 年 10 月 28 日的批单将案涉大厦 B 座 226 间房产列入投保范围，赵淑华于 2009 年 12 月 29 日购买的案涉房屋已由万鑫公司列入被保险房产之列。

2. 根据《保险理赔协议》有关"根据中国人民财产保险股份有限公司财产一切险条款（2009 版）第五条保险责任在保险期间内由于自然灾害或意外事故造成保险标的直接物质损坏或灭失，保险人按照本保险合同的约定负责赔偿"之约定，本次火灾属于上述保险合同约定的保险事故。

（三）中一公司应承担相应责任。住店客人李欣燃放烟花的位置属中一公司物业管理范围，也属大厦保安巡查范围。中一公司作为物业管理公司，除夕夜任由民众在任何区域随意燃放烟花导致火灾发生。根据《物业管理条例》的相关规定，中一公司应承担管理责任。

万鑫公司、中一公司辩称：

1. 火灾事故发生时，案涉房屋已交付赵淑华，房屋损毁的风险亦转移至赵淑华，相应的财产损失应由赵淑华自行承担。

2. 关于本案是否适用《暂行规定》的问题。《关于进一步明确民用建筑外保温材料消防监督管理有关要求的通知》第2条规定，2011年3月15日起，各地受理的"建设工程消防设计审核"和"消防验收申报项目"应严格执行本通知要求。万鑫大厦于2008年4月3日通过消防设计审核，当时《暂行规定》未出台。万鑫大厦A座、C座验收时间为2009年12月24日，万鑫大厦B座验收时间为2010年2月9日，均在《暂行规定》实施之前。

3. 万鑫公司没有任何过错，不应承担赔偿责任。案涉火灾事故认定书认定，火灾事故的起火原因系李欣燃放烟花所致，李欣是直接侵权人。万鑫公司采用的挤塑板经检验为合格产品而其他外保温材料在案涉大楼建设期间并无强制性或限制性规定。同时，2009年10月，万鑫大厦工程通过竣工验收。因此，不能认定万鑫公司存在过错。根据《侵权责任法》的基本法理，无过错即无责任，万鑫公司不应承担赔偿责任。

4. 赵淑华主张万鑫公司获得的保险赔偿金中包括了赵淑华的财产损失，缺少事实依据。建筑物是指尚未销售的房屋，案涉房屋已先于保险期间向赵淑华出售，不属于该保单保险范围。保险标的不包括B座的任何房产。此外，赵淑华在上诉状中所提到的保单是作废保单，不是事故发生后用以理赔的保单。

5. 赵淑华超出原审诉讼请求增加的部分，再审不应审查。

6. 赵淑华主张万鑫大厦A座着火引燃B座与事实不符。综上，请求维持原审判决。

赵淑华向一审法院起诉请求：万鑫公司、中一公司赔偿：房屋损失4573155元、室内财产损失2199363元、租房费用187400元、购买房花费的契税182926.20元、维修基金8646.56元、房屋备案费5000元，房产的增值损失2500625元，万鑫公司、中一公司承担本案诉讼费用。后赵淑华增加要求万鑫公司、中一公司赔偿其购房时银行贷款逾期利息10万元及违约金22.8万元的诉请。在审理中，赵淑华又提出火灾发生后，保险公司对万鑫公司的理赔款中包括对业主的赔偿。

一审法院认定事实：2009年12月29日，赵淑华与万鑫公司签订《商品房买卖合同》，约定购买该公司开发建设的万鑫大厦B座3407、3507，建筑面积200.05平方米的跃层公寓，购房款4573155元。合同签订后，赵淑华向万鑫公司交付购房款2293155元，余款228万元以在兴业银行按揭贷款方式支付。2011年2月3日0时15分许，万鑫大厦发生火灾，将赵淑华屋内物品烧毁。经沈阳市消防局作出沈公消火认字〔2011〕第0001号火灾事故认定书，认定起火原因为：李欣（A座的住店客人）燃放的组合烟花落至B座11层1109房间南侧室外平台上，引燃铺设在平台上的塑料草坪，造成墙体外表面装饰保温材料燃烧。灾害成因为：由于万鑫大厦外墙保温采用了挤塑板等可燃材料，起火后火势迅速蔓延，形成立体燃烧。

经赵淑华申请，一审法院到沈阳市消防局调取了消防档案。档案记载，火灾发生后，辽宁省建筑材料监督检验院对万鑫大厦绝热用模塑聚苯乙烯泡沫塑料、铝塑复合板、塑料草坪、硅酮密封胶、绝热用挤塑聚苯乙烯泡沫塑料五组样品进行了检验，结论为：绝热用模塑聚苯乙烯泡沫塑料按GB—2006标准（E）级检验，该样品不符合标准要求；按GB/T 2406.2—2009（顶面点燃法）检验，检验结果不符合20s内Fs≤150的标准；对塑料草坪按GB—2006标准检验，该组样品燃烧性能不符合Df1级要求，检验结论不合格。其他三组样品均为合格。

事故发生后，沈阳市和平区人民法院作出（2011）和刑初字第1160号刑事判决，认定被告人李欣在燃烧烟花爆竹的过程中，因疏忽大意引发火灾，致使公私财产遭受重大损失，其行为构成失火罪。判处被告人李欣犯失火罪，判处有期徒刑三年。该刑事判决已经发生法律效力。

2008年7月10日，沈阳市消防局向万鑫公司出具建筑工程消防设计审核意见书，对万鑫大厦内部装修工程提出审核意见。2010年2月9日，沈阳市公安消防局出具建设工程消防验收意见书，载明：万鑫大厦B座第11层至37层经综合评定，消防验收合格。具体情况如下：

一、建筑总平面布置、安全疏散、防火分隔基本符合我局原审核要求。

二、测试室内外消火栓系统，自动喷水灭火系统，供水正常。

三、安全疏散指示标志的设置基本符合规范的要求。

2009年9月25日公安部、原住房和城乡建设部联合制定了《暂行规定》，其中第2条规定民用建筑外保温材料的燃烧性能宜为A级，且不低于B2级。第4条规定，高度大于等于100m的住宅建筑，其保温材料的燃烧性能应为A级。

2009年10月，万鑫公司组织相关单位对万鑫大厦进行竣工验收。2010年11月10日，沈阳市城乡建设委员会出具辽宁省房屋建筑工程竣工验收备案书，载明：经审查，该工程符合竣工验收备案规定，予以备案。

火灾发生后，万鑫公司经与中国人民财产保险股份有限公司沈阳市分公司协商，该保险公司就本次事故损失向万鑫公司支付全部保险赔偿金额为4.76亿。万鑫公司已将万鑫大厦重新装修。

一审法院判决：驳回赵淑华的诉讼请求。一审案件受理费79400元，由赵淑华负担。

赵淑华不服一审判决，上诉请求：撤销原判，依法改判或发回重审，判令万鑫公司、中一公司承担本案一、二审诉讼费用。

二审法院认定事实：二审对一审查明的基本事实予以确认。还查明，一审法院调取的辽宁正大保险公估有限公司《公估报告书》第22页至第26页"四、保单承保情况"记载，保险单PQYC24附有三张批单，内容分别为修改特别约定、修改保险地址和修改保险标的，其中批单EQYC21内容明确保险标的自2011年1月24日零时起地址批改为和平区青年大街390甲号、392号。保险单PQYC23承保项目明细记载，保险标的394（B）面积8692平方米，备注B座为公共区域面积。赵淑华与万鑫公司签订的商品房买卖合同中约定有"皇朝万鑫酒店式服务公寓交房标准"，其中室内基础和装修部分包括：入户门：实木钢板门；天花：石膏板封棚，刮白刷乳胶漆……地面：进口天然石材/实木复合地板；内墙：布基壁纸/成品木饰面/成品软包；厨房系统：电陶炉、抽拉式吸油烟机、嵌入式微波炉、嵌入式冰箱；橱柜品牌：西班牙品牌法格；卫生间面盆、坐厕：德国杜拉维特；水龙头：德国高仪；鱼缸：金凯登；电动窗帘轨道品牌：广东乐屋。

二审法院认为，本案系万鑫大厦火灾造成赵淑华所有的两处房屋及室内财产发生损害，赵淑华作为上述财产的权利人要求万鑫公司与中一公司共同承担财产损害赔偿责任的纠纷。故，本案的争议焦点为万鑫公司和中一公司应否就万鑫大厦火灾给赵淑华造成的财产损失承担赔偿责任。

首先，万鑫大厦火灾给赵淑华造成的财产损失应当是指因火灾而导致的赵淑华财产价值上的减少，包括直接损失和间接损失。赵淑华在本案中主张的财产损失主要包括：1. 房屋损失以及购房契税、房屋维修基金以及房屋备案费用。2. 室内财产损失。3. 赵淑华火灾后租赁房屋用于居住的费用。4. 案涉房屋增值的损失。5. 赵淑华逾期偿还银行贷款所产生的利息及违约金。6. 万鑫公司获得的保险理赔款中涉及案涉房屋部分。二审认为，其一，关于房屋损失及相关费用问题，房屋价款以及买受人缴纳的契税、房屋维修基金、房屋备案费用系购买房屋的必要支出，能够在一定时间范围内体现房屋的实际价值。现案涉房屋虽因火灾受到损害，但房屋本身并未发生灭失，赵淑华以其为购买案涉房屋而支出的款项数额作为实际损失，缺乏事实依据。但鉴于赵淑华所购买案涉房屋交付时含有室内基础和装饰部分，故其所主张的房屋损失及相关费用中应当以室内基础和装饰部分的价值作为损失依据。其二，关于赵淑华逾期偿还银行贷款所产生的利息及违约金。赵淑华因购买案涉房屋而向银行贷款，其是否能够完整的履行债务人的还款义务与案涉房屋是否发生火灾并无必然联系，且赵淑华单方提供的财产清单大部分为室内家具、电器、服装、古玩字画、首饰、日用品，亦不足以说明火灾所导致的财产损害影响其偿还能力，故赵淑华的该项主张与万鑫大厦火灾之间缺乏关联性，不应作为其财产损失予以审查。其三，关于赵淑华主张的万鑫公司获得的保险理赔款中涉及案涉房屋部分。赵淑华主张保险单 PQYC24 制作时间在其与万鑫公司签订商品房买卖合同之前，故案涉房屋已被列入万鑫公司投保范围。但根据《公估报告书》记载，该保险单及所附三张批单最终明确保险标的为和平区青年大街 392 号（A 座）和 390 甲号（裙房）的建筑物及建筑物的附属设备，并不包括案涉房屋所在的 B 座。万鑫公司投保的三张保单中涉及万鑫大厦 B 座的保单 PQYC23 保险期限开始于赵淑华购买案涉房屋之后，且该保单承保项目明细记载保险标的"B 座为公共区域面积"。赵淑华主张万鑫公司因案涉房屋而获取保险赔偿金缺乏事实依据，亦不应作为赵淑华的财产损失。如上所述，火灾给赵淑华造成的财产损失应当包括室内财产损失、室内基础和装修部分价值、赵淑华火灾后租赁房屋居住的必要费用以及火灾所导致的案涉房屋增值的损失，对于赵淑华所主张的其他损失，因与万鑫大厦火灾之间缺乏关联性，且无事实及法律依据，二审法院对于赵淑华的上述主张，不予支持。

其次，万鑫公司及中一公司就万鑫大厦发生火灾是否存在过错。其一，根据沈阳市消防局火灾事故认定书以及沈阳市和平区人民法院（2011）和刑初字第 1160 号刑事判决记载，万鑫大厦火灾是由于案外人李欣燃放烟花爆竹所致，且（2011）和刑初字第1160号刑事判决已经认定李欣的行为构成失火罪，说明万鑫公司及中一公司并未直接实施导致万鑫大厦失火的侵权行为。其二，根据一审法院调取的沈阳市消防局消防档案记载，万鑫大厦所使用的绝热用模塑聚苯乙烯泡沫塑料和塑料草坪分别不符合E级和Df1级要求，应当认定万鑫大厦在本案火灾前所使用的建筑材料存在不符合《暂行规定》相关条款规定的情形。但《暂行规定》系2009年9月25日颁布实施，此前我国并未就建筑外保温及装饰材料的防火性能作出规定，该《暂行规定》作为部门规范性文件也没有就溯及力作出特殊规定。依据《中华人民共和国立法法》第93条规定："法律、行政法规、地方性法规、自治条例和单行条例、规章不溯及既往，但为了更好地保护公民、法人和其他组织的权利和利益而作的特别规定除外。"前述暂行规定不具有溯及力。在《暂行规定》颁布实施前，万鑫大厦已经基本完成工程施工，万鑫大厦的设计、施工均发生于《暂行规定》颁布实施之前，且最终经沈阳市公安消防局消防验收合格，并办理了竣工验收备案手续，故一审法院认为"不能认定该大厦外墙使用了挤塑板等材料存在过错"，并无不当，二审法院予以确认。其三，关于中一公司就万鑫大厦火灾是否存在过错。《侵权责任法》第37条规定："宾馆、商场、银行、车站、娱乐场所等公共场所的管理人或者群众性活动的组织者，未尽到安全保障义务，造成他人损害的，应当承担侵权责任。因第三人的行为造成他人损害的，由第三人承担侵权责任；管理人或者组织者未尽到安全保障义务的，承担相应的补充责任。"万鑫大厦火灾系案外人李欣疏忽大意失火所导致，李欣作为万鑫大厦A座住店客人，与万鑫公司及中一公司不存在内部牵连关系，赵淑华主张火灾来源是万鑫大厦内部而非外部侵权，缺乏事实依据，不予支持。现有证据亦无法证明中一公司未尽安全保障义务，故一审法院对赵淑华要求中一公司承担连带责任的请求未予支持，并无不当。其四，关于万鑫公司主动修复案涉房屋一节，万鑫大厦火灾后，万鑫公司对于包括案涉房屋在内的万鑫大厦B座进行了修复。万鑫公司承担相应修复费用的行为系万鑫公司自行处分其财产，并不能因此而推断万鑫公司就万鑫大厦火灾应当承担财产损害赔偿责任，赵淑华在上诉状中主张万鑫公司的修复行为实际是在履行赔付义务，缺乏事实及法律依据。

综上所述，万鑫公司及中一公司并未直接实施导致万鑫大厦火灾的侵权行为，现有证据亦无法证明万鑫公司及中一公司对于万鑫大厦火灾存在过错，故赵淑华请求判令万鑫公司及中一公司就其财产损失承担相应赔偿责任，缺乏事实及法律依据，一审法院未予支持，并无不当。赵淑华的上诉请求不能成立，应予驳回；一审判决认定事实清楚，适用法律正确，应予维持。

二审法院判决：驳回上诉，维持原判。

再审期间，赵淑华向本院提交如下证据：证据一，《租房协议书》及租金收据，拟证明万鑫大厦发生火灾后，赵淑华另行租房居住，累计发生房屋租金费用357000元。证据二，沈阳市和平区人民法院（2012）沈和民三初字第1025号民事判决书，拟证明赵淑华房产室内财产和现金被烧毁，导致无力偿还购房贷款。兴业银行起诉赵淑华，为此，赵淑华多支付逾期还款利息10万元和违约金228000元。证据三，沈阳市和平区人民法院（2014）沈和执字第00493号执行裁定书，拟证明案涉房屋被沈阳市和平区法院执行拍卖数次流拍后，以3186300元低价抵偿给发放按揭贷款的兴业银行，火灾导致赵淑华购房款损失。证据四，公估报告书第73页的定损理算书、万鑫保险单、项目资产核定表等，拟证明案涉保险范围包括B座房屋。

万鑫公司、中一公司质证认为，证据一的真实性无法确定，且与本案无关联性。证据二、证据三的真实性无异议，但与本案不具备关联性。证据四不能证明案涉房屋在保险范围之内。

本院认证认为，证据一系赵淑华与案外人签订，案涉房屋因过火受损而不能居住，赵淑华另行租房居住具有合理性。万鑫公司、中一公司对该系列房屋租赁协议真实性虽不认可，但未能举示相反证据否定赵淑华租房的合理性。赵淑华主张的房屋租金损失，应综合案涉系列《租房协议书》及本案其他证据认定租期、租金等的合理区间。证据二、证据三真实性无异议，结合案件其他基本事实认定证明内容。证据四系一审法院调取的证据，并非再审阶段新证据。

万鑫公司向本院提交如下证据：证据一，沈阳市消防局建筑工程消防设计审核意见书（沈公消审字〔2008〕第31055号），拟证明万鑫大厦建设工程设计图纸通过法定审核，且审核通过时间为2008年4月3日，在《暂行规定》颁布实施之前。证据二，沈阳市消防局建筑工程消防设计审核意见书（沈公消审字〔2008〕第33141号），拟证明万鑫大厦内部装修工程消防设计图纸通过审核，且审核通过时间为2008年7月10日，在《暂行规定》颁布实施之前。证据三，沈阳市公安消防局建设工程消防验收意见书（沈公消验〔2009〕第11141号），拟证明2009年12月24日万鑫大厦C座及A座通过消防验收，此时，尚未施行《暂行规定》。证据四，沈阳市公安消防局建设工程消防验收意见书（沈公消验〔2010〕第076327号），拟证明2010年2月9日万鑫大厦B座通过消防验收，此时，尚未施行《暂行规定》。证据五，万鑫大厦主楼外装工程设计计算书，拟证明万鑫大厦主楼外装工程的设计依据包括《建筑设计防火规范》GB 50016—2006、《高层民用建筑设计防火规范》GB 50045—95（2005年版），符合当时的设计规范要求。《暂行规定》不适用于万鑫大厦主楼外装饰工程。证据六，万鑫大厦B座主楼幕墙工程竣工图，拟证明B座主楼幕墙的设计依据包括《建筑设计防火规范》GB 50016—2006、《高层民用建筑设计防火规范》GB 50045—95（2005年版），符合当时的设计规范要求。《暂行规定》不适用于万鑫大厦B座主楼幕墙。证据七和证据八，检验报告，拟证明经检测万鑫大厦幕墙使用的建筑材料是合格的。证据九，产品合格证，拟证明万鑫大厦幕墙使用的保温干粉胶是合格的。证据十，隐蔽工程验收记录表。证据十一，建筑装饰装修工程竣工验收记录表，拟证明经施工单位、监理单位、设计单位等确认，万鑫大厦A、B座幕墙等施工符合设计及约定标准要求。证据十二，财产一切险保险单、批单，拟证明自2011年1月24日零时起，被保险的财产范围中不包括万鑫大厦B座房屋。证据十三，《F火线》2011年第3期封面及文章，拟证明万鑫大厦发生火灾时，万鑫大厦的消防系统运行良好。

赵淑华发表质证意见称，证据一至证据六的真实性无异议，关联性有异议。万鑫大厦竣工验收时,《暂行规定》已经开始实施,万鑫公司没有执行该规章。证据七至证据十一的真实性无异议,关联性有异议。竣工验收没有按照《暂行规定》进行检验。证据十二的真实性、合法性、关联性均有异议。公估报告书、保险赔偿协议均载明万鑫大厦的保险范围包括万鑫大厦B座房屋。证据十三的真实性无异议,关联性有异议,本案火灾成灾原因是万鑫公司使用可燃挤塑板,导致赵淑华的财产损失。

中一公司认可万鑫公司提出的证据观点,对其提交的上述证据的真实性、合法性、关联性均无异议。

本院认证认为,《暂行规定》于2009年9月25日发布实施,万鑫大厦B座于2010年2月9日通过消防验收,已为原审查明的事实。证据一至证据六不能证明万鑫大厦B座等办理消防验收时未实施《暂行规定》。证据七、证据八、证据九为厂家生产的建筑材料的检测结果、产品合格证明等。证据十至证据十一为万鑫大厦隐蔽工程和装修装饰工程验收表。上述证据与本案争议焦点不具有关联性。证据十二为万鑫大厦保单及批单,保险期间内保单、批单记载的投保范围,本院结合案件其他基本事实认定其证明力。关于证据十三,《F火线》2011年第3期文章《奇迹背后:"万鑫内功"的N种武器》,上述文章中载有关于对喷淋系统在火灾发生时"喷淋头下,书本也无恙"运行状况的描述,并未涉及案涉3407、3507房间。赵淑华在一审提交的火灾发生后案涉受灾房屋现场照片显示,屋内家具、家电、物品等几乎全部燃烧至碳化,显然,《奇迹背后:"万鑫内功"的N种武器》一文描述的喷淋系统正常运转、家具完好无损并有水浸痕迹等与实际情况不符,不予采信。

中一公司向本院提交如下证据:证据一,《物业服务企业资质证书》,《国务院关于第三批取消中央制定地方实施行政许可事项的决定》,拟证明中一公司具有物业服务资质并依规年检。2017年以后,物业资质不需要年检。证据二,业主入住文件一份,拟证明根据该入住文件第二章第四条之规定,物业服务区域为建筑面积3.6万平方米的大楼内部空间,并不包含大楼外部。证据三,《装饰装修工程质量竣工验收检查意见通知单》(装字〔2012〕第130号)、《装饰装修工程质量竣工验收检查意见通知单》(装字〔2013〕第015号)、沈阳市公安消防局《建设工程消防验收意见书》(沈公消验〔2011〕第1423号、沈公消验〔2012〕第0127号、沈公消验〔2013〕第0050号),拟证明万鑫大厦B座公寓最晚于2013年3月4日全部装修完毕并通过验收。证据四,工程规划附图一份、沈阳市勘察测绘研究院建筑放线回执一份,拟证明在万鑫大厦周围发现的3处烟花残骸不属于中一公司物业管理范围。

赵淑华质证认为,对证据一无异议。证据二赵淑华本人签字无异议,但不能证明物业服务范围仅在3.6万平方米范围内。证据三真实性无异议、关联性有异议。证据四不能证明案外人燃放烟花的地点不属于物业管理范围。

万鑫公司针对中一公司举示的证据并未提出异议。

本院认证认为,本案当事人对证据一、证据二、证据三、证据四的真实性均无异议。证据二、证据四不能直接证明物业服务范围不包括万鑫大厦外部。

经中一公司申请,本院依职权调取了沈阳市和平区(2011)和刑初字第1160号

（即李欣失火罪刑事案件，下称李欣失火案）刑事判决书、沈阳市消防局对刘娇的询问笔录、沈阳市和平区公安消防大队对马立春的询问笔录。卷宗记载，火灾发生后，公安消防机关分别对万鑫公司及中一公司相关工作人员进行了询问。万鑫公司采购部副经理马立春在2011年2月6日接受询问时陈述："万鑫大厦B座11层平台原先是用水彩绘画装饰，后来绘画起皮，业主反映不美观。为了装饰美化平台，万鑫公司于2010年5月铺设了一层宽1米，长度约40米的塑料草坪，草坪是其本人采购，供货商是案外个人经营的小公司。"2011年2月8日，中一公司工作人员刘娇在接受询问时陈述："万鑫大厦B座11层平台原先绘画开裂，建设单位换成铺设塑料草坪。该南侧平台平时有玻璃封闭，物业公司和业主都不能进入，只有建设单位能进入。"

赵淑华质证认为，真实性、合法性、关联性均无异议。

万鑫公司、中一公司质证认为，对李欣失火罪刑事判决书真实性无异议；对铺设草坪的问题，刘娇与马立春存在误解，草坪实际是中一公司铺设。

本院认证认为，（2011）和刑初字第1160号刑事判决已经生效，可以作为认定本案相关事实的依据。案涉询问笔录系本案诉讼发生前，即李欣失火案中由公安消防机关在火灾发生不久调查取证形成，马立春对购买和铺设塑料草坪的细节进行了详细陈述，刘娇的证言亦能够补充印证，可信度高。万鑫公司、中一公司在本案再审阶段提交的刘娇、马立春等人的情况说明等书证，不足以推翻其二人在先的陈述。本院对万鑫公司、中一公司有关易燃塑料草坪系中一公司铺设的主张，不予采信。

再审查明，万鑫公司向本院提交的工商变更登记通知书证明，沈阳皇朝万鑫房屋开发有限公司于2017年5月19日更名为沈阳皇朝万鑫酒店管理有限公司。

根据公安消防机关调查询问情况，案涉塑料草坪为万鑫公司铺设。

赵淑华与万鑫公司签订的编号为GF-2000-0171《商品房买卖合同》第十七条第2款约定，该商品房所在楼宇的外墙面使用权由出卖人所有。

中一公司在本案中举示了《皇朝万鑫国际大厦（公寓）业主临时公约》，内容涉及业主、物业公司权利义务关系。

本院再审认为，本案争议的焦点问题为：

一、万鑫公司、中一公司应否对火灾造成赵淑华的财产损失承担侵权赔偿责任。

二、如承担责任，万鑫公司、中一公司承担的侵权责任范围应如何认定。

三、赵淑华的财产损失范围应如何确定。

一、万鑫公司、中一公司应否对火灾造成赵淑华的财产损失承担侵权赔偿责任。

原审查明，2011年2月3日，万鑫大厦发生火灾，将赵淑华所购房产屋内物品烧毁。赵淑华就此遭受的财产损失请求万鑫公司、中一公司赔偿。本案各方当事人对万鑫大厦火灾造成赵淑华财产损失这一事实并无争议。根据赵淑华的诉讼请求和理由，本案纠纷性质为侵权责任纠纷。

（一）万鑫公司应承担侵权责任。

原审查明，沈阳市消防局针对万鑫大厦火灾作出沈公消火认字〔2011〕第0001号火灾事故认定书，对万鑫大厦火灾事故原因认定为，"万鑫大厦起火原因为李欣（A座的住店客人）燃放的组合烟花落至 B 座 11 层 1109 房间南侧室外平台上，引燃铺设在平台上的塑料草坪，造成墙体外表面装饰保温材料燃烧。火灾成因为：由于万鑫大厦外墙保温采用了挤塑板等可燃材料，起火后火势迅速蔓延，形成立体燃烧。"火灾发生后，沈阳市消防局委托辽宁省建筑材料监督检验院对案外人李欣燃放烟花爆竹引燃的塑料草坪、万鑫大厦 B 座外墙保温材料样本的燃烧性能进行检测，结论为："按照 GB 8624—2006 标准检验，塑料草坪样品燃烧性能不符合 DF1 级要求，检验结论不合格；绝热用挤塑聚苯乙烯泡沫塑料按 GB 8624—2006 标准（E 级），该样品符合标准要求。"上述证据可以作为认定本案事实的依据。万鑫公司为塑料草坪的铺设者和外墙保温材料的建造安装者，上述两种非阻燃材料的使用系起火点在万鑫大厦引燃、蔓延并最终酿成重大火灾事故的主要原因，万鑫公司存在过错，应认定为火灾事故的相关责任人。

1. 万鑫公司对导致火灾发生具有过错。根据案涉火灾事故认定书及辽宁省建筑材料监督检验院检测报告结论，足以认定万鑫大厦 B 座 11 层南侧平台上铺设的燃烧性能不合格的塑料草坪因李欣燃放的组合烟花溅落后点燃，此为万鑫大厦火灾事故起火原因之一。对此，塑料草坪铺设者万鑫公司存在过错，负有相应的管理责任。万鑫公司在接受本院询问时陈述，案涉火灾发生时正值除夕夜，万鑫大厦周边还有其他居民燃放烟花爆竹。故，万鑫公司铺设的易燃塑料草坪明显存在消防安全隐患，按一般人认知的生活常识，应当预见遵从民俗的居民在除夕夜集中燃放烟花爆竹可能会引燃易燃塑料草坪，但万鑫公司未对上述易燃物采取相应的消除隐患措施，直接导致火灾发生，显然主观上具有过错。

2. 万鑫公司对火势蔓延扩大最终酿成重大火灾事故具有过错。《消防法》第 9 条规定："建设工程的消防设计、施工必须符合国家工程建设消防技术标准。建设、设计、施工、工程监理等单位依法对建设工程的消防设计、施工质量负责。"消防安全事关公民人身、财产安全，属于社会公共利益。确保建筑物消防安全是建设单位的法定义务，建设单位依法申报消防分包工程审批，并不意味着当然免除因消防安全事故致损所产生的民事侵权责任。

本案中，根据原审查明的事实，案涉房屋所在的万鑫大厦 B 座使用的外墙保温材料燃烧性能为 E 级，不符合《暂行规定》关于此类高层建筑外墙保温材料的燃烧性能应为 A 级的强制性标准。万鑫公司对此辩称，万鑫大厦设计和施工时，《暂行规定》尚未出台，且万鑫大厦已通过消防设计审核、竣工验收和消防验收，其不具有过错。上述抗辩理由不能成立。

第一，从《关于沈阳皇朝万鑫大厦建筑工程消防设计的审核意见》以及《建设工程消防验收意见书》载明的内容来看，沈阳市消防局对万鑫大厦设计审核和消防验收并未涉及外墙保温建筑材料的防火性能问题，故万鑫大厦通过消防设计审核和消防验收，不能证明万鑫大厦使用的外墙保温材料符合消防安全要求。万鑫大厦设计建造时，《暂行规定》尚未出台，虽然国家对建筑物外墙保温建筑材料并无强制性标准，但万鑫公司作为专门从事房地产开发的企业，应当掌握建筑材料的基本防火性能。万鑫大厦竣工验收前，《暂行规定》出台，国家对民用建筑外保温建筑材料的强制性标准作出规定。此时，万鑫公司对案涉建筑材料不符合国家强制性标准，与国家标准比对而言，万鑫大厦外保温层存在安全隐患的情况，应属明知，但万鑫公司未采取合理、适当的补救措施消减火灾隐患，如在烟花可能波及的平台或者低层进行局部更换阻燃材料，或者在中高层做防火隔离带处理等。总之，万鑫公司采用不具备防火性能的建筑材料，客观上增加了建筑物消防安全隐患，直接危及建筑物及附近地区的局部区域的公共安全，万鑫公司作为建设单位，未尽到应有的注意义务，明显具有过错。原审有关万鑫公司就火灾事故发生不存在过错的认定有误，应予纠正。

第二，万鑫公司与赵淑华就购买案涉房屋成立商品房买卖合同关系，万鑫公司作为案涉房屋开发商、销售方，有义务交付质量合格的商品房。考虑到商品房买卖合同的标的物即房屋的特殊性，买房人一般不具有检测所购房屋是否符合消防安全规定，建造房屋所使用的建材哪些是易燃的、哪些是阻燃的，是否存在消防安全隐患等，难以适用一般商品买卖合同在标的物交付后买受人应当及时检验产品质量的规则。赵淑华与万鑫公司签订的《商品房买卖合同》第十七条约定，案涉商品房所在楼宇的外墙使用权为万鑫公司所有。万鑫公司作为万鑫大厦外墙使用者，对万鑫大厦外墙负有管理、维护义务。赵淑华作为购房人正常使用所购房产，并无过错。卖房人万鑫公司因万鑫大厦建筑材料防火缺陷和不当铺设引燃物等过错，直接导致火势蔓延成灾，造成赵淑华财产损失。万鑫公司过错与赵淑华损失间存在因果关系，理应按过错承担赔偿责任，并不以万鑫大厦经工程竣工验收合格、消防分包工程已经审批、外保温层国家标准出台在后等原因而免责。

综上，万鑫公司作为万鑫大厦建设方、开发商、外墙使用者，是万鑫大厦消防安全责任主体。万鑫公司未尽到消防安全注意义务，未采取补救措施消减消防隐患，即向购房人赵淑华交付房屋，过错明显，一、二审认定万鑫公司不存在过错，事实及法律依据不足。万鑫公司因过错侵害赵淑华的民事权益，依法应承担侵权责任。

（二）中一公司应承担侵权责任。

2007年8月26日，国务院修订的《物业管理条例》第46条第1款规定："对物业管理区域内违反有关治安、环保、物业装饰装修和使用等方面法律、法规规定的行为，物业服务企业应当制止，并及时向有关行政管理部门报告。"第47条第1款规定："物业服务企业应当协助做好物业管理区域内的安全防范工作。发生安全事故时，物业服务企业在采取应急措施的同时，应当及时向有关行政管理部门报告，协助做好救助工作。"具有物业服务合同性质的《皇朝万鑫国际大厦（公寓）业主临时公约》第二十一条约定，当万鑫大厦物业存在安全隐患，危及公共利益或其他业主合法权益时，中一公司应当及时采取措施消除隐患。可见，业主人身、财产安全得到基本保障应为业主签订物业服务合同的合同目的之一。据此，物业服务企业依照上述法规规定和物业服务合同在物业管理区域内负有做好相应的安全防范工作的义务，对可能危及业主、住店房客等相关特定或者不特定人员的人身、财产安全的事故或隐患应协助做好防范、制止或救助工作。本案中，中一公司未履行法定或约定的安全防范义务。

第一，中一公司未尽到谨慎注意义务。在接受本院询问时，中一公司认可其作为万鑫大厦前期物业服务企业，万鑫公司将万鑫大厦竣工验收手续移交至中一公司时开始履行物业服务职责，中一公司对万鑫大厦外墙保温建筑材料为可燃物、不具备防火性能的情况是明知的。中一公司明知万鑫大厦存在消防安全隐患，其在履行物业安全防范职责时应当更加细致、认真，但其在主观上未尽到专业管理人的谨慎注意义务。

第二，中一公司对案外人燃放烟花的危险行为具有防控能力。李欣失火案刑事判决依据《火灾现场勘验笔录》记载内容认定，案外人燃放组合烟花的位置为万鑫大厦B座室外南侧停车场西南角处（与B座南墙距离10.8米，与西南墙角距离16米有一处烟花残骸，该处残骸东侧2.2米处还有另一处残骸）。可以认定，案涉烟花燃放处位于万鑫大厦南侧的停车场内，紧邻万鑫大厦南侧LED大屏幕及高层平台，上述燃放烟花及火灾地点属于中一公司监控或巡逻可视范围，但中一公司未采取适当措施发现火情、防范灾害。中一公司辩称，上述地点不属于物业管理范围，其提交的业主入住文件对物业管理范围约定不明，中一公司接受本院询问时认可案涉室外停车场中有部分区域由其管理。本院认为，在物业服务合同对物业服务区域约定不明、万鑫大厦未封闭使用的情形下，依照《合同法》第61条、第62条规定，物业服务区域范围以能够实现订立物业服务合同目的即以保障业主人身、财产安全的合理区域范围为准。据此，现有证据不能排除案涉烟花燃放地不属于中一公司物业管理范围。

第三，中一公司怠于履行春节期间物业安保的特别注意职责。除夕夜燃放烟花爆竹是我国传统民俗，中一公司未提供证据证明其在此火灾高发时点采取了能够有效预防火灾发生、排除事故隐患的消防措施，如加强巡逻、适时监控、备足灭火器材等，对万鑫大厦住店客人在万鑫大厦周边近距离燃放烟花的情况未予发现。此外，依据现有证据不能认定案涉房屋内的喷淋系统在火灾发生时正常运行，万鑫公司与中一公司关于消防设施设备的管理与维护职责分工界限不明，亦应推定中一公司对消防设施维护负有管理职责。综上，考虑到中一公司火灾发生在万鑫大厦室外停车场、万鑫大厦周边属于开放式街区，物业自有区域与市政公共区域并未明显界分，且中一公司未能适当履行物业安全防范职责与火灾发生间存在关联关系。据此，中一公司应承担相应的侵权赔偿民事责任。中一公司辩称案外人燃放烟花的地点不属于中一公司物业管理范围，故不应承担责任的抗辩理由，不能成立。

本案中，较万鑫公司及中一公司而言，赵淑华对火灾的发生并无过错。一、二审判决认定万鑫公司、中一公司不承担侵权赔偿责任，意味着由无过错的受害人自行承担因他人过失引发火灾造成的财产损失，有违侵权过错原则，原判决实体处理失衡，本院予以纠正。

二、中一公司、万鑫公司承担的侵权责任范围应如何认定。

生效刑事判决和案涉火灾事故认定书认定，案外人燃放烟花构成失火罪，系造成万鑫大厦火灾的主要原因。万鑫公司铺设易燃物品引燃外墙建筑材料，进而形成立体燃烧，导致火势扩大、蔓延是损失发生的过程。即，本案的火灾是多因一果的结果，侵权行为、致害原因前后接继而非叠加。案涉各方对火灾的发生均有重大过失，但均非故意追求损害后果，万鑫公司过错亦不足以造成全部损失，不应对受害人全部损失承担赔偿责任,万鑫公司毕竟并非主动积极的行为致赵淑华权益受损,亦不应承担主要责任。中一公司在物业安全防范方面没有尽责,存在管理疏漏,具有过错,但其行为并未直接导致火灾发生。因万鑫公司等侵权导致赵淑华的民事权益受损,由万鑫公司等首先承担赔偿责任,中一公司应当在其预见和能够防范的范围内承担相应的补充责任。

综上,案涉侵权各方没有共同故意或者共同过失,而是各方在不同时期的数个行为密切结合致使火灾发生,进而造成赵淑华的损失。《侵权责任法》第12条规定,二人以上分别实施侵权行为造成同一损害,能够确定责任大小的,各自承担相应的责任,故本院酌定万鑫公司对赵淑华的损失承担40%的赔偿责任,中一公司在赵淑华全部损失不超过30%的范围内承担补充责任。

三、赵淑华的财产损失范围应如何确定。

根据赵淑华一审起诉请求,其主张财产损失范围包括:1. 房屋损失4573155元。2. 室内财产损失2199363元。3. 租房费用187400元。4. 购买房屋花费的契税182926.20元、维修基金8646.56元、房产备案费5000元。5. 房产的增值损失2500625元。6. 案涉房产银行贷款逾期利息10万元及违约金22.8万元。7. 保险公司对万鑫公司的保险理赔款。本案再审时,赵淑华对损失赔偿金额调整为:不再主张房屋增值损失、房屋损失数额减少为3186300元、房屋租金损失增加为357000元。本院围绕其变更后不超出一审诉讼请求的范围进行审理。

1. 关于房屋损失、利息、违约金及相关税费损失部分。因赵淑华拖欠案涉房屋银行贷款,兴业银行另案提起诉讼主张债权。案涉房屋经执行拍卖,赵淑华已丧失所有权。案涉房屋房款、贷款利息、违约金及相关税费损失的产生系赵淑华在借贷法律关系中不履行还款义务,属于清偿能力的问题,与火灾不具有直接的因果关系,赵淑华主张该部分损失事实及法律依据不足,不予支持。

2. 关于万鑫公司获得的保险理赔款部分。根据案涉《公估报告书》载明的内容,案涉保单涉及的被保险人均为万鑫公司,相关保单保险标的为和平区青年大街392号和390甲号的建筑物及建筑物的附属设备。赵淑华主张保险理赔款损失的理据不足,不予支持。

3. 关于租金损失部分。本案各方当事人对案涉房屋被烧毁后已无法居住,且万鑫公司事后对烧毁后的房屋进行了整体修复这一事实并无争议。故赵淑华在火灾之后至万鑫公司对案涉房屋修复完成期间另行租房居住产生的租金,系因火灾导致案涉房屋不能使用损失,应予支持。沈阳市消防局作出的沈公消验〔2013〕第0050号《关于沈阳皇朝万鑫大厦B座局部装修建设工程消防验收合格的意见》载明,万鑫大厦B座于2013年2月25日重新装修完毕且通过了消防验收,本院再审时,万鑫公司主张,万鑫大厦B座公寓最晚于2013年3月4日重新装修完毕。此外,结合赵淑华与案外人签订《租房协议书》(2011年2月13日至2012年2月12日租金36000元、2012年2月13日至2013年2月12日租金64800元、2013年2月13日至2013年4月12日租金10800元),依据上述证据可以认定,本案火灾发生后至万鑫大厦B座重新装修完毕达到入住标准的合理期间租金总计111600元,应计入赵淑华的财产损失。

4. 关于室内财产损失部分。原审中，赵淑华提交了案涉房屋烧毁前后的比对照片，以及某房屋中介机构及其员工的情况说明等书证，可以证明火灾发生前案涉房屋内存放有较为齐全的家具、家电、衣物、首饰等居家财物，民宅中存放上述居家财产，符合常理。万鑫公司、中一公司虽然对上述财产不予认可，但未能作出合理说明。根据赵淑华提供的屋内财产明细，结合当地生活习惯、物品购入时间、物品使用折旧情况、受害人生活水平等因素，本院酌定赵淑华室内财产损失数额以其主张金额的80%，即1759490.4元（2199363元×80%）为宜。

赵淑华的财产损失应认定为1871090.4元（租金损失111600元＋室内财产损失1759490.4元）。万鑫公司向赵淑华赔偿损失748436.16元（1871090.4元×40%），中一公司在561327.12元（1871090.4元×30%）损失的范围内承担补充赔偿责任。

综上，赵淑华的再审理由部分成立，本院予以支持。依照《侵权责任法》第2条、第6条、第12条，《民事诉讼法》第207条第1款、第170条第1款，《最高人民法院关于适用〈中华人民共和国民事诉讼法〉的解释》第407条的规定，判决如下：

一、撤销辽宁省沈阳市中级人民法院（2013）沈中民一初字第39号民事判决及辽宁省高级人民法院（2015）辽民一终字第00300号民事判决。

二、沈阳皇朝万鑫酒店管理有限公司于本判决生效之日起十日内向赵淑华赔偿损失748436.16元。

三、沈阳中一万鑫物业管理有限公司在561327.12元损失额范围内承担补充赔偿责任。

四、驳回赵淑华的其他诉讼请求。

【案例3】 丹阳市明梓车灯厂与艾建洪财产损害赔偿纠纷案

【案号】（2015）丹后民初字第590号

【基本案情】

原告丹阳市明梓车灯厂向本院提出诉讼请求：要求被告艾某洪赔偿丹阳市明梓车灯厂因厂房、设备及其附属设施、货物等被烧毁的经济损失估算350万元，具体以司法鉴定数额为准，由被告承担本案诉讼费用。事实和理由：原、被告厂房相邻，坐落在丹阳市界牌镇团结工业园内。2014年12月23日4时许，被告厂房的烘箱发生故障，引起火灾，烧毁了原告厂房及内部设备、产品等。被告厂房之前就存在安全隐患，在安全检查时已经被要求整顿，但被告未采取任何有效的措施，在存在安全隐患的情况下继续生产，放任以至发生火灾，给原告造成严重损失。为维护原告的合法权益，现依法提起诉讼。

被告艾某洪辩称：丹阳市公安消防大队作出火灾事故认定书认定起火是时磊镀膜加工作坊的七号烘箱引起，该火灾起火原因与被告没有任何关系。原告提交证据并不能证明被告对于该起火灾存在责任，也不能证明被告有直接导致原告此次损失的侵权行为。原告主张损失的证据也不充分。综上，请求法院驳回原告对被告的诉讼请求。

法院认定事实如下：2014年12月23日4时55分许，丹阳市界牌镇团结工业园内厂房发生火灾。丹阳市消防大队接警后至现场处理，并于 2015 年 1 月 22 日出具《火灾事故认定书》，认定如下：起火时间为 2014 年 12 月 23 日 4 时 55 分许，起火部位为时磊镀膜加工作坊的烘房内，起火点为烘房内 7 号烘箱处，起火原因为 7 号烘箱故障引起。火灾造成时磊加工作坊厂房屋顶大部分坍塌、丹阳市明梓车灯厂车间屋面完全坍塌。丹阳市公安消防大队对丹阳市明梓车灯厂车间进行了勘验，结果为车间屋顶和二层阁楼过火后坍塌，钢结构横梁过火后扭曲变形，倒塌在地面。地面铺满碎落的瓦片、水泥横条，西侧部分屋顶钢架未坍塌。地面堆放的塑料粒子过火后整体凝固成块状。厂房西侧中间位置摆放一台注塑机，机器南面过火后呈锈黄色，北面部分油漆面仍可见。注塑机旁模具上均有过火痕迹。

时磊使用的厂房系其从被告艾某洪处租赁，双方于 2014 年 3 月 5 日签订了租赁合同书。2015 年 5 月 6 日，原告诉讼来院，要求被告赔偿损失。

案件审理中，根据原告申请，本院委托镇江明诚资产评估有限公司对原告的火灾损失进行评估。因火灾现场被清理，评估机构根据原告提供的鉴证物品清单中所列的产品部分进行评估，评估净值 1732330 元。原告因模具、注塑机受损自行进行维修，并支付了维修费、配件费 132246.3 元。

以上事实，由原、被告向本院提供的证据及双方当事人的陈述所证实。

本院认为，侵害物权，造成权利人损害的，权利人可以请求损害赔偿。本案系因火灾引发的财产损害纠纷，在火灾发生后，公安机关消防机构有权根据需要封闭火灾现场，负责调查火灾原因，统计火灾损失。火灾扑灭后，发生火灾的单位和相关人员应当按照公安机关消防机构的要求保护现场，接受事故调查，如实提供与火灾有关的情况。公安机关消防机构根据火灾现场勘验、调查情况和有关的检验、鉴定意见，及时制作火灾事故认定书，作为处理火灾事故的证据。公安机关消防机构在火灾事故认定书中认定本案火灾起火点为时某厂房内的烘箱，过错在时某，应由其承担直接责任。因时某厂房系从被告处租赁，而被告在出租房屋时未能对时某的经营活动尽到审查责任，对于消防安全也未能尽到管理责任，故被告对火灾发生也有一定责任，故应承担相应的责任，本院酌定确认由被告承担 20% 的责任。

对于原告因火灾造成的损失，本院认定如下：

1. 原告根据鉴定结论主张产品损失 1732330 元，但公安部门的火灾现场勘验材料中并无产品受损的描述，原告在火灾发生后又对现场进行了清理，现无法根据残留物确定产品受损情况，故原告按自行申报的产品主张损失，证据不充分，本院不予采信。鉴于原告生产产品的特征，极易在火灾中完全灭失并产生较多烟雾，但现场勘验笔录并无墙面受烟熏痕迹的描述，说明厂房内放置的产品数量较少，故本院按原告申报数量的 20% 认定其产品损失为 346466 元。

2. 原告主张模具损失 56000 元，根据现场勘验材料，原告大部分模具存在受损，其主张的修复费 56000 元，有相应的凭证印证，未超出合理范围，本院予以支持。

3. 原告主张注塑机损失 304246.30 元，根据现场勘验材料，原告存在注塑机受损，对于原告主张的修复费用 76246.30 元，有相应的凭证印证，未超出合理范围，本院予以支持。对于其余损失228000元，证据不充分，本院不予支持。

　　上述损失合计478712.3元，由被告承担95742元（478712元×20%）。综上，依照《物权法》第37条，《消防法》第51条，《民事诉讼法》第64条的规定，判决如下：一、被告艾某洪于本判决生效后15日内赔偿原告丹阳市明梓车灯厂损失95742元。二、驳回原告丹阳市明梓车灯厂的其他诉讼请求。

第四章　火灾保险理赔及追偿

【案例1】 保险人代位求偿权纠纷上诉案

最高人民法院

民事判决书

（2012）民二终字第88号

上诉人（原审原告）：人保公司。

被上诉人（原审被告）：未来岛投资公司。

被上诉人（原审被告）：未来岛管理公司。

上诉人人保公司因与被上诉人未来岛投资公司、未来岛管理公司保险人代位求偿权纠纷一案，不服上海市高级人民法院（2011）沪高民五（商）初字第1号民事判决，向本院提起上诉。本案现已审理终结。

上海市高级人民法院经审理查明，2001年11月13日，施耐德电气（中国）投资有限公司（以下简称施耐德电气公司）与未来岛投资公司签订《租赁合同》及其补充协议，约定未来岛投资公司按施耐德电气公司要求建造厂房，供施耐德电气公司及其下属企业承租。该合同签订后，施耐德电气公司及其下属企业按约承租了位于上海市绥德路669号的房屋作为物流仓库。2008年6月，施耐德电气公司上海分公司与未来岛管理公司签订《物业管理服务合同》，约定由未来岛管理公司向上述物业的业主和使用人提供服务。委托管理期限为2年，自2008年6月1日起至2010年5月31日。约定委托管理事项为房屋建筑及其附属等包括照明、消防设施设备和配电设备养护、运行和管理。

2007年12月31日，人保公司出具一份一切险保单，被保险人为施耐德电气公司，保险人为人保公司，保险金额为873493114.85元。同日，人保公司又出具一份利润损失险保单，被保险人为施耐德电气公司。该保单附属明细表载明：保险范围为保单列明风险所引起的利润损失和工作费用的损失；毛利润的保险金额为2186512000元，额外工作费用的保险金额为2000万元，审计师费的保险金额为50万元，72小时内的毛利润为免赔额。两份保险合同的保险期限均为2008年当年。

2008年12月7日18时22分，位于上海市绥德路669号的施耐德电气公司上海分公司物流仓库发生火灾。嗣后，上海市普陀区公安消防支队、上海市消防局分别出具的《火灾原因认定书》《火灾事故责任书》载明火灾原因为："停电后恢复供电时的操作过电压，导致仓库NK货架北侧通道上方照明灯电气故障引燃可燃物并扩大成灾。"未来岛管理公司未履行对起火仓库电气设备的管理职责，违反安全管理规定，在仓库管理人员离库后合闸送电，导致仓库内照明电具故障并引发火灾，应负事故直接责任。施耐德电气公司上海分公司物流仓库违规在灯具下方通道堆放可燃物，遇到上方电气故障坠落的火种，引起燃烧蔓延扩大，负间接责任。火灾发生后，罗便士保险公估（中国）有限公司于2010年8月5日出具评估报告,载明,施耐德电气公司的具体损失为:1.施耐德电气公司存货损失为383104736.78元,施耐德(上海)物流有限公司为2041637.01元,共应扣残值2815000元。2.施耐德电气公司的固定资产损失为6652144.87元,应扣除货架残值88475元。3.施耐德电气公司毛利润损失为18405015元。4.施耐德电气公司工资损失为12441203元。2010年9月1日,人保公司与施耐德电气公司签订《赔付协议》,约定人保公司就此次火灾导致施耐德电气公司的全部损失赔付保险赔偿金38600万元,被保险人施耐德电气公司同意将已取得赔款对应部分保险标的一切权益转让人保公司。该协议生效后,人保公司如数支付了保险赔偿金。人保公司于2011年4月13日向原审法院提起诉讼,代位案外人施耐德电气公司向二被告未来岛投资公司和未来岛管理公司行使侵权赔偿请求权。后其变更诉讼请求为:一、未来岛管理公司赔偿38409万元。二、未来岛投资公司对上述债务承担连带清偿责任。

2008年,未来岛投资公司与上海晋晓实业有限公司(以下简称晋晓公司)签订《消防设施维护保养技术服务合同》,约定未来岛投资公司委托晋晓公司对诉争厂房的消防设施进行维护保养,期限1年,期限为2008年11月18日至2009年11月17日。施耐德电气公司上海分公司在仓库灯具下方通道堆放可燃物,该行为违反了《仓库防火安全管理规则》。为了便于仓库内的摄像头在夜间拍摄,施耐德电气公司上海分公司自制防空气开关动作锁闭装置,使诉争仓库内的照明灯始终处于通电状态。事发当日,未来岛管理公司委托案外人上海吉汇电气设备工程公司(以下简称吉汇公司)对仓库内的高压电控系统进行保养。停电时,吉汇公司电工直接将低电压总开关切断。停电后,仓库内原使用的照明灯电源开关未被切断。恢复供电时,电工又直接将低电压总开关复位,照明灯同时恢复工作。由于在较大用电负荷的情况下直接恢复供电,产生了很大的操作过电压,引发照明灯电器故障,进而走火。照明灯走火后引燃下方堆放的易燃物。18时18分出现火光,18时21分出现稳定明火,18时21分上海城市火灾报警系统检测到报警信号。上海城市火灾报警信息中心接到报警信号后多次电话通知诉争仓库值班人员,要求确定火情。未来岛管理公司委派在仓库的值班人员未依照规定及时察看火灾现场,未及时确认并报告火灾情况。普陀区公安消防支队、上海市消防局出具的《火灾原因认定书》《火灾事故责任书》认为上述人员延误发现和处置,导致了火灾蔓延和扩大。系争仓库装备了自动消防设施,但该装置在事发时未设置在自动状态,导致未能自动喷淋灭火。事发当日,未来岛管理公司委派在诉争仓库值班的保安均未接受消防专业培训,无消防系统操作证书,且不会操作消防设施。根据相关消防法律、法规规定,自动消防喷淋设施应当设置于自动状态,且必须指派经消防专业培训,有自动消防系统操作证书的人员担任消防控制室值班人员。诉争火灾发生时,孙根元同时担任未来岛管理公司的董事长和未来岛投资公司的副总经理。2011年8月16日,未来岛投资公司在前程无忧网上刊登招聘信息,其中的公司简介部分将未来岛管理公司称为其分公司。

当事人对喷淋设备有无故障的事实问题存在争议,原审法院根据当事人提交证据分析认证并查明:人保公司主张,事发当日,诉争仓库内的喷淋设备存在漏水等故障。为此，其提供了晋晓公司2008年6月13日《维保、维修工作单》和消防部门对王志华所作询问笔录各一份作为证据。未来岛投资公司、未来岛管理公司则共同主张，喷淋设备虽曾有故障，但事发前已经修复，并提供了晋晓公司2008年12月2日《维保、维修工作单》作为证据。原审法院对此认为，各当事人对上述证据的真实性、合法性均无异议，均予确认。两份《维保、维修工作单》均系晋晓公司在对消防设施维护后所作的记录。前一份工作单虽载明设备存在漏水故障，但后一份工作单亦载明设备处于正常状态。该两份证据足以证明，晋晓公司在维护中发现了设备存在漏水故障，并在事发前修复。在人保公司提交的询问笔录中，王志华称其听闻他人曾称喷淋设备存在漏水。其上述转述内容，虽与前一份工作单内容相符，但与后一份工作单记载内容完全相悖。比较上述三份证据，结合晋晓公司定期对系争设备进行维护，消防部门未认定喷淋设备存在除未设置自动挡以外的其他故障等事实，按通常理智人的标准，可以认定事发时系争设备不存在除未设置自动挡以外的其他故障。

上海市高级人民法院经审理认为，本案系因人保公司代位求偿原属于施耐德电气公司的赔偿请求权引发的纠纷。代位求偿行为发生于2009年保险法施行后，故依据《最高人民法院关于适用〈中华人民共和国保险法〉若干问题的解释（一）》第3条的规定，应当适用《保险法》相关规定。人保公司要求两被告承担侵权赔偿责任，其主张的侵权行为和损害后果均发生于《侵权责任法》施行前，故依照《最高人民法院关于适用〈中华人民共和国侵权责任法〉若干问题的解释》第1条、第2条的规定，应当适用《民法通则》。诉争火灾发生后，人保公司依据保险合同已向被保险人施耐德电气公司支付了保险赔偿金，故其有权依照《保险法》第60条规定，在赔偿金额范围内代位行使施耐德电气公司对第三者请求赔偿的权利。诉争仓库起火成灾系由多重因素叠加后共同所致。首先，起火系由施耐德电气公司自制灯具房改变照明电路、在灯具下方堆放易燃物以及吉汇公司电工违规关启电源总闸共同导致。虽然缺少其中任一行为，均不会导致起火，但当三行为共同存在并相互结合后，就成为此次起火充分且必要的条件。其次，起火后，如仓库内喷淋装置处于自动喷淋状态，小火即可能被及时扑灭。即使喷淋装置未设置自动状态，未来岛管理公司在接到消防部门电话后能及时察看现场并人工操作消防喷淋设备灭火，亦可能避免小火扩大成灾。未来岛管理公司未将消防喷淋装置设置于自动状态、未及时报告消防部门火灾情况和未人工操控消防喷淋设备的不作为，共同构成了此次火灾蔓延的充分且必要的条件。上述行为共同结合，最终导致此次火灾事故。施耐德电气公司依据《物业管理服务合同》将诉争仓库的消防设施和配电设备委托未来岛管理公司进行养护、运行和管理，未来岛管理公司据此即负有依相关消防法规将消防喷淋设施设置于自动状态、派遣合格保安值守、防止火灾扩大蔓延和保护施耐德电气公司财产免受损害的注意义务。未来岛管理公司违反上述注意义务，竟未将消防喷淋设施设置于自动挡，派遣不具备消防资质的人员值班。上述行为不仅违反了其应尽的善良管理人之注意义务，也直接违反了相关消防法规，故应当认定其行为存在不法性且具有过错。按常理和一般知识经验，仓库是危险物、易燃物高度集中的场所，未来岛管理公司的上述行为虽不会单独导致火灾的发生，但有了上述行为通常足以导致起火于蔓延成灾，所以可以认定上述行为与此次火灾之间存在相当的因果关系。未来岛管理公司应对火灾所生损失承担侵权赔偿责任。

未来岛投资公司作为系争仓库的所有权人，当然对消防设施负有维修义务。但根据查明之事实，未来岛投资公司于事发前曾委托晋晓公司定期对消防设施进行维护，事发前最近一次的检修报告亦载明消防设备均能正常运行，消防部门也未认定火灾成因中存在消防设施本身故障的因素。故难得看出未来岛投资公司在维护消防设施这一环节，存在不法行为或未尽必要之注意义务，也就不能据此认定其存在侵权行为。退而言之，即使采纳人保公司有关喷淋设备本身存在故障的主张，人保公司有关"即使消防喷淋设施被设置于自动挡或人工操作后，火灾仍会因喷淋设备故障而发生，未来岛投资公司应对此承担责任"等理由，难于采纳。盖因人保公司上述理由，系建立在这样一个逻辑之上，纵然没有先前的侵权行为，损害后果也会因后面发生的事由而发生。由于前一侵权行为的存在，损害已经实际发生，在后事由就不可能再次造成已经发生的损害，在后事由与损害之间可能的因果关系被前一侵权行为超越或割裂。所以，在后事由在事实上不可能成为损失的原因。人保公司要求未来岛投资公司对事实上并未发生且影响火灾进程的行为承担侵权赔偿责任的理由，欠缺法律依据。人保公司称如未来岛投资公司能在事发前对仓库进行消防检查和巡视，对未来岛管理公司聘用保安进行必要的监督和管理，极有可能发现火灾隐患、将喷淋装置调至自动挡、聘用具有消防资质的保安人员，避免此次火灾发生。对此，原审认为未来岛投资公司作为所有人依据租赁合同将房屋及附属设施交付施耐德电气公司后，即不再享有占有、使用的权利，仅负有维修义务。施耐德电气公司依租赁合同取得租赁物后，虽委托未来岛管理公司对仓库及其附属消防设施养护、运行和管理，但其基于租赁合同所生的保管租赁物之义务，包括防范火灾的注意义务不能因此免除。相反，出租人由于已不再实际占有、管理、控制租赁物，故除维修义务以外，无其他防范火灾之注意义务。在侵权法上，除非法律另有特殊规定，因行为人的过错行为损害他人民事权益是其承担侵权赔偿的前提要件。行为系不作为时，则必须是行为人依法律或合同对受害人负有积极作为之义务。未来岛投资公司虽未实施上述足以防止火灾发生的行为，但其不作为既未违反法律法规或合同约定义务，也未违反出租人应尽的善良管理人之注意义务，故其行为不构成侵权，不应承担侵权赔偿责任。而且，人保公司上述理由有要求任何一个有可能阻却火灾发生的人或单位承担赔偿责任之嫌，而不论其不作为是否构成重大过失，与损害之间是否存在相当因果关系，这显然有悖法理和常情。未来岛管理公司系一个具有法人资格的有限公司，未来岛投资公司作为股东对公司所享有的权利和所负的义务，应以《公司法》和公司章程为限。依《公司法》相关规定，股东只能通过股东大会以形成决议的方式参与公司重大决策和选择管理者。未来岛投资公司作为股东，既无权去检查和发现未来岛管理公司的具体业务活动是否存在瑕疵，也无义务去审查公司聘用保安是否具有相关资质。所以，未来岛投资公司上述不作为，并未违反其作为股东应尽的注意义务，不能因此承担侵权赔偿责任。

施耐德电气公司承租系争仓库后，依相关消防法规和租赁合同负有遵守消防安全制度，避免火灾发生，妥为保管租赁物的义务。施耐德电气公司改变照明电路并在照明灯具下方堆放易燃物等行为,显然增加了火灾发生的可能,其负有采取必要措施、防范电路走火成灾的义务。而事实上,施耐德电气公司在案外人保养电路之时,不但未将电路改动之事告知维修人员,也未派员在维修完毕后对上述易发火灾因素进行必要察看。施耐德电气公司上述行为不仅违反了消防法律法规,也违反了应尽的注意义务,故应当认定其对损害的发生也有过错,依法可以减轻侵权人所应承担的赔偿责任。

综上分析,原审法院综合衡量各方过错程度,并参酌消防部门对事故原因和责任的认定意见,认为未来岛管理公司作为消防设施的管理、运行人应当就全部损失承担70%的赔偿责任,其余损失应当由施耐德电气公司自行承担。就损失的具体构成和金额,人保公司提交了公估报告作为证据。两被告对该公估报告中记载的施耐德电气公司各项损失金额并无异议,仅就残值计算和施耐德电气公司自负责任比例提出异议。鉴于该公估报告系由具有保险公估资质的第三方出具,且两被告既未主张金额错误,亦未提供相反证据,故可以将之作为认定损失金额的依据。具体损失金额确定如下:

一、仓储物损失部分,施耐德电气公司存货损失为383104736.78元,但其通过处理残骸物获得的收益,依损益相抵原则,应予扣除。由于该仓库同时存放了施耐德电气公司和上海施耐德公司的财产,火灾后已无法区分残余存货的具体权属,故公估报告仅计算了两公司全部存货残值。在无确切证据区分残值归属的情况下,应按比例原则在两公司间进行分摊,即施纳德电气公司残值金额为2800077.86元。仓储物损失扣减残值后合计为380304658.92元。

二、内部设施部分,施耐德电气公司固定资产损失金额为6652144.87元,扣除货架残值88475元后,损失金额为6563669.87元。

三、因火灾导致施耐德电气公司财产损毁,进而导致其无法维持正常的销售,由此在4个月内产生的利润损失为18405015元。该金额已将工资作为特定营业额扣除。

四、因火灾导致施耐德电气公司被迫中断营业,但由于生产仍将恢复,其不能放弃大量熟练员工,为此继续留用并支付工资。上述工资支出未使其获得任何收益,对施耐德电气公司即属于损失,其工资损失为12441203元。上述四项损失合计417714546.79元。各方当事人就利润损失和工资损失是否应当纳入侵权赔偿范围存在争议。但上述利润损失和工资损失完全应在未来岛管理公司实施管理行为时可合理预见的范围之内,故其应对其过错行为所产生的该部分损失承担赔偿责任。《公司法》第20条第3款规定:"公司股东滥用公司法人独立地位和股东有限责任,逃避债务,严重损害公司债权人利益的,应当对公司债务承担连带责任。"人保公司要求否定未来岛管理公司独立人格,应当举证证明未来岛投资公司滥用股东权导致两公司财产边界、业务、人员、机构等存在混同,且人保公司利益因此严重受损,否则应当承担不利后果。员工招聘广告虽称未来岛管理公司为未来岛投资公司的分公司,但按常理,人保公司只需稍加注意,即可以根据企业名称得知未来岛管理公司为独立法人,不可能因此对两公司法人独立地位和股东有限责任有所误解。况且人保公司也未能举证因该广告导致其作为公司债权人的权益受到了损失,其据此要求否定公司人格的主张,实难采纳。根据《公司法》第38条、第45条的规定,股东有权通过股东大会选举公司董事,董事长则依公司章程的规定产生。虽然未来岛投资公司副总经理孙根元同时担任了未来岛管理公司董事长,但与法律并无相悖之处。在人保公司无法证明存在其他滥用股东权的情形下,其要求否定公司人格的主张,亦难采纳。综上所述,未来岛管理公司应就其过错所致火灾引发的全部损失,应在70%的范围内承担赔偿责任,即292400182.75元(417714546.79元×70%),该金额未超过人保公司实际赔付的保险金金额,人保公司该部分诉讼请求,予以支持。人保公司其余部分的诉讼请求因缺乏事实依据和法律依据,应予驳回。据此,原审法院根据《保险法》第60条第1款,《民法通则》第117条、第131条,《最高人民法院关于适用〈中华人民共和国保险法〉若干问题的解释(一)》第3条,《最高人民法院关于适用〈中华人民共和国侵权责任法〉若干问题的解释》第1条、第2条的规定,判决:一、未来岛管理公司于判决生效之日起十日内赔偿人保公司人民币292400182.75元。二、驳回原告人保公司其余部分的诉讼请求。如果未按判决指定的期间履行给付金钱义务,应当依照《民事诉讼法》第229条之规定,加倍支付迟延履行期间的利息。一审案件受理费人民币1971800元、财产保全费人民币5000元,合计人民币1976800元,由原告人保公司负担人民币477978元,被告未来岛管理公司负担人民币1498822元。

人保公司不服原审判决,向本院提起上诉称:

一、一审判决认定部分事实不清,证据不足。1. 一审判决对诉争仓库消防管理和责任、事故原因和责任认定不清。本案中消防部门对火灾原因和责任的认定不应作为本案民事赔偿的判决依据,请求二审法院到消防部门调取当年火灾事故调查的原始资料并委托重新鉴定。2. 一审判决对未来岛投资公司责任认定事实不清,判定其不承担责任没有依据。(1)未来岛投资公司至今没有取得诉争仓库房产证,属于违法出租。(2)未来岛投资公司对未来岛管理公司未尽注意、提醒和督促等善良管理、监督义务,应承担连带责任。(3)未来岛投资公司作为诉争仓库电气、消防设施设备维修保养的法定义务人,应承担责任。(4)一审判决对系争仓库消防设施在火灾当时是否正常认定不清。一审判决错误地认定未来岛投资公司已经尽到对仓库消防设施的维护保养义务。(5)一审判决对于未来岛投资公司和未来岛管理公司是否人格混同事实不清。(6)未来岛投资公司对诉争火灾负有直接责任和领导责任。(7)诉争仓库自2001年始到火灾发生时一直没有通过竣工验收。(8)按照《租赁合同》第6.1条规定,未来岛投资公司对未来岛管理公司的作为和不作为应该承担连带责任。

二、一审判决适用法律不当。1. 一审判决没有考虑未来岛投资公司对该起火灾事故发生和扩大负有直接领导责任,应承担侵权责任。2. 关于侵权法律的适用。本案系侵权责任造成纠纷,未来岛投资公司和未来岛管理公司系共同侵权人,根据《民法通则》第130条,未来岛投资公司对本案火灾损失应承担连带责任。同时,上诉人人保公司在其补充上诉状中提出要求判令未来岛管理公司和未来岛投资公司对本案火灾损失应承担90%的赔偿责任即375943092.11元(417714546.79元×90%),一审判决按施耐德电气公司过错减轻二被上诉人30%侵权责任不当。此外,上诉人人保公司向二审法院提交调查取证申请,要求调取上海市消防局本次火灾事故调查处理全部案卷原始材料以及二被上诉人有关房产、人事、劳动、税务、工商等档案,被上诉人其他刑事案件卷宗，本案仓库消防电气设施设备验收档案；并提交要求对火灾原因和责任重新鉴定和延期举证的申请书。人保公司请求二审法院撤销一审判决，改判二被上诉人对本案火灾损失中375943092.11元承担连带赔偿责任，并承担全部诉讼费用。

未来岛投资公司答辩称：

一、其作为厂房所有人，交付的厂房及附属的消防设施均验收合格。为此，未来岛公司提交了上海市绥德路669号厂房沪房地普字（2006）第039501号房地产权证，以及厂房一二期开发分别竣工后由上海市公安局普陀分局防火监督处2004年8月6日出具的〔2004〕沪公普消（建验）字第327号《关于上游未来岛投资置业有限公司消防验收基本合格意见》和上海市普陀区公安消防支队2005年6月21日出具的〔2005〕沪普公消（建验）字第0036号《关于未来岛工业园区七期丙类物流仓库建筑消防验收（基本）合格的意见》。产权人对厂房及设备进行了正常维护，完整履行了出租人职责，不存在违约或违法行为。上诉人没有证据证明涉案房屋及设备在交付承租人时及火灾发生时存在不合格的情形，且其交付租赁物后针对消防设备专门委托了有资质第三方晋晓公司进行日常维护，其已尽到仓库产权人应尽的维护义务。在维护消防设施的环节中，其不存在不法行为或未尽必要的注意义务。

二、火灾发生前，消防设备处于正常可用状态，本身并不存在故障，火灾发生和扩大并非因设备故障所引起。2008年12月2日消防设备《维保、维修工作单》反映当时消防设备处于运行正常状态。消防部门《火灾原因认定书》《火灾事故责任书》并未认定火灾发生时设备本身不合格或因设备故障导致火灾发生或扩大。

三、按照消防法规将消防喷淋设施设置于自动状态，是承租人或其受托人对租赁物及附属设施进行日常运行和管理的内容，而不是投资公司法定或约定义务。将租赁物及消防设施等附属设施交付给施耐德电气公司后，由其完全按照租赁目的占有、使用和控制租赁物，而产权人义务仅限于提供租赁物的维修维护。对日常消防管理、运行等物业服务事项，施耐德电气公司委托了未来岛管理公司进行管理。产权人将房屋交付承租人之后，已经不再负有对租赁物及附属设施的运行和管理义务，也不负有对租赁物日常防范火灾之注意义务。产权人不可能成为消防管理责任人，消防喷淋设施未设置自动状态与产权人无关。

四、火灾造成的损失应以行政主管部门作出的有法律约束力的文件《火灾原因认定书》《火灾事故责任书》为依据，由承租人和未来岛管理公司共同承担，与未来岛投资公司无关。保险公司行使代位求偿权不能超越所代位的施耐德电气公司的权利范围。

五、未来岛投资公司和未来岛管理公司不存在人格混同，滥用股东权利损害债权人利益的不法行为。两者为分别独立法人，设有不同的组织机构、管理人员、各自经营范围的业务。未来岛投资公司作为未来岛管理公司股东，依法和章程通过股东大会参与公司重大决策和选择管理者，委派法定代表人的行为不构成人格混同。至于是否将消防设备处于自动状态或委派是否具有资质的保安人员，属于物业公司的日常具体业务，不属于股东义务的范畴。因此，未来岛投资公司在涉案保险事故中既无实际侵权行为，也未违反法律强制性义务或合同义务，不应对火灾所造成的损失承担任何责任。一审判决认定事实清楚,适用法律正确,请求二审法院驳回人保公司上诉请求。

未来岛管理公司未提交书面答辩状,其口头答辩赞同未来岛投资公司答辩意见。

本院除对原审法院查明事实予以确认外,另查明,2008年12月7日18时22分施耐德电气公司物流仓库发生火灾后,上海市消防局和普陀公安分局立即成立"12·7"火灾调查组,对起火原因开展调查。经现场勘验、调查访问、技术鉴定并组织专家分析会后,认定该起火灾起火点位于仓库西北角NK货架西数第4格北侧走道外,起火原因为停电后恢复供电时的操作过电压,导致照明灯具发生电气故障引燃可燃物并扩大成灾。为此,上海市消防局于2008年12月31日出具沪消〔2008〕339号《关于"12·7"施耐德电气(中国)投资有限公司上海分公司物流仓库火灾原因调查的情况报告》,对起火原因排除了人为放火、遗留火种、自燃、雷击等引起火灾的可能性。其对本案火灾起火原因的认定与2009年1月5日上海市普陀区公安消防支队沪普公消(认)〔2009〕第0001号《火灾原因认定书》以及2009年6月23日上海市消防局出具沪公消(责)〔2009〕第0001号《火灾事故责任书》所作认定一致。

本院认为:根据当事人的上诉和答辩,本案争议焦点是:一、火灾起因和责任认定。二、作为仓库业主的未来岛投资公司对此次火灾所造成的损失应否承担责任。

关于火灾起因和责任认定问题。对于本案火灾起火原因,上海市消防局的2008年12月31日沪消〔2008〕339号《关于"12·7"施耐德电气(中国)投资有限公司上海分公司物流仓库火灾原因调查的情况报告》、2009年1月5日上海市普陀区公安消防支队沪普公消(认)〔2009〕第0001号《火灾原因认定书》以及2009年6月23日上海市消防局沪公消(责)〔2009〕第0001号《火灾事故责任书》均作了一致认定。上海市消防局沪公消(责)〔2009〕第0001号《火灾事故责任书》对本案火灾的责任也作了相应的认定。上述认定是行政主管部门依据法定职权和程序所作的有权认定,应当作为证据。施耐德电气公司对此责任认定未提出异议。在没有充分确实证据推翻上述认定的前提下,不能否定上述认定的合法有效性。原审法院根据消防部门对事故原因和责任认定,结合当事人过错程度,确定未来岛管理公司和施耐德电气公司之间责任比例为70%和30%,未来岛管理公司承担本案火灾损失中292400182元(417714546元×70%)的赔偿责任,施耐德电气公司自行承担其余损失。该责任比例恰当,处理正确。上诉人人保公司关于原审判决对本案火灾原因、责任认定不清,消防部门《火灾原因认定书》《火灾事故责任书》不能作为定案依据以及要求调取消防部门对本案火灾调查原始资料和其他部门材料,申请对火灾原因、责任重新委托鉴定,请求判令被上诉人承担本案火灾损失90%的赔偿责任等,缺乏充分的理由和事实依据,本院不予采纳。

关于本案仓库业主未来岛投资公司对本案火灾事故及其损失是否应当承担责任问题,此为当事人上诉争议的焦点和核心。未来岛投资公司作为仓库所有权人,其按照2001年《租赁合同》向施耐德电气公司交付了厂房包括附属电气、消防设施等以便作为施耐德电气公司仓库使用,尽管未来岛投资公司也提供了该仓库产权证以及仓库分别按期完工时所办的消防设施验收合格证,承租人施耐德电气公司使用该仓库时亦未提出异议,但该仓库的附属电气、消防设施在火灾之前不断发生故障以及被有关部门责令整改却是不争事实。按照未来岛投资公司和施耐德电气公司之间签订的《租赁合同》第6.4条约定，产权人未来岛投资公司向施耐德公司交付仓库后对仓库、外围区域和有关设备设施和公用事业设施应当承担自费修理义务；如果业主未能履行或不合理地迟延履行其修理、维护和更换的义务，施耐德电气公司可以自行或通过独立的承包商完成修理、维护和更换工作。施耐德电气有权从应付管理费或租金中扣除上述工作的费用，并通知业主。未来岛投资公司委托有资质的第三方晋晓公司对仓库电气、消防设施进行日常维护正是履行租赁合同义务的体现。未来岛投资公司将仓库交给施耐德电气公司使用后，尽管施耐德电气公司专门委托物业公司进行管理，业主和物业公司对仓库都负有管理责任，但作为业主对物业所有设施负有安全、维护、保养、维修、管理责任，应当是全面的。业主未来岛投资公司对承租人施耐德电气公司擅自改变仓库照明电路安装自制灯具防空气开关动作锁闭装置并长期使用所带来的安全隐患，未能及时检查或者放任隐患存在，也是存在过错的。未来岛投资公司作为业主对本案火灾起因主要是由于吉汇公司电工对仓库高压电控系统进行保养时操作不当所致也应当负有责任，属于业主未来岛投资公司未完全履行合同约定义务。这种行为的后果既可以构成合同违约，也可以构成侵权，是两个行为的竞合。同时，根据《租赁合同》第6.1条的约定，"在租期内，业主或业主指定的管理公司应负责厂房、外围区域，以及附件2规定的相关设备、设施和公用事业设施的物业管理，包括但不限于定期及不定期的保养维护、修理、清洁、绿化和保安。业主应当对管理公司的作为和不作为承担连带责任"。因此，人保公司向未来岛管理公司和未来岛投资公司追偿是有法律依据的。人保公司关于未来岛投资公司为诉争仓库电气、消防设施设备维修保养的法定义务人，其对未来岛管理公司未尽注意、提醒和督促等管理、监督义务，对火灾发生负有直接责任和领导责任，以及按照《租赁合同》第6.1条的规定，未来岛投资公司应当对未来岛管理公司的作为和不作为承担连带责任的上诉请求和理由成立，本院予以支持。原审判决对此认定和处理不当，本院予以纠正。本院依照《民事诉讼法》第153条第1款第（二）（三）项之规定，判决如下：

一、维持上海市高级人民法院（2011）沪高民五（商）初字第1号民事判决第一项。

二、撤销上海市高级人民法院（2011）沪高民五（商）初字第1号民事判决第二项。

三、上海未来岛投资置业有限公司对上海未来岛企业管理有限公司本案债务承担连带责任。

【案例2】财产保险合同纠纷再审民事判决书

最高人民法院
民事判决书
（2011）民提字第238号

申请再审人（一审原告、二审上诉人、原被申请人）：陈某梁。

被申请人（一审被告、二审被上诉人、原申请再审人）：保险公司。

陈某梁诉保险公司财产保险合同纠纷一案，内蒙古自治区呼伦贝尔市中级人民法院于2004年7月7日作出（2003）呼民初字第39号民事判决。陈某梁不服，上诉至内蒙古自治区高级人民法院，该院于2005年12月30日作出（2004）内民一终字第137号民事判决。该判决发生法律效力后，保险公司不服，向内蒙古自治区高级人民法院申请再审，该院于2007年6月6日作出（2006）内民监字第64号民事裁定，决定对该案再审，并于2009年4月3日作出（2007）内民再提字第29号民事判决。陈某梁不服，向本院申请再审。本院于2010年12月16日作出（2010）民再申字第169号民事裁定，提审本案。现本院依法组成由审判员宫某友担任审判长、审判员朱海年、代理审判员林某权参加的合议庭进行了审理。书记员闫某祥担任记录。本案现已审理终结。

内蒙古自治区呼伦贝尔市中级人民法院一审查明：2002年3月12日阿荣旗森利达木制品有限责任公司与保险公司签订《个体工商业财产保险单》，约定保险公司为陈某梁投保的固定资产保险，保险金额为18万元，保险期限为2002年3月13日至2003年3月12日，同日陈某梁支付保险费936元。2002年8月19日，陈某梁又以阿荣旗森利达木制品厂为被保险人与保险公司签订《财产保险基本险保险单》，约定保险金额为128万元，保险期限为2002年8月20日至2003年8月19日，同日陈某梁交纳保险费13824元。2002年9月15日凌晨0时30分许，位于同一地址的阿荣旗森利达木制品厂与原阿荣旗森利达木制品有限公司厂房发生火灾，虽经消防队全力扑救，但仍造成厂房及设备严重烧毁的后果。当日陈某梁向阿荣旗公安局刑事警察大队及保险公司报案。阿荣旗公安消防大队及阿荣旗公安局刑事警察大队进行了现场勘察，但未能查明火灾原因，公安机关立案尚未告破。灾后陈某梁向保险公司提出索赔请求，提供了索赔单证并对出险现场采取相应保护措施，但保险公司不予理赔。该企业此后处于停产停业状态，无法恢复生产。陈某梁起诉后，保险公司于2003年6月11日要求陈某梁提供受损机械设备的技术参数、型号等数据，但陈某梁认为该厂固定资产账及设备订货合同在保险公司，保险公司没有在法定合理期限内对单证完整性进行审查，且陈某梁在诉前没有接到保险公司要求补充提交单证的通知。

该院另查明，2002年6月28日，阿荣旗森利达木制品有限公司经股东会议决定解散，7月19日办理了注销手续，公司解散清算后的一切债权债务归陈某梁个人承担。呼伦贝尔信实会计师事务所阿荣旗分所于2001年12月5日作出的资产评估报告及验资报告表明，阿荣旗森利达木制品有限公司至2001年12月5日固定资产额为218万元人民币。2003年4月22日，保险公司委托广东方中保险公估有限公司对受损资产进行公估。该公估机构于2003年7月10日作出《保险公估报告书》，结论为在不扣除残值的情况下，公估理算金额总值140400元，固定资产残值已无法计算。保险公司在诉讼期间未向呼伦贝尔市中级人民法院说明正在委托公估的事项。双方均未向呼伦贝尔市中级人民法院申请进行鉴定。因本案涉及保险标的物损失金额无法确定，呼伦贝尔市中级人民法院于2003年12月向双方当事人征询意见，由呼伦贝尔市中级人民法院指定鉴定人对陈某梁投保标的价值进行鉴定，陈某梁表示同意，保险公司不同意，双方表示不对鉴定人进行选择。因此，呼伦贝尔市中级人民法院指定呼伦贝尔万华会计师事务所对该保险标的价值进行鉴定。经鉴定该部分保险标的价值为214550.40元，机械设备现场残值1200元。呼伦贝尔市中级人民法院于2004年7月5日开庭对呼伦贝尔万华会计师事务所的《资产评估报告书》进行了当庭质证，但陈某梁提供书面意见称法院自行委托进行鉴定，违反法定程序，不参与质证。保险公司认可《资产评估报告书》的鉴定结论。关于陈某梁请求的房产损失部分，因房屋所有权人阿荣旗那吉屯农场金库砖瓦厂已经就火灾损失向陈某梁提起诉讼，因此在本次鉴定中没有包括在内。2003年12月8日，阿荣旗人民法院经审理以（2003）阿民初字第01388号民事判决，判决陈某梁作为该房产承租人赔偿出租人因火灾造成房产损失87033元人民币。

内蒙古自治区呼伦贝尔市中级人民法院认为，陈某梁、保险公司签订的保险合同是双方当事人真实意思表示，应属有效，双方均应按约履行合同义务，对当事人具有约束力。阿荣旗森利达木制品有限公司在与保险公司签订财产保险合同后，经股东会决议解散，其资产、债权债务归陈某梁个人承受，原公司办理了注销登记，因此该保险合同可以认定为陈某梁、保险公司之间的合同之债，双方同样应依合同履行，享有合同权利并承担合同义务，陈某梁的诉讼主体资格符合法律规定。被保险标的发生火灾属于保险赔偿的法定事由，陈某梁已向保险公司提出索赔申请，但保险公司未在合理的法定期间予以理赔，属不履行保险合同赔偿义务的行为，其不能以陈某梁提供资料不齐全为由对抗陈某梁的索赔请求。本案虽经公安机关立案，但目前尚未侦查终结，本案陈某梁也并非犯罪嫌疑人，火灾原因至今未查清，因此保险公司提出的案件应中止审理的答辩理由无事实及法律依据。陈某梁、保险公司双方签订保险合同的行为应为自主意志行为，应对其意思表示承担相应的民事法律后果。保险公司在诉讼前聘请了有关保险公估机构进行评估，但进入本案诉讼后，评估尚未实际进行，保险公司应将公估事项告诉法院或向法院申请鉴定，有关评估人员应到庭接受询问并对鉴定评估事项进行说明，在保险公司没有向法院提出申请的情况下，其单方委托的鉴定结论不能对抗双方约定的资产价值，且该公估机构系在有关资产已被烧毁，并根据保险公司单方提供的资料进行，其证明力明显缺乏，该评估结论不能采纳。双方虽然已在保险合同中对被保险标的物进行了约定，根据《保险法》第40条规定和双方当事人在保险合同第10条、第13条第（一）项关于固定资产的保险价值是出险时的重置价的规定，其出险时资产的保险价值非经法定鉴定难以确认。在双方均不主张鉴定的情况下，呼伦贝尔市中级人民法院委托有关评估鉴定机构进行鉴定是必要的，经鉴定出具鉴定结论，陈某梁不出庭质证，应视为放弃质证权利，在保险公司认可鉴定结论的情况下，应确认该《资产评估报告书》的鉴定结果。对于有关房产损失，阿荣旗人民法院已经判决确认，其判决具有当然既判力。根据鉴定结论及阿荣旗人民法院的判决，扣除残值后，保险公司总计应支付陈某梁保险标的损失300383.40元。对于陈某梁提出的看护人员工资及房屋租金等其他损失基于同一案件事实和同一法律关系因保险公司不履行赔偿义务而导致，保险公司作为过错方应予赔偿。对于陈某梁提出的看护人员工资，呼伦贝尔市中级人民法院认为计算过高，参照当地的一般情况，认为应以每人每天10元为宜，因此该项费用应为7680元；陈某梁请求的房屋租金损失4438元计算基本适当，应予维护；陈某梁提出的设备标的物利息损失系与其他合同当事人之间的法律关系,其不能以本案保险公司没有保险理赔为由迟延支付,因此该项请求不予维护。综上,该院根据《保险法》第 11 条、第 22 条、第 24 条、第 26 条的规定,并根据《民事诉讼法》第 72 条及有关案件审理程序的规定,作出(2003)呼民初字第 39 号民事判决,判决:一、保险公司向陈某梁支付保险赔偿金 300383.40 元。二、保险公司向陈某梁支付房屋租金及看护人员工资等其他损失合计 12118 元。三、驳回陈某梁的其他诉讼请求。案件受理费 17376 元,由陈某梁负担 13693.20 元,保险公司负担 3682.80 元。鉴定费 5000 元,由陈某梁负担 2500 元,保险公司负担 2500 元。

陈某梁不服上述判决,向内蒙古自治区高级人民法院提起上诉称,保险合同是双方合意的表现形式,为真实意思表示,具有法律约束力,双方当事人应按合同约定各自履行保险合同约定的权利义务。依照相关法律和合同约定,双方当事人自保险合同的签订和保险费的缴付时起,保险人就要承担保险责任。出险后,陈某梁多次申请索赔,保险公司在法定的理赔期限内不履行理赔义务并造成严重的经济损失,应承担举证不能的后果。原审法院严重违反程序,在双方当事人均表示对保险标的物不作鉴定的情况下,再行鉴定的权利应予消灭。在庭审结束五个多月后,原审法院违背《最高人民法院关于民事诉讼证据的若干规定》第 15 条、第 16 条的规定,依职权委托鉴定部门做出鉴定。上诉人提出异议后,收回鉴定报告,再次委托原鉴定部门,出具了原样的鉴定报告并缺席判决,是严重的违反法律程序。所做出的鉴定报告内容缺乏客观真实性,上诉人不予认可。请求二审法院查明事实依法改判。被上诉人保险公司答辩称,上诉人的上诉请求及理由不能成立,原判认定事实清楚,证据充分,适用法律适当。请求二审法院在查清事实的基础上,依法驳回上诉人的上诉请求,维持原审判决。

内蒙古自治区高级人民法院二审查明的事实与一审法院认定的事实无异,予以确认。

内蒙古自治区高级人民法院二审认为,本案保险合同是双方当事人真实意思表示,应属有效合同,对双方当事人均有法律约束力。上诉人陈某梁投保的财产在发生火灾后,其依据双方订立的保险合同,向被上诉人提出索赔申请,符合《保险法》的相关规定和保险合同的约定,被上诉人未在合理的期间内作出处理行为,属不履行合同约定的理赔义务。在上诉人陈某梁请求理赔未果的情况下,提起民事诉讼后,被上诉人又以上诉人申请理赔提供的资料不齐全为由,不予理赔的理由不能成立。原审法院在双方当事人均表示不鉴定的情况下,依职权委托呼伦贝尔万华会计师事务所对上诉人投保的标的物价值进行鉴定,因该评估报告的基准日为 2004 年 1 月 9 日,距火灾发生时间较长。依据资产评估报告第九项特别事项说明,该评估报告评估结果在现场缺损严重,资产占有人的"索赔申请"中所列主体设备已不知去向,无法取得相应的现场勘察结果的情况下,仅依据国家木工机械质量监督检验中心出具的《检验报告》和不具鉴定资格的星光电机修理部姜某飞出具的检测结果做出的评估价,显然不具有客观真实性和完整性。该评估报告只是针对该厂生产线组成的单机单项评估,并不是对该生产线整体评估。因此,该资产评估报告依法不应予以采信,不能作为定案依据。现上诉人陈某梁主张 142 万元保险金额是投保人与保险人在订立保险合同时,对保险标的事先予以估价,并将其估价额载明于保险合同,符合定值保险特征。应尊重双方协商自愿原则,依双方签订的保险合同约定,保险人认可的估价投保金额予以理赔。上诉人陈某梁请求被上诉人承担看护人员费用及房屋租赁损失,因双方在保险合同中已对投保财产进行估价,载明于保险合同,再主张其他损失的赔偿,不应予以支持,上诉人的该项主张不能成立。原审法院认定事实清楚,适用法律欠当。该院经审判委员会讨论,依据《保险法》第 10 条、第 13 条、第 14 条、第 40 条,《民事诉讼法》第 153 条第 1 款第（二）项的规定,作出（2004）内民一终字第 137 号民事判决,判决：一、撤销呼伦贝尔市中级人民法院（2003）呼民初字第 39 号民事判决第一、二项,维持第三项。二、保险公司支付保险赔偿金 142 万元。上述款项于判决生效后 15 日内履行。

（一）二审案件受理费 34752 元、鉴定费 5000 元,由保险公司负担。

保险公司不服内蒙古自治区高级人民法院上述判决,向该院申请再审,请求撤销二审判决,维持一审判决。理由为：一、二审判决以定值保险作为本案适用法律的依据实属错误。所谓定值保险是学理上的概念,即投保人和保险人在保险合同中约定并载明保险标的保险价值,出险后根据保险价值确定的保险金额进行理赔,而不考虑保险标的在事故发生时的实际价值。《保险法》中无定值保险的明确规定,故不能以学理解释作为定案的法律适用依据。二、应诉人应依据保险合同约定的保险价值予以理赔。保险合同有效,保险出现全部损失时,保险金额等于或高于保险价值的,其赔偿金额以不超过保险价值为限,保险标的价值一是一审法院依职权委托相关专业部门所作出的价格结论。

陈某梁答辩称,一、二审法院依据双方合同第 10 条 2 款的约定"重置价值"作为本案定案的根据是有法律依据的,判决结果符合法律规定。

（二）评估报告没有法律效力,鉴定人员及机构有瑕疵,报告采用国家木工机械质量监督检验中心的资料,是单方私下所为,资料来源不合法。报告对少部分资产单机进行评估,不具有完整性。

（三）申诉人请求部分赔偿没有事实依据。

（四）一审法院以阿荣旗法院判决结果作为房屋赔偿的根据缺乏法律依据。

（五）答辩人缺席对呼伦贝尔万华会计师事务所出具评估报告的质证,责任在一审法院和评估机构。

（六）申请人出具的武汉轻工机械厂设备价目表,证明保险标的出险时,重置价值高于保险合同的保险金额。

内蒙古自治区高级人民法院再审查明：2002 年 3 月 12 日,阿荣旗森利达木制品有限公司与保险公司签订了保险合同,投保标的为车间、宿舍,保险金额车间 14 万元,宿舍 4 万元,保险期间 2002 年 3 月 13 日至 2003 年 3 月 12 日。森利达木制品有限公司的股东是陈某梁、卜某珍、陈某。2002 年 6 月 28 日,该公司经股东会议决定解散,公司的债权债务归陈某梁承担,同年 7 月 19 日办理了公司注销手续。2002 年 7 月 23 日,陈某梁个人申请注册成立了阿荣旗森利达木制品厂。2002 年 8 月 19 日,阿荣旗森利达木制品厂与保险公司签订一份财产保险合同,投保标的为火柴梗生产线、旋转烘干线、雪糕棍生产线、冷热风烘干线、筛理生产线、开刀机、磨刀机、截锯、电焊机，保险金额为128万元。合同第10条格式条款载明，"固定资产的保险金额由被保险人按照账面原值或原值加成数确定，也可以按照当时重置价值或其他方式确定。固定资产的保险价值是出险时的重置价值"。该合同双方按照估价的方式确定保险金额。2002年9月15日凌晨0时30分许，位于同一地址的阿荣旗森利达木制品厂与原阿荣旗森利达木制品有限公司厂房发生火灾，虽经消防队全力扑救，但仍造成厂房及设备严重烧毁的后果。当日，陈某梁向阿荣旗公安局刑事警察大队报案，并通知了保险公司，有关部门进行了现场勘察。保险公司没有提供现场勘察记录。现火灾原因未能查明，此案尚未告破。2002年12月18日，陈某梁向保险公司递交了两份索赔申请书称，厂房损失9万元，火柴梗生产线，除1台截锯机完整外，其余全部烧毁，损失约44万元，旋转烘干线烧毁电机1台，损失约800元，雪糕棍生产线，除水煮槽和锅炉外，其余设备全部烧毁，损失约33万元，冷热风烘干线，烧毁电机1台和全部管线，损失约2200元，筛理生产线全部烧毁，损失12万元。开刀机损失1500元，磨刀机损失2800元。截锯损失2000元，电焊机损失2000元。合计损失988500元。保险公司未及时予以核定。2003年4月22日，保险公司委托广东方中保险公估有限公司对保险标的物进行重置价鉴定。广东方中保险公估有限公司又委托国家木工机械质量监督检验中心对被保险设备进行检验，检验结论为，火柴梗生产线及雪糕棍生产线的单机具有国内一般水平，损坏严重，无修复价值，不能继续使用。广东方中保险公估有限公司于同年7月10日作出鉴定结论，扣除残值后损失金额为140400元。鉴定过程中，采信了阿荣旗星光电机修理部姜某飞出具的对相应电机的检测结果。2003年5月28日，陈某梁诉至法院，请求判令保险公司理赔金额及赔偿损失1473238元。保险公司于2003年6月11日要求陈某梁提供受损机械设备的技术参数、型号等数据，但陈某梁认为该厂固定资产账及设备订货合同在保险公司，保险公司没有在法定合理期限内对单证完整性进行审查。诉前没有接到保险公司要求补充提交单证的通知，故没有提供受损机械设备的技术参数、型号等数据。一审法院受理该案后，广东方中保险公估有限公司的鉴定结论尚未作出，保险公司未将委托广东方中保险公估有限公司评估的行为告知法院。一审法院依职权委托呼伦贝尔万华会计师事务所对陈某梁因火灾造成的机械设备损失进行鉴定，鉴定结论为：受损机械设备的重置价为221200.40元，扣除未烧毁的8台电机及残值，受损金额为214550.40元。该鉴定结论是依据国家木工机械质量监督检验中心出具的检验报告和星光电机修理部姜某飞出具的对相应电机检测结果的基础上作出的。呼伦贝尔万华会计师事务所是经内蒙古自治区高级人民法院批准，纳入人民法院司法鉴定名册的机构，其鉴定人员具有相应的资质。国家木工机械质量监督检验中心是国家级木工机械产品质量监督检验的法定机构。阿荣旗星光电机修理部姜某飞不具有鉴定资质。另查明，保险合同没有载明火柴梗生产线、雪糕棍生产线、理筛生产线包括的机械名称及数量。保险公司火灾当天进行现场勘察也未核对生产线的组成机械名称及数量，故生产线的组成应以陈某梁提供的设备安装草图为依据。呼伦贝尔万华会计师事务所所作的鉴定报告，对陈某梁所报的旋转烘干线、冷热风烘干线、开刀机、截锯、电焊机损失金额全部予以认定。该报告对陈某梁所报损雪糕棍生产线、磨刀机的全部机械进行了重置价的鉴定；对陈某梁报损的理筛生产线仅鉴定了 2 台筛理机、1 台理梗机的重置价值。比陈某梁提供的设备安装草图少鉴定 2 台筛理机、1 台理梗机；少评估价款 25764 元；对陈某梁报损的火柴梗生产线的鉴定，比陈某梁提供的设备安装草图少打片机、送梗机、筛梗机。对应武汉轻工机械厂选梗机、切梗机、筛选机价目表再加运费及安装费综合定价为 93749.30 元。另外因厂房被烧毁，法院生效判决陈某梁赔偿厂房损失 87033 元。

内蒙古自治区高级人民法院再审认为，阿荣旗森利达木制品有限公司、阿荣旗森利达木制品厂分别与保险公司签订的保险合同是当事人的真实意思表示，不违反法律规定，应为有效合同。当事人应依合同约定履行各自的义务。阿荣旗森利达木制品有限公司注销后权利义务均由陈某梁承继，当然也包括保险合同项下的权利义务。保险事故发生后，陈某梁申请理赔，保险公司未及时进行核定损失，履行理赔义务，应承担陈某梁因此支出的费用及造成的损失。呼伦贝尔万华会计师事务所是纳入人民法院司法鉴定的机构，鉴定人员具有相应资质，其鉴定结论应作为人民法院认定火灾损失的基础。因保险合同没有记载投保机械设备的商标及设备参数，火灾发生后陈某梁没有提供机械设备的商标及设备参数，国家木工机械质量监督检验中心的人员现场勘察投保设备无标牌、厂名及设备参数，国家木工机械质量监督检验中心是国家级木工机械产品质量监督检验的法定机构，其作出的关于火柴梗生产线及雪糕棍生产线的单机具有国内一般水平的认定应予采信。呼伦贝尔万华会计师事务所将其作为定价的依据是客观的。阿荣旗星光电机修理部姜某飞不具有鉴定资质，其对电机的测试不应作为呼伦贝尔万华会计师事务所扣除电机残值的依据，应从评估报告结论中删除。保险合同未载明生产线组成的机械名称及数量，保险事故发生后，保险公司出现场时，未对事故现场作勘验记录，导致法院委托鉴定时，现场已不能反映发生火灾时生产线的组成，故火柴梗生产线、理筛生产线的组成应依陈某梁提供的设备安装草图为依据鉴定其重置价。呼伦贝尔万华会计师事务所做出的鉴定结论，是对单机评估后作出的，其所评估的机械设备数量比陈某梁提供的设备安装草图少 6 台机械设备，其价款应加入鉴定结论中，评估报告已经做出评估价款的机械设备按评估价格认定。评估报告没有做出评估的机械设备比照价格高的定价，以避免单机定价的不足。厂房损失以生效判决认定，金额为 87033 元。因双方签订的保险合同没有约定保险标的价值，二审判决以定值保险判令保险公司理赔，属适用法律错误。该院经审判委员会讨论，依照《保险法》第 24 条、第 40 条、第 42 条，《民事诉讼法》第 153 条第 1 款第（三）项、第 184 条之规定，作出（2007）内民再提字第 29 号民事判决，判决：一、撤销该法院（2004）内民一终字第 137 号民事判决及呼伦贝尔市中级人民法院（2003）呼民初字第 39 号民事判决第一、二项。二、维持呼伦贝尔市中级人民法院（2003）呼民初字第 39 号民事判决第三项，即驳回陈某梁的其他诉讼请求。三、保险公司向陈某梁支付赔偿金 426726.60 元。四、保险公司向陈某梁支付看护人员工资及损失 53239 元。上述三、四项判决生效后 10 日内履行完毕。一、二审案件受理费 34752 元，双方各承担一半，鉴定费 5000 元由保险公司负担。如未按判决指定的期间履行给付金钱义务，应当依照《民事诉讼法》第 229 条之规定，加倍支付迟延履行期间的债务利息。

陈某梁因不服内蒙古自治区高级人民法院（2007）内民再提字第29号民事判决，向最高人民法院申请再审称：一、内蒙古自治区高级人民法院（2007）内民再提字第29号民事判决认定事实和适用法律错误。保险公司在其单方自行委托保险公估机构所作结论不被采纳情况下，未申请法院鉴定，也未继续提供证据证明其主张，视为放弃举证权利，应承担举证不能责任。一审法院委托鉴定程序违法。保险人应当按照本案保险合同约定投保标的估价投保金额予以理赔。法院委托的火灾财产损失价值评估鉴定不应作为定案依据。二、阿荣旗法院判决作为本案房屋赔偿根据缺乏法律依据。三、再审判决对一审法院委托鉴定评估报告的结论，无权更改。四、保险公司拒付赔偿金应赔偿应付保险金利息；赔偿申诉人交通费、住宿费、误工损失、灾后现场看护费共计97659.40元；承担案件诉讼费用39752元。请求最高人民法院撤销内蒙古自治区高级人民法院（2007）内民再提字第29号民事判决，维持内蒙古自治区高级人民法院（2004）内民一终字第137号民事判决；判令保险公司按保险合同约定给付赔偿金，并按银行同期贷款利率从提起诉讼次日起至全部赔付时止给付利息；保险公司赔偿陈某梁各项损失和承担案件诉讼费用。

被申诉人保险公司答辩称：一、本案保险合同有效，保险公司赔偿义务已经履行完毕。二、本案保险合同性质不是定值保险，陈某梁损失应以出险时的重置价值作为赔偿依据。定值保险是学理上的概念，不能以定值保险作为法律适用依据。保险价值不等同保险金额，双方只约定保险金额，并没有约定保险标的价值。保险合同约定"固定资产的保险价值是出险时重置价值"，应当以重置价值作为赔偿依据。三、本案保险标的重置价值已经法院委托的鉴定机构鉴定，合法有效，应作为认定火灾损失的依据。四、陈某梁主张142万元赔偿金，但不能提供出险时重置价值的证据。请求驳回陈某梁申诉请求。

本院除对内蒙古自治区高级人民法院（2007）内民再提字第29号民事判决查明事实予以确认外，另查明：2001年12月5日呼伦贝尔信实会计师事务所阿荣旗分所出具的阿会所评字（2001）第152号《阿荣旗森利达木制品有限公司的资产评估报告》，评估结论机器设备账面价值218万元，流动资金包括原材料杨木、火柴梗等31万元，合计249万元。该评估报告附件之一《固定资金—机器设备清查评估明细表》所列明机器设备名称、价格与陈某梁提供的盖州市火柴厂分别于2001年10月18日、19日出具的5张《辽宁省营口市工业企业货物销售发票》记载内容一致。辽宁省盖州市工商行政管理局颁发的盖州市火柴厂企业法人营业执照写明法定代表人为陈某。2009年9月18日，内蒙古自治区阿荣旗公安局询问陈某笔录，证实盖州市火柴厂厂长陈某系陈某梁之子。陈某仅是名义上的厂长，盖州市火柴厂实际的生产与销售均由陈某梁主管。盖州市火柴厂和森利达木制品厂均系陈某梁的家族企业。2003年5月28日，陈某梁向呼伦贝尔中级人民法院提起诉讼之后，于2003年6月23日向该院提交了申请书，申请法院委托资产公估部门对保险标的损失程度作出鉴定。2003年12月3日呼伦贝尔市中级人民法院就委托评估机构对火灾事故造成的财产损失进行评估鉴定一事对双方当事人及代理人询问，陈某梁一方表示同意进行评估鉴定，有询问笔录为证。2003年6月11日，保险公司向陈某梁要求认为到目前已收到的与火灾有关的部分证明材料不足以进行损失核定，尚有部分证明材料需要继续提供。列明已收到的材料：1.保险单复印件。2.索赔申请书复印件。3.出险通知书。4.事故经过证明（原件）。5.公安消防证明原件。6.设备购置证明发票原件。7.企业营业执照复印件。尚未提供资料：1.房屋租赁合同及房屋业主的房产证明。2.原料购置证明。3.产品销售发票底联复印件。4.生产及设备运行记录。5.受损机器设备的规格型号和相关的技术资料。6.出险前三个月的经营状况说明、资产负债表。7.对向保险人所提供的资料的真实性、有效性的承诺。陈某梁2003年6月20日回函称保险人所称已提供材料漏记，该厂固定资产账、设备订货合同都在保险人处。保险人未对资料完整性及时核定、通知补充，是对权利放弃，应自行担责。2009年9月23日，那吉屯农场金库砖瓦厂以陈某梁为被告向内蒙古自治区阿荣旗人民法院提起房屋租赁合同纠纷诉讼，要求陈某梁赔偿租赁房屋因火灾遭受损失。该院对陈某梁承租用作车间发生火灾的405平方米房屋损失价值，委托普惠会计师事务所有限责任公司评估为87033元，并以（2003）阿民初字第01388号民事判决采纳上述评估结论判决陈某梁赔偿那吉屯农场金库砖瓦厂租赁房屋火灾损失87033元。该判决因当事人未提起上诉而发生法律效力。

本院认为：

一、关于本案保险合同性质为定值保险或者不定值保险问题。《保险法》于1995年10月1日实施，2002年10月第一次修改，本案所涉保险合同签订于2002年3月12日和8月19日，故本案应当适用1995年《保险法》。该法第39条规定，保险标的的保险价值，可以由投保人和保险人约定并在合同中载明，也可以按照保险事故发生时保险标的的实际价值确定。保险金额不得超过保险价值；超过保险价值的，超过部分无效。保险金额低于保险价值的，除合同另有约定外，保险人按照保险金额与保险价值的比例承担赔偿责任。该规定不仅提及保险价值和保险金额的不同概念和作用，也对保险金额与保险价值之间的关系作了原则性规定，同时也对保险标的实际损失如何确定作了规定。根据2009年3月2日保监会保监发〔2009〕29号《关于发布行业标准的通知》中，全国保险业标准化技术委员会（保标会）制定的《2009版保险术语》行业标准（标准编号为JR/T0032—2009），该《保险术语》6.3.2财产保险确定保额一栏列明，保险价值为经保险合同当事人约定并记载于保险合同中的保险标的的价值，或保险事故发生后保险标的的实际价值。而保险金额按照1995年《保险法》第23条第4款规定，是指保险人承担赔偿或者给付保险金责任的最高限额。对于财产保险，保险价值是保险人赔偿计算标准。保险人赔偿责任以保险标的实际损失为限，保险赔偿基本原则为损失补偿原则。要确定保险标的实际损失必先确定保险标的实际价值亦即保险价值，保险标的的价值是确定实际损失的条件，从而决定着保险赔偿金数额。而保险金额是保险事故发生后保险人支付保险赔偿金的最高限额，而非保险人支付赔偿金计算标准。两者概念有本质区别，但两者之间又相互联系。当保险标的实际损失超过保险金额时，保险人赔偿责任只能以保险金额为限；但当保险标的实际损失低于保险金额的，除当事人有特别约定外，保险人应按照保险金额与保险价值的比例承担赔偿保险金责任。保险金额必须在订立保险合同时按照一定方法确定，而保险价值可以不在订立保险合同时约定，而在事故发生后确定。保险价值和保险金额有不同确定方法。根据中国人民保险公司《财产保险基本险条款》规定，固定资产的保险价值是出险时重置价值。即以同一或类似的材料和质量重新换置受损财产的价值或费用。固定资产的保险金额由被保险人按照账面原值或原值加成数确定，也可按照当时重置价值或其他方式确定。流动资产的保险价值是出险时账面余额。流动资产（存货）的保险金额由被保险人按最近12个月任意月份的账面余额确定或由被保险人自行确定。以估价方式确定保险金额投保的，发生保险事故后，保险价值应当按照发生保险事故时保险标的实际价值确定。因此，按照当事人对保险价值是否事先在保险合同作出约定，将保险合同分为定值保险和不定值保险。保险合同对保险价值有约定的为定值保险；否则为不定值保险。二者区别在于保险合同约定的保险事故发生后确定赔偿金额时，定值保险只须确定损失比例，而不定值保险不仅需确定损失比例，且必须确定事故发生时保险标的实际价值，以实际价值作为保险赔偿金额的计算依据。

从本案所涉两份保险单约定来看，2002年3月12日阿荣旗森利达木制品有限公司与保险公司签订对陈某梁承租房产投保固定资产基本险的《个体工商业财产保险单》，仅载明保险金额18万元。所附《财产保险投保标的明细表》对房产中分别为500m²、300m²的车间和宿舍分别约定保险金额14万元和4万元，合计18万元。2002年8月19日陈某梁又以森利达木制品厂名义对其机器设备作为固定资产投保签订《财产保险基本险保险单》，在"以何种价值投保"栏目写明"估价"，"保险金额"128万元。并对附加险保险标的、费率、保险费作了约定。所附《财产保险投保标的明细表》中对标的名称火柴杆生产线、旋转烘干线、雪糕棍生产线、冷热风烘干线、筛理生产线、开刀机、磨刀机、电焊机等，分别列明保险金额。保险单中"以何种价值投保"中的"估价"并未对保险价值作出明确约定，因此本案应定性为不定值保险。本案保险合同条款文字按其文义不应引起争议或异议，也不存在两种以上解释从而适用有利于被保险人解释的前提。本案保险合同保险标的保险价值只能按照保险事故发生时保险标的实际价值确定。

二、关于保险人是否迟延理赔问题。自本案火灾发生后，陈某梁曾分别于2002年9月15日、12月18日、2003年4月20日向保险公司提交出险通知、索赔申请。2003年4月22日，保险公司委托广东方中保险公估有限公司对发生在生产车间火灾所造成财产损失价值进行公估，并于2003年7月10日对机器设备和房产分别出具《保险公估报告书》。2003年6月11日保险公司向陈某梁要求补充提供受损机器设备规格型号和技术资料等，2003年6月20日陈某梁回函表示不同意保险公司的要求。根据1995年《保险法》第22条规定，保险事故发生后，依照保险合同请求保险人赔偿或者给付保险金时，投保人、被保险人或者受益人应当向保险人提供其所能提供的与确认保险事故的性质、原因、损失程度等有关的证明和资料。保险人依照保险合同的约定，认为有关的证明和资料不完整的，应当通知投保人、被保险人或者受益人补充提供有关的证明和资料。第23条规定，保险人收到被保险人或者受益人的赔偿或者给付保险金的请求后，应当及时作出核定；对属于保险责任的，在与被保险人或者受益人达成有关赔偿或者给付保险金额的协议后10日内，履行赔偿或者给付保险金义务。保险合同对保险金额及赔偿给付期限有约定的，保险人应当依照保险合同的约定，履行赔偿或者给付保险金义务。保险人未及时履行前款规定义务的，除支付保险金外，应当赔偿被保险人或者受益人因此受到的损失。本案中，保险公司收到索赔申请后即委托公估公司进行现场查勘、损失鉴定等，并向陈某梁收集确认事故损失程度必需的各项资料，为客观所需。陈某梁未按保险公司要求提供受损机器设备技术参数、型号等资料导致损失程度无法确定。本案没有得到及时赔偿原因在于本案保险标的损失价值无法确定，不存在适用《保险法》第23条规定的条件。陈某梁再审请求判令保险公司按保险合同约定给付赔偿金外，并按银行同期贷款利率支付从提起诉讼次日起至全部赔付时止利息，缺乏事实和法律依据，本院不予支持。

三、对于呼伦贝尔市中级人民法院2004年1月9日委托呼伦贝尔万华会计师事务所于2004年4月1日作出的呼万评字〔2004〕第16号《资产评估报告书》应否采信问题。首先，呼伦贝尔市中级人民法院在本案保险合同没有约定保险价值的情况下，又不能依据保险公司单方面委托公估机构所作的报告认定本案保险合同标的实际损失，委托呼伦贝尔万华会计师事务所作出资产评估并非仅仅依据职权所作，也有根据陈某梁2003年6月23日向该院提交的申请法院委托资产公估部门对保险标的损失程度作出鉴定的申请书。同时，呼伦贝尔市中级人民法院就委托评估机构对本案火灾事故造成财产损失价值进行评估鉴定一事，于2003年12月3日召集双方当事人及代理人进行了询问，陈某梁一方表示同意该院委托评估鉴定，不存在违反证据规则情形。内蒙古自治区高级人民法院再审判决认定，呼伦贝尔万华会计师事务所及其鉴定人员具有相应资质，其鉴定结论应作为人民法院认定火灾损失的基础正确。在此基础上，该判决维持国家大工机械质量监督检验中心有关生产线和单机的价值认定，除去不具有鉴定资格的阿荣旗星光电机修理部姜某飞有关扣除电机残值的结论。同时，针对保险公司出现场时未对事故现场作勘验记录，以及法院委托鉴定机构对火灾损失价值作资产评估时距离事故发生时相隔一年多时间等因素，按照陈某梁提供的设备安装草图增加缺少的机械设备，并比照高价格定值，避免单机定价不足，符合实际，处理适当。虽然呼伦贝尔万华会计师事务所呼万评字〔2004〕第16号资产评估报告书也称，评估基准日（2004年1月9日）距离火灾发生日（2002年9月15日）较长，索赔申请中所列主体设备不知去向缺失严重，无法取得火灾现场勘察结果，但上述问题已为内蒙古自治区高级人民法院再审判决所考虑。另外，陈某梁坚称火灾现场一直有人看护，并在其再审申请中要求保险公司赔偿包括出险现场看护人员工资在内的各项费用97659.40元，其中看护现场工人工资28160元，但其对发生火灾后现场设备如何缺失、缺失哪些设备不置可否。因而陈某梁上述再审主张，本院亦不予支持。

四、对于火灾造成的房产损失，保险公司应如何赔偿问题。由于本案火灾房产系陈某梁租赁而来，陈某梁按照租赁合同约定对房产进行保险。房屋所有权人阿荣旗那吉屯农场金库砖瓦厂就房产损失向阿荣旗法院对陈某梁提起诉讼。在该案中，阿荣旗人民法院依照职权委托内蒙古普惠会计师事务所有限责任公司对陈某梁投保的车间房产烧毁的重置价值进行评估,对委估资产在 2003 年 10 月 22 日(评估基准日)所表现的市场价值鉴定。该所 2003 年 10 月 27 日以内普会评字(2003)第 23 号《曲金库单项资产(房屋)评估报告书》对烧毁房屋的评估基准日的评估价值鉴定为 87033 元。阿荣旗人民法院依照该评估结论,2003 年 12 月 8 日以(2003)阿民初字第 01388 号民事判决,判令被告陈某梁赔偿原告那吉屯农场金库砖瓦厂房产损失 87033 元,并给付租金、支付租金违约金。该判决已经发生法律效力。该案也是由法院委托保险中介机构对遭受火灾房产损失进行评估,并以评估结论作为判决论据,当事人并没有异议。保险公司亦应当按照阿荣旗人民法院判决数额向陈某梁支付保险房产损失赔偿金。

综上所述,本案保险合同并非定值保险,而是不定值保险。呼伦贝尔市中级人民法院委托鉴定机构对火灾财产损失价值进行评估鉴定,依法有据。本案保险事故发生后未得以及时理赔,事出有因,不能完全归咎于保险公司的过错,不能以此否定法院委托鉴定机构对火灾财产损失作出评估结论有效性,改为按照保险合同约定的保险金额作为支付保险赔偿金计算标准。内蒙古自治区高级人民法院再审判决按照陈某梁提供的设备安装草图增加缺少设备并按高价格追加损失额,已经考虑到委托评估距离事故发生时间长、设备不完整等情况,处理妥当。陈某梁既主张赔偿灾后现场看护工人工资,又不能说明设备缺失原因,自相矛盾,且内蒙古自治区高级人民法院的再审判决已就看护工人工资及损失有判项,此问题已解决。陈某梁有关申请再审的请求及其理由均不成立,本院不予支持。内蒙古自治区高级人民法院(2007)内民再提字第 29 号民事判决认定事实清楚,适用法律正确,判决理由充分,处理适当,本院予以维持。故本院依照《民事诉讼法》第 153 第 1 款第(一)项、第 186 条之规定,判决如下:

驳回陈某梁再审请求,维持内蒙古自治区高级人民法院(2007)内民再提字第 29 号民事判决。

第三部分 律师代理火灾事故典型案例

【案例1】扬州某旅游用品有限公司不服市公安消防支队生态科技新城大队火灾事故重新认定案

火灾事故认定复核申法书

申请人：扬州某旅游用品有限公司

地　　址：扬州生态科技新城杭集镇四通路6号

法定代表人：袁某

申请复核事项

1. 申请撤销市公安消防支队生态科技新城大队火灾事故认定书《扬生公消火认字（2015）第0003号》。

2. 申请市公安消防支队对本案火灾事故的起火原因作出客观认定。

事实及理由

2015年10月6日，位于扬州生态科技新城杭集镇四通路6号的扬州某旅游用品有限公司发生火灾，将生产厂房、设备、原材料、成品等烧毁。经市公安消防支队生态科技新城大队现场勘察、调查，对本次火灾事故的起火原因认定为：起火时间为2015年10月6日12时50分，起火部位为扬州某旅游用品有限公司一层仓库货梯东侧区域，起火原因可以排除电气故障、人为纵火以及自燃的原因，不能排除遗留火种引燃一层仓库内的可燃物导致火灾发生。市公安消防支队生态科技新城大队认定起火原因的证据是：1. 火灾现场勘验笔录。2. 调查访问材料。3. 现场图及现场照片等。

申请人认为，该认定存在以下问题：

1. 调查取证避重就轻，将最可能的起火原因漏列，导致取证不充分。

2. 在漏列最可能的起火原因的前提下，适用排除法推定不能排除的起火原因，导致结论错误。

3. 认定起火时间为2015年10月6日12时50分整，没有事实根据。

基于上述原因，申请人根据《火灾事故调查规定》第35条之规定，请求市公安消防支队对现场证据进行深入调查，对已经取得的证据进行深入分析，对市公安消防支队生态科技新城大队认定的起火原因进行复核，以便找到真正的起火原因。

此致

市公安消防支队

申请人
扬州某旅游用品有限公司

火灾事故申请复核补充说明

首先,非常感谢市公安消防支队生态科技新城大队在扑灭本次火灾和火灾事故原因调查中所付出的努力!向常年战斗在火场第一线的英勇的消防官兵表示由衷的敬意!

但是申请人认为,市公安消防支队生态科技新城大队的认定结果不够客观、公正,对最可能的起火原因和起火点没有进行深入的研究,或者进行了深入的研究但没有向申请人作出详细的解释,申请人存在异议。

为了更详细地说明申请人不服市公安消防支队生态科技新城大队火灾事故认定结果的事实及理由,申请人在提交《火灾事故认定复核申请书》基础上再提交本次补充说明。

1. 火灾事故发生一周后,消防机构才在现场发现烟头,不能证明该烟头是否曾经经历过本次火灾。

火灾发生后,当时现场勘察并没有发现烟头,但是在火灾发生一周后,消防人员先行到现场,然后把袁某叫到现场,告诉袁某说发现了一个烟头。众所周知,一般情况下烟头在经历一场大火后,不可能完好无损。申请人要求对烟头进行深入研究,根据烟头烧损状况判断是否可以排除遗留火种引发起火的可能。

2. 将起火部位认定为一层仓库货梯东侧区域,没有任何事实根据,且与事实不符。

认定书将起火时间认定为 2015 年 10 月 6 日 12 时 50 分,当时车间有申请人员工正在休息,他们发现起火的地方是在厂房外部。

3. 从起火初期照片来看,起火是在厂房外部,不是在内部。

起火初期照片可以证明,起火是在厂房外部。

4. 外国消防专家经过仔细的现场勘察取证,综合各种因素判断不可能是烟头引发燃烧,引发燃烧最可能的原因是小李饭店的烟囱。

火灾事故调查是一门实践性很强的科学,作出本次鉴定的外国消防专家从事过几十年的火灾事故调查工作,每年大约要进行 50~100 余件的火灾原因鉴定,从专业经验上是可以信赖的。

外国消防专家不放过现场每一个细节,多点取证、多角度取证,利用系统分析的方法,理论与具体实践相结合,归纳判断出起火点,而不是简单的利用排除法进行简单的推理,有图有真相,其结论令人信服。

申请人恳请市公安消防支队本着科学、严谨的态度对本次火灾事故原因进行复核,还原事实真相。

此致
市公安消防支队

申请人
扬州某旅游用品有限公司

附件:外国专家调查报告

本案建筑物南侧外侧墙壁的排气管道出风口(金属制圆形管道)的下方,堆放了大量制作拖鞋的原材料,即卷状的聚氨酯海绵,火灾前卷闸门是关闭的状态(图1),

起火时从建筑物内部被燃烧至脱落，由此可见是被卷闸门南侧外部的火焰烧毁所致。

图 1

西南侧的卷闸门外部堆放的成卷状聚氨酯海绵（图 2）全部被烧毁，卷闸门也被烧至脱落到建筑物内部北边，原因是因为卷闸门外部遇到强烈的火焰，由海绵等可燃物被点燃引起的剧烈燃烧所导致，烧毁程度可以从起火时所拍摄的照片看出。

图 2

从卷闸门位置起向东外侧墙壁的烧毁程度来看，外墙的混凝土层已经脱落，露出了砖墙面，2 层的阳台外侧墙壁也已经脱落。可以认定从 1 层到 3 层东边方向上部全被火烧过，外墙混凝土层越靠近东侧越接近保持原样，可以判断烧毁程度在逐渐减弱。南侧仓库上本来安装的有玻璃窗，但现在几乎全部被烧至掉落，混凝土外墙表面的混凝土已经脱落，露出的砖墙面也被烧。

图 3 是窗户外侧堆放的制作拖鞋的原材料已经被烧毁后残留下的残骸。

特别强调的是，号码①所表示的地点为消防部门所认定的起火地点，但是如果是从仓库 1 层开始起火的话，仓库内堆放的大量的制作拖鞋原材料一旦遇到明火会迅速燃烧，直冲顶棚板，然后从窗户冒出的浓烟会垂直上升至 2 层，3 层，而不会向东蔓延，因此仓库不能被认定为起火地点。

从南侧外墙起火时的照片和灭火后的照片对比，就可以确认出火焰是从哪个位置冒出来的。

图 3

本案建筑物 L 形角落处的排气管道的出风口和卷帘门前堆放的卷状制作拖鞋的原材料是如此剧烈燃烧的情景,不难想象,仓库一侧虽冒出剧烈的黑色浓烟却未见火焰。

如图 4、图 5 所示,可以清晰地看到起火剧烈燃烧的地点。该位置为本案小李饭庄的排气管道出风口附近的可能性极为明显。

图 4

图 5

从起火时拍摄的照片和灭火后拍摄的照片对比来看(图 6、图 7),火灾的位置是位于本案建筑物的南侧,并且可以清晰地认定从建筑物内部未有向外冒火。

图 6

图7

从北侧的烧毁程度看,由西侧起依次是老谢烧烤、东红商店、王飞造型(理发店)、金玉缘饺面店、菲斯特模具、今日广告、小李饭庄。从南侧的排气管出风口的对面一侧的店面广告牌的烧毁痕迹来看,小李饭庄的广告牌被内部的火焰由下至上烧毁,从南侧厨房来的火焰尤为强烈,火焰由南至北流窜是因为卷帘门烧至掉落后进入了空气,空气带动了火炎的蔓延直至北侧(图8)。

图8

从小李饭庄的广告牌向东侧看,1层位置安装的卷闸门没有被烧,2层从窗户冒出的浓烟随着气流上升几乎是垂直上窜。1层位置的南侧是扬州某旅游用品公司的仓库所在地,若从1层仓库起火的话,火势应该直奔1层顶棚板然后向店铺门头方向的北侧流动,店铺门头的广告牌应该被烧毁,卷闸门也应被火势导致变形。

但是,因为店铺门头的广告牌并未被烧毁,卷帘门也未产生变形,因此1层南侧仓库并非内部起火,这一点从店铺门面的北侧的烧毁程度就可以看出(图9)。

图 9

对北侧店面广告牌的烧毁程度进行详细调查，西侧快餐店的广告牌没有被烧，但是东隔壁的小李饭庄的广告牌呈现由下至上的被燃烧过的痕迹，由此可见广告牌是被建筑物内部的火焰所烧至损坏。

东侧相邻的今日广告的广告牌上部被烧断是因为2层的火势掉下来烧毁所致，因此与小李饭庄广告牌的烧损程度是不同的（图10）。

图 10

可以看到扬州某旅游用品有限公司仓库仅被从2层的窗户冒出的浓烟导致变黑，从一层菲斯特模具店朝东方向的卷帘门还保持原样，并未被烧毁。

南边仓库的相反一侧即北边的1层店铺门口的位置是菲斯特模具的朝东方向的位置，如果这里是仓库的起火点，北边的店铺门头应该会被烧毁，却并未被烧毁，由此可见仓库并非起火点（图11）。

从小李饭庄由南至北的燃烧程度上看，燃气灶台上方的抽油烟机和排气管道生锈变色，这是由于燃气灶台的火使抽油烟机和管道受热所致，浓烟由南至北流动的时候夹杂着的黑色炭灰使天花板被烧斥全部变黑。从扬州某旅游用品有限公司和东侧的隔断墙来看，墙体材料已被烧毁掉落到地面的中间柱子，中部至上方都已被烧毁。

图11

从烧毁程度来看，火焰从比地面略高的中间开始向天花板流窜，隔断墙和龙骨之间的柱子中部至上方的天花板已经被烧至变形。烹饪台的燃气明火引燃了上方抽油烟机上积累的油垢，明火被排气用的排风机带到南侧管道下方的排气口处排出，火苗从这里掉到了管道下方堆放着的制作拖鞋的原材料（卷状）上后猛烈燃烧，当时的燃烧情景如图12所示，随后大火把卷帘门烧至脱落后导致内部进入空气，火势变得更加猛烈，沿着天花板向北侧流窜。

图12

从小李饭庄的燃气灶台的烧毁程度看，抽油烟机受高温变成了铁锈色，东侧安全通道和隔断墙全部被烧至掉荟，钢筋柱子、横梁架上部也已经变形被碳化，由此可见燃气灶台附近确实因强火受到了严重的烧毁。燃气灶台的周围变成黑色的原因是大量的油垢累积后被燃烧所致，也可看出抽油烟机因经多年积累了大量的油垢（图13～图19）。

从扬州某旅游用品有限公司仓库由东至西方向的被烧毁情况来看,仓库里堆放了大量用于制造拖鞋的可燃性原材料,图20的北侧,仓库和店中间隔断墙壁从天花板到中间位置被烧至掉落,沿着此位置向下看,可看到残留的隔断墙的钢铁龙骨,由此,可以认定是从天花板的上部开始起火的。从北侧的隔断墙至南侧从窗户开始的天花板方向的烧毁程度来看,南侧还有一些白色的地方,被烧程度较轻,越向北黑色的地方越多,可认定火势逐渐变强。从仓库内柱子的燃烧情况来看,这里也是因为天花板的火焰向下燃烧,上面变黑,而从中间向下还是白色并未变色。因此,可以认定仓库火势的方向是在天花板的上部从南向北的,非由地面开始起火(图20)。

图13 烧毁程度

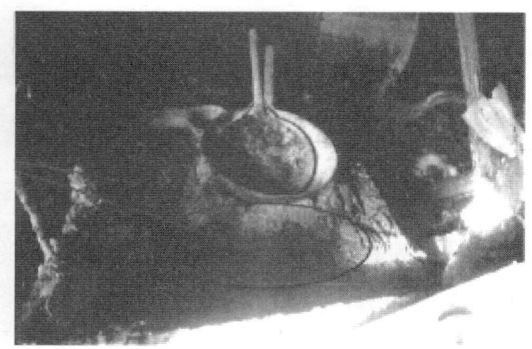

图14 燃气灶台(一)

图15 燃气灶台(二)

图16 抽油烟机罩油渍(一)

图 17　抽油烟机罩油渍（二）

图 18　卷帘门被烧掉

图 19　严重被烧的地方——燃气灶台

图 20

从仓库南侧卷帘门的位置到天花板的烧痕可以看出，起火方向是由南向北的，因为南侧卷帘门被烧至脱落，所以外部的海绵等引起强烈的大火并蔓延至建筑物内侧的顶棚板，与从西侧厨房燃气灶台过来的明火在此会合，火势变得更加强烈，可以看出火势向东面天花板蔓延的痕迹（图21）。

图 21

仓库西侧的地面原来是大量堆放可燃物的场所，因为消防队的灭火活动被撤掉了。西侧砖墙是因为地面的低位置蹿上来的火焰导致变黑的，朝天花板方向可以看出来扇形和V字形的燃烧痕迹。并不能看出有燃烧过的痕迹，所以不具备起火部位特有的燃烧方式（图22）。

从这个砖墙来看，仓库通道一侧的上部颜色变黑，并且这个位置已经用红线标示出来了。

扬州某旅游用品有限公司的仓库由东至西看,地面上堆放的拖鞋原材料已被烧毁,到处都是被烧后的碳化残骸,地面起火后,火苗向上窜起的事实虽然无法看出,但是从天花板被烧的痕迹就可以看出火势的流动走向(图23)。

图22

图23

天花板变黑的部位是从西侧卷帘门以内的天花板和小李饭庄,从这个图片中也可看出,此处的火焰是向东面蔓延的。

露出砖的墙壁上方的顶棚板,从这个位置开始也没有变黑,消防判断的起火位置从火焰的燃烧状态来看可以说是不对的(图24)。

2015年12月3日的消防实地勘察中,勘察了仓库西南侧的实际情况,看到南面窗框变形,而烧掉的是下窗框,这个部位是含有导轨的位置,变形方向为由内部向外,因此消防人员认定火是由内向外喷出,因此认定此处为起火部位(图25)。

图 24

图 25

但是，窗框下框向外侧变形是由于受火焰的高温所致，因为玻璃和窗框重叠，向火势方向掉落。因此可以认定下框向外侧变形是由南侧屋外来的火受热所致，并不是从仓库来的火。

【起火点的断定】

1. 起火时，根据相关人员所述，从被烧的痕迹来看，本案的建筑物南侧卷帘门前以及西南角的排气扇管道的出风口附近有严重烧毁的迹象。

这是由建筑物南侧外部烧痕得出的结果。

2. 1层扬州某旅游用品有限公司仓库南侧窗户的墙壁，从南数第三面墙体的砖墙已经露出，这是由于这里堆放了大量的拖鞋原材料起火后造成，由此可见起火后此处的火势尤为严重。

从起火时的照片可以清晰地看出，这里并没有冒出火苗。

3. 南墙角卷闸门上部的排气出风口下面的外侧混凝土墙面已经脱落，露出了砖墙，2层的阳台外混凝土墙面脱落的方向延伸到东侧3楼，继续向东的方向看去，混凝土墙面维持着原样。也就是说，混凝土墙面脱落后露出砖墙是因为从西南角卷闸门和排气管道出风口进入的明火蔓延到外墙东侧的上部所造成的。

4. 在建筑物内部，扬州某旅游用品有限公司被认作是起火点的1层仓库西南侧墙壁，混凝土墙面已经脱落，露出了砖墙，南窗户的下窗框滑道的部分已经变形，消防人员虽然认定这里是起火点，但是此处未有起火处特有的烧痕，并且由于没有提供关于火势的方向性、流动性的相关报告，因此，这里没有断定为起火点的根据。

再者，火只是从西侧卷帘门和从小李饭庄蔓延到天花板，然后这个火燃烧至仓库的天花板，可以认定仓库不是起火位置。

无法认定为火是从建筑物内部开始燃起的，而起火点应该是西南角的排气管道附近。

【起火原因】

西南角卷帘门在起火前是关闭状态，前面堆放了海绵，火焰无法进入建筑物内部，而且建筑物内部的火焰在南侧卷闸门关闭的情况下无法向外部喷出。

在南侧外部的卷闸门附近，从相关人士拍摄的照片来看，卷闸门前附近燃起大火，此处燃起的火势与没有火源的地方的火势同样强烈，而且被烧程度尤为严重。

西南侧卷帘门上方，小李饭庄的排气管道设有出风口，这里是本次火灾的起火点。由此可以看出燃气灶台上的抽油烟机及燃气管道由于燃气的明火点燃了管道周围常年累积凝结的油垢，排气用的送风压力把火和浓烟一起吹到出风口，然后明火点燃了海绵，燃烧乃至蔓延扩大的可能性极高。

火灾原因鉴定书
日本科学鉴定股份有限公司

万狩　和义
中山　德政

火灾判定

起火日期　2015年10月6日　12点50分（当地时间）

起火地点　　江苏省扬州市杭集四通路6号
起火处　　　扬州某旅游用品有限公司
火灾现场调查日期　2015年12月3日10～13点间

调查方法

伴随着建筑物外周或内部燃烧的火势走向、流动性、拍照、录像。

鉴定人经历

消防指挥官，万狩和义三十八年，中山德政十七年，从事火灾起因的调查工作。现在隶属于日本科学鉴定股份有限公司，主要负责接受损害保险公司、普通企业、律师、警察或法院的委托进行火灾原因的调查。

两人一年大约要进行50～100余件的火灾原因鉴定，至今一直致力于弄清原因不明的案件、纵火刑事案件等。

判定方法

1. 基于燃烧法则进行判定。

燃烧是物理现象，根据科学法则留下了燃烧痕迹。烧伤的强弱被各种条件所左右，但最终以燃烧的时间、温度、能源量等相关因素来决定。大概每个个体受热后都会以其特有的状态在变化。

在这个变化过程中，每个个体的差距通过烧伤强弱等形式体现出来。例如所谓的"烧透""烧光"，意指由于火源长时间停滞在同一地方而导致烧毁的状态。还有，朝着火势较强的方向会产生"烧细"状态。另外越是起火地点，由于燃烧而残留的龟壳花纹越变得又乱又深。从此就用起火地点长久又强烈地燃烧而产生的烧伤状态表示烧伤强度。

基于这些烧伤和火的物理学法则通过调查起火地点的烧伤强度和火的流动性方向性来进行判断。调查烧伤方式的基础是探求火灭之前火流的方向与流动，并功能性地判定起火地点。

弄清起火地点后，由于火灾原因不同、燃烧方式特征不同，进而调查清楚火灾原因。例如，通常的起火会以锅形或扇形花纹烧起来，在可燃物参与燃烧的情况下，由于火起来得较快，而呈V字形烧起来。

2. 判定调查的基本方法。

在火灾现场，首先调查烧后的现场情况，其次还要向有关人员询问物品、结构材料等的配置或情况，结合这两个情况来考察燃烧情况并判定起火地点。然后向有关人员等听取必要事项，进而弄明白火灾的发生原因（起火原因）。进入本案件的建筑里确认主要结构材料的柱、壁、梁、顶棚板、屋顶材料或家具类的烧伤情况，调查火的流动性或方向性，调查清楚起火地点与原因。

3. 具体方法。

烧伤毕竟是物理现象，因此能按照物理学法则进行判断，其状态会残留在烧伤痕迹中。据此判断烧伤强度和流动性，研究其方向性，归纳判断起火点。作为表示烧伤强度的词语，有"烧细"，所谓"烧细"，意指因受热而变细的状态，表示烧伤强度。如果烧伤强度再严重的话就成为烧毁的现象。另外，也有"烧透"的情况。由于火源长时期停滞在同一地方，因此它意指烧塌的状态。

另外，火越旺，其碳化越厉害，因此烧伤的龟壳花纹变得又乱又深。而且，作为燃烧特征，有在火焰上升20m期间火横向仅前进1m，向下仅前进0.3m等特征。如此，烧伤的方向性遵循一定的规律。由于起火地点长久且强烈地燃烧，作为物理学现象的烧伤强度比较严重。

判断烧伤强度和烧伤的方向性、指明起火地点。

鉴定资料如下：

（1）委托鉴定公司拍摄的火灾初期阶段起火后不久的照片。

（2）受灾建筑示意图（委托公司提供）。

（3）火灾现场调查、照片拍摄、影像摄影（2015.12.3摄影）。

（4）中国消防火灾事故认定书。

鉴定项目

（1）锁定起火地点。

（2）起火原因。

鉴定的结论和理由

1. 鉴定的结论。

鉴定人认为起火地点是本案件的建筑南侧室外的小李饭庄的排气管道吹出口附近（图26）。

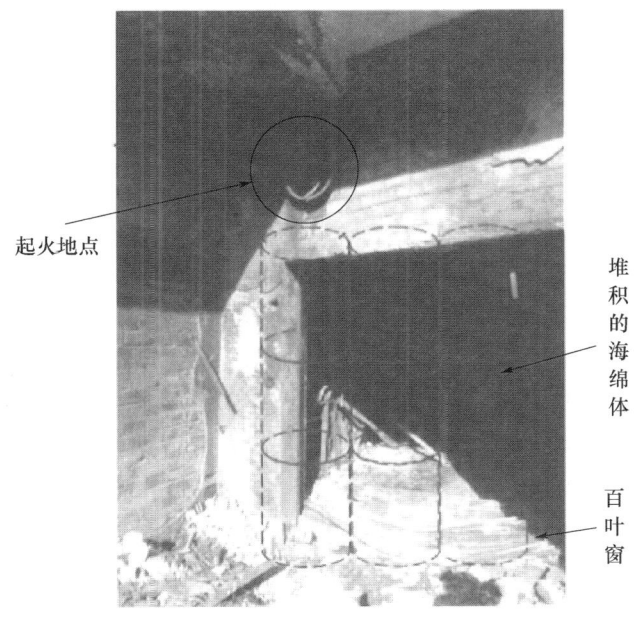

图26　起火地点

2. 起火原因。

（1）小李饭店的厨房烹饪台上面的换气装置管道内部长年大量吸附因燃气产生的

火而氧化、并粘有多量已凝固的油。

（2）我们发现换气装置管道内部凝固的油因本案件火灾的火焰而熔融、碳化从而燃烧。

（3）起火时间是12点50分，正是在烹饪地点使用燃气火的时间，此较旺的火通过排气送风自换气装置送至排气管，并喷出至南侧的吹出口。鉴定人认为是利用燃气产生的强大的火点燃牢固粘着在换气装置与管道内的油，火势头凶猛地向南侧喷出，因此点燃放置在百叶窗前的海绵体等可燃物，从而使火势蔓延开来。

（4）偏南侧排气管道吹出口的排气送风用螺旋桨因来自内部的火焰而燃烧体现了自管道内部喷出的火焰的极强大，可断定排气管道内部蓄积大量的油。

（5）南侧吹出口下面的墙壁变成黑色并且可看到向下方下垂的痕迹，这种情况说明油自相当远的前面的喷出口流到这个墙壁上，以及油还大量流至南侧的宽度90厘米的侧沟里。鉴定人认为是这些油助长了本案件火灾的燃烧。

（6）在扬州某旅游用品有限公司1楼仓库里发现有香烟烟头，如果与起火原因联系起来的话，仓库里所收纳的是拖鞋材料，且大部分是树脂物，香烟产生的火是微小火源，是小火，即便香烟产生的火附着到拖鞋材料等上，也只是仅其位置烧焦而不会向周围燃烧扩散。

而且由于烟头不会像本案这样剧烈地燃烧起来，即使燃烧香烟会烧毁也不会残留。因此判断，如果消防员发现了香烟烟头的话，也是火灾后扔掉的。

通过以上对火灾原因的研究，鉴定人认为本案件火灾的起火地点很可能是西南角的排气管道吹出口，燃气产生的强大的火点燃换气装置以及管道内部所蓄积的牢固黏着的油，这种火通过送风飞出至南侧排气管道的吹出口，并点燃那里存放的拖鞋材料即海绵，因此鉴定人认为小李饭庄的燃气产生的强大的火是起火原因的可能性极高（图27）。

3. 烧伤情况。

（1）建筑外周部。

从东向西观察烧伤情况发现，呈L字的西南角部的外壁变成茶色，自那里火势由1楼、2楼、3楼向东蔓延。放置在西南角部外面的可燃物被烧毁，从而剧烈地燃烧起来。当火势从2楼蔓延至3楼时，西侧与东侧建筑的角落燃烧起来，因此瓷砖发生剥离并脱落，当火势蔓延至西侧建筑物南侧时，从外部瓷砖仍然存在可以判断烧伤在此处减弱（图28）。

可以看出本案件建筑的西侧，小李饭庄的室外排气管道变成铁锈色，由于厨房烹饪灶台产生的强大燃气火而管道内蓄积的油也一起燃烧，火势变强而导致吹出口的螺旋桨烧毁（图29）。

观察西南角的百叶窗上面的排气管道吹出口可知，混凝土壁的左上方是2楼阳台的屋顶处，从吹出口的位置来看，是正上方的位置，外壁变成黑色是由于烟火上升到该位置之前暂时停滞在这里而使其变成黑色，从而断定烧伤较严重（图30）。

观察吹出口下方可知，变成黑色并且下垂是油性成分遇火而发生熔融导致的（图31）。

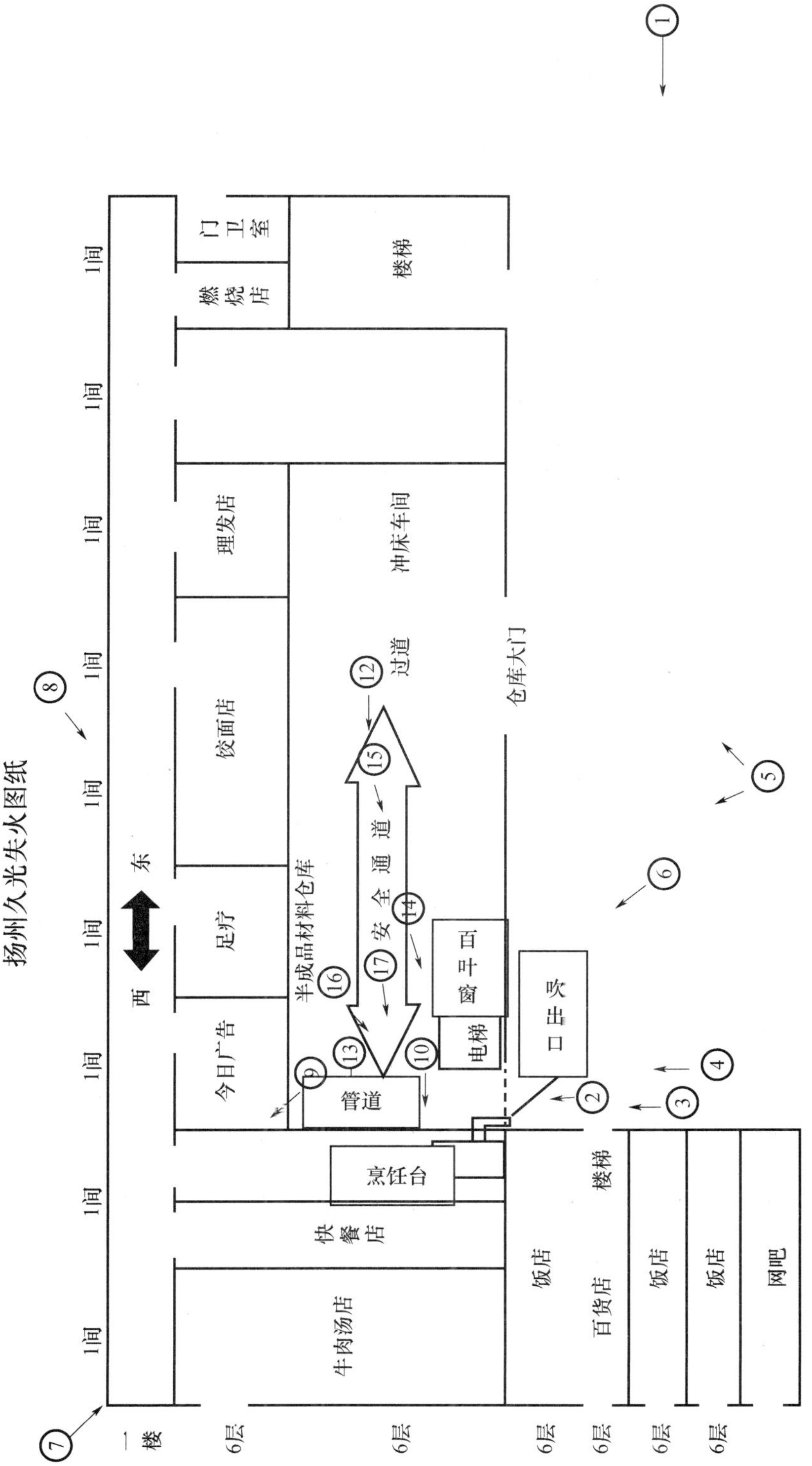

图27 火灾现场位置调查显示说明

图 28　建筑外周部

图 29　排气管道口（一）

图 30　排气管道口（二）

图 31　吹出口下方

火灾事故认定复核申请书

申请人：扬州某旅游用品有限公司

地　址：扬州生态科技新城杭集镇四通路6号

申请事项

1. 申请撤销市公安消防支队生态科技新城大队火灾事故重新认定书《扬生公消火重认字（2016）第0001号》。

2. 申请市公安消防支队对本案火灾事故的起火原因作出客观认定。

事实及理由

2015年10月6日，位于扬州生态科技新城杭集镇四通路6号的扬州某旅游用品有限公司发生火灾，将生产厂房、设备、原材料、成品等烧毁。经市公安消防支队生态科技新城大队现场勘察、调查，对本次火灾事故的起火原因认定为：起火时间为2015年10月6日12时50分，起火部位为扬州某旅游用品有限公司一层仓库货梯东侧区域，起火原因可以排除电气故障、人为纵火以及自燃的原因，不能排除遗留火种引燃一层仓库内的可燃物导致火灾发生（见《扬生公消火认字（2015）第0003号》）。接到认定书后，申请人发现该认定结论存在以下问题：

1. 调查取证避重就轻，将最可能的起火原因漏列（小李饭店烟囱），导致取证不充分。

2. 在漏列最可能的起火原因的前提下，适用排除法推定不能排除的起火原因，导致结论错误。

申请人不服该认定，依公安部规定的程序，在法定期间内提出了复核申请。

市公安消防支队生态科技新城大队于2016年3月17日对起火原因重新作出认定：起火部位位于扬州某旅游用品有限公司一层由西向东第二扇窗户南侧，起火原因可以排除电器故障、自燃，不排除遗留火种引燃可燃物导致火灾发生。

申请人接到市公安消防支队生态科技新城大队火灾事故重新认定书《扬生公消火重认字（2016）第0001号》后，仍不服该重新认定，认为重新认定并没有解决《扬生公消火认字（2015）第0003号》认定中存在的问题，现申请人以下理由申请复核：

1. 调查取证避重就轻，将最可能的起火原因漏列（小李饭店烟囱），导致取证不充分。

2. 在漏列最可能的起火原因的前提下，适用排除法推定不能排除的起火原因，导致结论错误为由提请复核。

3. 没有不排除遗留火种的证据。

申请人依据《火灾事故调查规定》第35条之规定，请求江苏省公安消防总队对现场证据进行深入调查，对已经取得的证据进行深入分析，对市公安消防支队生态科技新城大队认定的起火原因进行复核，以便找到真正的起火原因。

此致

江苏省公安消防总队

申请人　扬州某旅游用品有限公司

【案例2】李某（某纸品日化商行经营者）不服盐山县公安局消防大队火灾原因认定案

李某怎么都想不明白，自己的生产车间从来没有使用过三相刀闸，现场勘察怎么会出现三相刀闸呢？尤其是在经过了几次现场勘察，又过了80多天的情况下，再次勘察却发现了三相刀闸，这是多么诡异的一件事。更让李某感到不可思议的是，消防机构认定正是这个三相刀闸发生了故障，导致了这场火灾的发生。

更让李某感到气愤的是，电信公司的人居然在火灾现场被封闭后，当着消防机构的面把最有可能涉嫌引起火灾的电线残段拿走，此后经过几次追要，电信公司居然掉包，试图用其他电线蒙混过关，消防机构的认定结果却没有涉及电信公司的这个行为。

李某倔强，坚决不服这样的认定结果。但他虽然有着正直、朴实、追求真相的强烈心愿，却对如何申辩、维权，如何抓住实质性问题，如何走好程序不失权，却是一头雾水。李某意识到必须得到专业律师的帮助。

盐山县公安消防大队
火灾事故认定书

盐公消火认字〔2013〕第0003号

火灾事故基本情况：2013年8月12日22时6分49秒，盐山县公安消防大队接到报警称，位于盐山县丽景花园小区南侧的某纸品日化商行发生火灾，火灾无人员伤亡，过火面积544.2平方米，烧毁卫生纸成品、造纸机器、卫生纸半成品等物品。

经调查，对起火原因认定如下：2013年8月12日22时宏发纸品日化商行发生火灾，起火部位位于某纸品日化商行厂房内东部。排除自燃引起火灾的可能；不能排除厂房东部顶部电气线路发生故障引发火灾、厂房外侧北房檐下部搭挂的电缆发生故障引发火灾及放火引发火灾的可能。

以上事实有询问笔录、现场痕迹、物品、现场勘验笔录、现场照片等证据证实。

当事人对本认定有异议的，可以自本认定书送达之日起15个工作日内，向沧州市公安消防支队提出书面复核申请，复核以一次为限。

盐山县公安消防大队

查阅、复制、摘录火灾原因证据申请书

沧州市公安消防支队：

2014年5月21日，李某收到贵支队于2014年5月20日作出的《沧公消火复字〔2014〕第0002号火灾事故认定复核决定书》，因李某对事故复核的事实存在疑问，故根据《火灾事故调查规定》第34条："公安机关消防机构作出火灾事故认定后，当事人可以申请查阅、复制、摘录火灾事故认定书，现场勘验笔录和检验、鉴定意见，公安机关消防机构应当自接到申请之日起七日内提供，但涉及国家秘密、商业秘密、个人隐私或者移交公安机关其他部门处理的依法不予提供，并说明理由。"特向贵支队提出申请，请求查阅、复制、摘录以下具体内容：询问笔录、现场痕迹、物品、现场勘察笔录、现场照片等所有涉及本案火灾事故复核的全部证据材料。

申请人：李某

火灾事故认定复核申请书（第一次）

申请人：某纸品日化商行

负责人：李某

被申请人：盐山县消防队

申请事项

申请人因对盐山县消防队作出的《盐公消字〔2013〕第0003号认定书》有异议，请求沧州市公安消防支队依法对该认定进行复核。

事实及理由

盐山县消防队作出的《盐公消字〔2013〕第0003号认定书》结论违反法定程序，证据不足，事实不清，认定结果错误。

1. 违反法定程序。

（1）现场勘验。

公安部《火灾现场勘验规则》第4.5.1条规定，公安机关消防机构勘验火灾现场，勘验人员不应少于两人。勘验现场时，应邀请一至两名与火灾无关的公民作见证人或者通知当事人到场，并应记录见证人或者当事人的姓名、性别、年龄、职业、联系电话等。

从勘验笔录来看，被申请人并没有邀请见证人或者通知当事人到场，因为笔录中看不到见证人或者当事人的姓名。被申请人违反了公安部《火灾现场勘验规则》第4.5.1条的规定。

到现场勘验的消防人员是陈某明和吴某，而出现在勘验笔录中的名字却是陈某明和张某宗，而张某宗根本没有参与现场的勘验工作。

被申请人现场勘验时间是在2013年8月16日，而勘验笔录上记载的时间是在2013年8月15日。

（2）现场询问。

公安部《火灾现场勘验规则》第4.8.3条规定，现场正式询问时，询问人不应少于两人，并应首先了解证人的身份及与火灾有无利害关系。询问结束后，被询问人和询问人应分别在询问笔录上签名。

从询问笔录来看，只有被询问人的签字，而没有询问人的签字。该行为违反了公安部《火灾现场勘验规则》第4.8.3条的规定。

参与询问的消防工作人员是陈某明和吴某，而出现在询问笔录中的名字却是陈某明和张某宗，而张某宗根本没有参与询问工作。

（3）火灾事故认定书认定不能排除的起火原因为三个，违反了《火灾原因认定暂行规则》第10条的规定。

《火灾原因认定暂行规则》第10条规定，《火灾事故认定书》载明的火灾原因应当包括下列内容：起火原因部分包括起火部位、起火点，有证据证明引起可燃物燃烧、爆炸的引火源和起火物。对起火原因无法查清的，应当写明有证据能够排除的起火原因和不能排除的起火原因，不能排除的起火原因不应多于两个，不得作出起火原因不明的认定。本案认定不能排除的原因有三种，显然违反法定程序。

（4）被申请人未及时封闭火灾现场，导致重要证据丢失。

火灾发生在 8 月 12 日，消防队灭火后应及时封闭现场，但是实际封闭现场的时间是 8 月 16 日，导致电信公司故障电缆被电信公司人员取走。申请人对此提出异议，被申请人一直答应要回此电缆，但至今也没有要回。申请人认为该电缆也是证明起火原因或者排除某种起火原因的重要证据，由于未能及时封闭现场，导致该证据至今下落不明。

2. 证据不足，事实不清。现有证据不能证明起火点或者起火部位。

（1）被申请人未提取重要证据。

在现场发现铝线熔痕的情况下，被申请人未按规定提取该铝线熔痕，不做技术鉴定，导致火灾原因无法查清。甚至在申请人多次要求提取并鉴定的情况下，被申请人依然我行我素，未能提取重要证据。

申请人认为如果对该铝线熔痕作出鉴定，至少可以排除或者确定一种可能的起火原因。

（2）询问笔录制作粗糙，未能提取到有价值的信息。

申请人共询问 6 人次，其中第一发现人、第一报警人杨某玲的证言至关重要，但是笔录中却没有记录下确定起火点、起火部位的重要信息。

综上所述，申请人违反法定程序，在证据不足的前提下，主观认定起火点，导致认定结果不可信。

鉴于以上理由，申请人向沧州市消防支队申请复核。

此致

申请人：某纸品日化商行
负责人：李某

2014 年 1 月 3 日盐山县公安消防大队作出《盐公消火认字〔2013〕第 0002 号》认定书，内容略。

火灾事故认定复核申请书（第二次）

申请人：某纸品日化商行

负责人：李某

申请事项

申请人因对盐山县消防队作出的《盐公消字〔2013〕第 0002 号认定书》和《盐公消字〔2013〕第 0003 号认定书》有异议，请求河北省公安消防局责令沧州市公安消防支队对该起火灾事故原因重新认定。

事实及理由

2013 年 8 月 12 日 22 时许，申请人厂房发生火灾，后经盐山县公安消防大队扑灭。火灾扑灭后，盐山县公安消防大队封闭火灾现场，经过调查取证，做出《盐公消字〔2013〕第 0003 号认定书》，申请人不服该认定，依据公安部规定的程序，向沧州市公安消防支队申请复核。沧州市公安消防支队没有对该认定书做出复核，而是由盐山县公安消防大队做出了重新认定。申请人不服《盐公消字〔2013〕第 0002 号认定书》，依程序又向沧州市公安消防支队提出复核申请，沧州市公安消防支队受理后，口头拒绝申请的复核要求。

申请人认为，盐山县消防队作出的《盐公消字〔2013〕第 0002 号认定书》和《盐公消字〔2013〕第 0003 号认定书》，证据不足，认定事实不清，认定结论不明确。

1. 被申请人未提取重要证据。

火灾被扑灭后，在现场发现两处铝线残留物，一处为电信局电缆，另一处为申请人电缆。电信局将北墙外烧断的电缆残留物私自取走，致使重要的火灾物证不能找回，《火灾事故现场勘验笔录》中勘察的现场是电信局更换后的电缆。

2. 被申请人未对现场发现的铝线残留物进行鉴定，导致事实不清。

被申请人在勘察现场时已发现厂房内东部有铝线残留物，但是未做技术鉴定，导致火灾原因无法查清。甚至在申请人多次要求提取并鉴定的情况下，被申请人依然不作技术鉴定。

申请人认为如果对该铝线残留物做出鉴定，至少可以排除或者确定一种可能的起火原因。

按照《消防法》第 50 条的规定，火灾发生后封闭火灾现场，调查火灾原因是消防机构的法定职责。

申请人曾向沧州市公安消防支队几次要求对现场铝线残留物进行技术鉴定，均被拒绝。

基于上述理由，申请人不得已向河北省公安消防局提出申请，要求贵局责令沧州市公安消防支队对电缆残留物委托鉴定，并对该起事故原因重新认定。

此致

申请人：某纸品日化商行
负责人：李某

沧州市公安消防支队
火灾事故认定复核决定书

沧公消火复字〔2014〕第 0002 号

盐山县某纸品日化商行：

根据《火灾事故调查规定》第 39 条第 3 款的规定，对你（单位）申请复核的县宏发纸品日化商行火灾事故认定（认定书文号：盐公消字〔2013〕第 0002 号、盐公消字〔2013〕第 0003 号），经审查，作出以下复核决定：

盐山县公安消防大队对本起火灾事故作出的认定（认定书文号：盐公消字〔2013〕第 0002 号、盐公消字〔2013〕第 0003 号）证据不确实充分，决定撤销盐公消字〔2013〕第 0002 号、盐公消字〔2013〕第 0003 号《火灾事故认定书》，并对起火原因认定如下：

2013 年 8 月 12 日 22 时 6 分 49 秒，盐山县公安消防大队接到报警，称位于盐山县丽景花园小区南侧的某纸品日化商行发生火灾，起火部位位于某纸品日化商行厂房（4号区域）内中北部（北侧从东数第二至第四根钢柱之间），起火原因排除雷击、排除放火、排除厂房北侧室外电缆引起火灾的可能，不排除厂房内部电气故障引燃周围可燃物起火成灾的可能。

以上事实有询问笔录18份，现场勘验笔录4份，鉴定报告2份，现场照片100张等证据证实。

根据《火灾事故调查规定》第40条第3款的规定，本复核决定为最终决定。

沧州市公安消防支队

河北省盐山县人民法院
民事判决书

（2015）盐民初字第875号

原告：李某高，男，1944年5月10日生，汉族，系盐山县某纸品日化商行经营者，住盐山县天泰小区××号楼××单元××号。

被告：某电信股份有限公司县分公司。

住所地：盐山县北环路南侧。

负责人：冯某，任公司总经理。

原告李某与被告某电信股份有限公司县分公司（以下简称县电信公司）财产损害赔偿纠纷一案，本院受理后，依法组成合议庭，公开开庭进行了审理，原告李某及其委托代理人王某涛、被告县电信公司之委托代理人石某华、李某林均到庭参加了诉讼。本案现已审理终结。

原告李某高诉称：原告李某高在盐山县丽景花园小区南侧租用孙某云家房屋及院落作为加工车间及仓库，生产纸制品。2013年8月12日22时4分左右，车间及仓库发生火灾，导致整个车间及自建仓库房屋、设备、纸品烧毁。盐山县公安局消防大队（以下简称县消防大队）当日出警救火、并于2013年10月11日作出《盐公消火认字〔2013〕第0003号火灾事故认定书》，认定火灾起火部位位于该厂房东部，排除自燃引起火灾的可能，不能排除厂房东部顶部电气线路发生故障引发火灾、厂房外侧北房檐下部搭挂的电缆发生故障引发火灾的可能。原告不服该认定，向沧州市公安局消防支队（以下简称市消防支队）申请复核，市消防支队组织其工作人员到现场勘察，并以县消防大队名义于2013年12月30日作出《盐公消火认字〔2013〕第0002号火灾事故认定书》，认定起火部位及起火原因与第一次认定书中的认定一样。原告仍不服该认定，向市消防支队申请复核，市消防支队2015年5月21日作出《沧公消火复字〔2014〕第0002号火灾事故复核决定书》，认定起火部位位于厂房内中北部，起火原因排除雷击、排除放火、排除厂房北侧室外电缆引发火灾的可能，不排除厂房内部电气故障引燃周围可燃物起火成灾的可能，原告对于两级消防部门认定书不能认同，特别是市消防支队的认定与事实不符，与证据相矛盾，认定的起火原因更是荒谬。原告有证据证明下班后厂房内总闸关闭没有电，通过消防部门的笔录和证人出庭证明，可以确定起火部位在厂房东部，正是被告县电信公司电缆所处的位置，且火灾发生后被告县电信公司未经消防部门同意将电缆截走，在消防部门多次追要下两次拿非火灾现场的电缆冒充，经辨认后又推脱无法查找，最终导致火灾原因无法查清，故被告县电信公司应该承担原告李某高因此次火灾造成的全部损失。原告李某高对河北圣源祥保险公估有限公司的火灾损失评估结果不服，原因：单方委托鉴定机构，委托单位不具有价格评估资格，委托单位应优先委托当地机构。综上，原告李某委托的火灾损失鉴定机构市鉴真价格事务所系县法院经原被告双方协商委托的机构，合法有效，应按照其鉴定的1053479元为损失依据，加上21500元鉴定费用，10万元租金费用，累计1174979元，诉讼费用由被告承担。

被告县电信公司辩称：1. 对于本次火灾的发生没有异议，本次火灾原因已经由市消防支队作出复核决定书，该决定书中明确说明起火部位位于原告厂房内中北部，起火原因排除室外电缆引发火灾事故的可能，不排除厂房内部电气故障引燃周围可燃物，故此次火灾事故的发生与被告县电信公司无关。2. 原告李某在本案中诉讼主体资格不适格，原告拥有自己的字号，应用字号等参加诉讼，本案原告以个人名义起诉，违反法律规定，应予驳回。而被告亦不能作为本案的当事人，被告县电信公司作为企业法人的分支机构，不具有法人资格，对涉案的线路不具有所有权，原告将被告作为当事人属于诉讼主体错误。3. 经县消防大队及被告现场勘察，火灾现场存在某联合通信网络股份有限公司县分公司（以下简称县联通公司）等多家公司的线路，现有证据不能排除其他公司的侵权责任，应将本案中所有线路的所有人列为本案的被告。另涉案线路系由河北某耀通信技术有限公司（以下简称某耀公司）负责线路维护、维修及更换，应将代维单位某耀公司列为本案被告，如涉案线路出现问题引起火灾，代维单位应当是本案的责任主体。4. 火灾发生后，对于火灾损失市消防支队已委托河北某祥保险公估有限公司（以下简称某祥公司）作出损失鉴定，不应再启动评估程序。综上，被告县电信公司不存在侵权行为，且原被告诉讼主体均不适格，请求法院依法驳回原告的诉讼请求。

经审理查明，2013年8月12日22时许，原告李某经营的位于县丽景花园小区南侧的某纸品日化商行（以下简称某商行）发生火灾，造成厂房大面积过火，卫生纸成品、卫生纸半成品、加工机器、厂房等被烧毁。

2013年8月13日8时许，被告县电信公司工作人员韩某财到火灾现场确定故障，10时许，代维单位某耀公司工作人员章某到火灾现场更换电缆，未经县消防大队允许，将烧毁的电缆带回。8月19日，县消防大队要求被告县电信公司提供更换的电缆。11月22日，县消防大队第2次火灾现场勘验笔录中载明："电信公司于2013年11月22日将电缆拿到火灾现场进行比对，县公安消防大队组织人员对火灾现场进行二次勘验。勘验在自然光下进行，勘验情况如下：火灾现场原始电缆表面绝缘皮为黑色、绝缘皮有螺纹状突起。新送来比对的电缆大面积过火，绝缘皮烧毁比较严重。勘验过程进行了照相。共有照片2张。"12月24日，县消防大队第3次火灾现场勘验笔录中载明："电信公司于2013年12月24日将4段电缆拿到火灾现场进行比对，县公安消防大队组织人员对火灾现场进行三次勘验。勘验在自然光下进行，勘验情况如下：火灾现场原始电缆表面绝缘皮为黑色，绝缘皮有螺纹状突起。新送来的四段电缆其中一段绝缘皮烧毁比较严重，另外三段绝缘皮光滑完好，且表面未呈现螺纹状突起。对勘验过程进行了照相。共有照片2张。该两份勘验笔录及照片未见于《县公安局消防大队8.12某纸品日化商行火灾事故调查卷》，调查卷只有第1次勘验笔录，而《市公安局消防支队县某纸品日化商行火灾事故复核卷（正卷）》中为第4~7次勘验笔录。

2013年10月10日，县消防大队作出《盐公消火认字〔2013〕第0003号火灾事故认定书》，认定：起火部位位于厂房内东部，起火原因排除自燃引起火灾的可能，不能排除厂房东部顶部电气线路发生故障引发火灾、厂房外侧北房檐下部搭挂的电缆发生故障引发火灾及放火引发火灾的可能。原告李某不服该认定，向市消防支队提出复核申请，市消防支队责成县消防大队重新作出事故认定。2013年12月30日，县消防大队作出《盐公消火认字〔2013〕第0002号火灾事故认定书》，认定：起火部位位于厂房内东部，起火原因排除自燃引起火灾的可能，不能排除厂房东部顶部电气线路发生故障引发火灾、厂房外侧北房檐下部搭挂的电缆发生故障引发火灾的可能。原告李某对重新认定不服，向河北省公安消防总队信访，总队责成市消防支队对该起火灾进行复核，2014年5月21日，市消防支队作出《沧公消复字〔2014〕第0002号火灾事故认定复核决定书》，认定：县公安消防大队对本起火灾事故作出的认定盐公消火认字〔2013〕第0002号、第0003号证据不确实充分，决定撤销盐公消火认字0002号、0003号认定书，并对起火原因认定如下：起火部分位于厂房（4号区域）内中北部（北侧从东数第二至第四根钢柱之间），起火原因排除雷击、排除放火、排除厂房北侧室外电缆引起火灾的可能，不排除厂房内部电气故障引燃周围可燃物起火成灾的可能。

2014年8月8日，经市消防支队委托，某祥公司对某商行火灾财产损失进行了鉴定，评估结果为：某商行的火灾财产损失核定为493000元。

原告李某对市消防支队作出的火灾事故认定复核决定书仍有异议，对某祥公司作出的损失鉴定亦不认可，要求对本次火灾原因进行鉴定，对火灾损失重新进行评估。

2015年8月25日，我院委托的河北省科技事务司法鉴定中心称原被告对现场物证（涉案电缆）的真实性存在质疑，无法对某商行的火灾原因给予真实客观的鉴定意见，予以退回。后我院又委托公安部消防局天津火灾物证鉴定中心对火灾原因及责任进行司法鉴定，2015年9月11日，公安部消防局天津火灾物证鉴定中心回复称：根据火灾现场目前状态及前期消防机构认定情况，不接受法院鉴定委托。

2015年10月23日，经原告李某申请，我院委托价格认证中心鉴定火灾损失，该机构以材料不全、标的数额超出价格鉴定数额规定以外，不予受理我院委托的火灾损失鉴定。后我院又委托市鉴真价格事务所对某商行火灾损失进行鉴定，2015年12月10日，市鉴真价格事务所作出沧鉴真价字〔2015〕第215号《关于县某纸品日化商行火灾造成损失的价格评估报告书》，结论为某商行的火灾财产损失价格为1053479元，鉴定费用21500元。

另查明，某商行系个体工商户，营业执照上无明确字号，经营者为李某，经营场所县南大街，经营范围批发百货、分装销售卫生纸，发照时间为2012年3月5日。

以上事实由原被告申请我院调取的《县公安局消防大队8.12某纸品日化制造商行

火灾事故调查卷》《市公安局消防支队县某纸品日化商行火灾事故复核卷（正卷）》《副卷1 询问笔录》，原告李某提供的火灾现场第2次、第3次勘验笔录，《市鉴真价格事务所价格评估报告书》及被告县电信公司提供的《河北某祥保险公估有限公司公估报告书》证实。

　　本院认为：1. 关于本案侵权事实的认定。首先，对于火灾事故认定书效力的认定，县消防大队、市消防支队所作出的三份火灾事故认定书只是就起火部位、起火原因等情况作出认定，并未作出行政处罚，不具有行政案件可诉性，原告向我院提起民事诉讼，主张侵权损害赔偿，故三份事故认定书作为民事证据，我院应对其合法性、真实性、关联性予以审查。对此三份事故认定书，合法性、关联性本院予以确认，至于真实性，被告县电信公司提出应依据"国家机关或者其他依法具有社会管理职能的组织，在其职权范围内制作的文书所记载的事项推定为真实"，故应推定市消防支队作出的复核决定书中"起火部分位于厂房内中北部，起火原因排除厂房北侧室外电缆引起火灾的可能，不排除厂房内部电气故障引燃周围可燃物起火成灾的可能"为事实。然原告李某提出"市消防支队认定'起火部位位于厂房内中北部'，与县消防大队两次事故认定书认定'起火部位位于厂房内东部'有明显出入，而县消防大队作为火灾现场救援方，其认定应比市消防支队更具可信性，且杨某玲等多位证人也都证明起火部位在厂房东北部，市消防支队所作出的事故认定书不可信"的主张，因市消防支队对宏发商行邻居刘某彬、杨某玲、冷冻厂老板王某东、某商行赵某杰、某商行房东王某、县消防中队吴某德的询问笔录中厂房起火部位的表述与市消防支队作出的认定不符，市消防支队推翻作为第一时间火灾现场指挥救援的县消防大队作出的火灾部位认定，又排除其自身对上述各方证人笔录的证明力，缺乏说服力。对于起火原因，根据县消防大队作出的认定和上述各方证人的证言，起火部位应为厂房内东部或厂房东北部，而原告李某提出该位置对应被告县电信公司的电缆位置，县消防大队认定起火原因不排除厂房外侧北房檐下部搭挂的电缆发生故障引发火灾的可能，而市消防支队将该可能直接排除，其依据为（1）距离北墙约半米的位置摆放的瓷砖简易外包装（材质为聚苯泡沫板）未起火及现场测量距离推断。（2）电信电缆与光缆捆绑在一起。（3）厂房北墙东数第3根钢柱附近提取的铜熔珠检出二次短路痕迹。然由于2013年8月13日电信公司检修故障，更换了光缆和电缆，故市消防大队"现场测量的距离及光缆电缆捆绑在一起"是否属火灾现场时情形无法认定。电缆发生故障产生的能量与引燃距离北墙约半米的位置摆放的瓷砖简易外包装（材质为聚苯泡沫板）是否具有必然的因果联系未加阐述，原告存疑，本院无法认定。有两次短路痕迹的铜熔珠出处不明，火灾物证鉴定报告中北墙气泵处地面提取的1-3送检刀闸的金属熔化物，根据市消防支队对冷冻厂老板王某东作的询问笔录中，问"北面废弃的电闸以前是干什么的"？答："以前是个水泵，去年冬天不用了"。此废弃电闸同样位于北墙处与送检刀闸是否为同一物无法认定。加之，火灾原因认定的现场物证即电信公司火灾现场烧毁的电缆，被告县电信公司一直未能提供（期间两次提供的电缆皆与火灾现场不符），市消防支队在缺乏相应现场证物下作出的《火灾事故认定复核结论书》，直接排除室外电缆故障引发火灾的可能，缺乏说服力，故本院对其结论书不予采纳。对于县消防大队重新作出的《盐公消火认字〔2013〕第0002号火灾事故认定书》，因其作为第一时间火灾事故指挥救援方，且其认定内容与县消防大队、市消防支队作出的勘验笔录、询问笔录、原被告陈述基本相符，故对其结论书予以采纳。其次，关于火灾原因的认定。经本院确认的县消防大队作出的〔2013〕第0002号火灾事故引发火灾、厂房外侧北房檐下部搭挂的电缆发生故障引发火灾的可能，而根据市消防支队第5次勘验笔录，"某商行东起冷冻厂北墙房檐下方西至厂房西北侧电线杆架设一条钢丝，上架设三条线缆，一条电缆和一条光纤为电信使用，已进行维修更换，另一条电力电缆为联通使用，火灾后未维修更换"，故县消防大队事故认定书起火原因中"厂房东部顶部电气线路"应为县电信公司线路。加之，县电信公司未经消防部门同意，擅自将烧毁的电缆带走，后两次提供的电缆都与火灾现场不符，涉案电缆至今未能提供，致使消防部门及本院委托的相关机构进行火灾原因鉴定，皆缺少现场证物，致使火灾原因无法查明。依据《最高人民法院关于民事诉讼证据的若干规定》第75条规定："有证据证明一方当事人持有证据无正当理由拒不提供，如果对方当事人主张该证据的内容不利于证据持有人，可以推定该主张成立。"鉴于被告县电信公司擅自带走并至今未提供涉案电缆，本院推定涉案电缆对被告不利，被告应对火灾事故承担赔偿责任。对于原告李某提出"某商行工人下班后会拉掉总闸，厂内包括车库没电，只有总闸以上有电，不存在起火可能"的主张，因案卷中并无现场总闸照片原件，无法核实，而证人赵某英、宋某珍皆系某商行员工，与原告李某存在利害关系，故对火灾现场总闸是否关闭、总闸以上有电是否会引发火灾无法确认。而根据消防部门作出的数次勘验笔录，厂房内过火程度呈现北重南轻、东重西轻，且东部纸品碳化程度呈现西重东轻，据此，过火程度最重的位置对应厂房东部顶部电气线路，加之，原告厂房线路的铺设是由其没有取得电工证和电焊证的外甥女婿所为，其线路设计、敷设、保养、检测是否符合消防技术标准和管理规定无法确认，故原告本身的责任无法排除。综上，原告李某对本次火灾事故应负相应责任。

2. 关于原被告诉讼主体资格问题。被告县电信公司在第三次庭审中提交了李某"县某纸品加工厂"营业执照，认为"县某纸品加工厂"为李某经营执照的字号，根据个体工商户"有字号的，以营业执照上登记的字号为当事人"，故原告主体不适格的辩解意见，因其注册号、经营场所、李某身份证号均与原告不符，故该字号不应认为系原告经营者字号。原告李某作为县某商行经营者，"在诉讼中，个体工商户以营业执照上登记的经营者为当事人"。因其工商注册时未取字号，其经营者身份作为本案原告主体资格适格。关于被告县电信公司"作为企业法人的分支机构，不具有法人资格，且被告并非涉案线路的所有权人，被告诉讼主体错误"的抗辩意见，因非法人其他组织可以作为民事诉讼的当事人，而非法人其他组织中包括法人依法设立并领取营业执照的分支机构，故被告县电信公司诉讼主体资格适格。关于被告县电信公司的上级市分公司才是涉案线路的所有权人，原告诉讼主体错，其公司资产的所有权根、管理范围是法人内部的设置，其内部规定不能对抗善意第三人，故被告县电信公司的该抗辩意见本院亦不予支持。

3. 关于被告追加县联通公司等多家火灾现场中有线路的公司及涉案线路的代维单位某耀公司的主张，因被告县电信公司未向本院提交追加被告书面申请书，且被告亦无证据证明县联通公司等多家火灾现场中有线路的公司的线路引发火灾，也未提供某耀公司在维护线路的过程中存在过错、引发火灾的相关证据，经本院审查，上述公司与本案无利害关系，对其主张本院不予支持。

4. 关于本案某商行火灾事故损失及责任的认定。首先，火灾损失价值认定。关于被告县电信公司提出"市消防支队已委托某祥公司作出损失鉴定，不应再启动评估程序"的抗辩意见，原告李某提出"根据消防法和火灾事故调查规定，消防部门对火灾损失鉴定只能委托当地鉴定机构"，于法无据，本院不予支持。依据"人民法院委托鉴定部门作出的鉴定结论，当事人没有足以反驳的相反证据和理由的，可以认定其证明力"，我院委托市鉴真价格事务所对某商行火灾损失进行鉴定，程序合法，内容客观真实，被告县电信公司没有相反证据足以反驳，本院确认其证明力，故原告李某因此次事故造成的火灾损失为1053479元，价格评估费21500元，有合法票据为证，其真实性、合法性、关联性本院予以确认。原告提出的租金损失10万元，原告提出2013年8月27日与王某申签订的盐山县福华公寓南100平方米库房租赁合同一份及2015年租金收据一张，系其因此次事故造成的实际损失，应该计算为本次的损失。原告李某作为实际经营者，对本次发生火灾的纸品加工厂，厂房和仓库建筑耐火等级较低、且未采取有效的防火分隔措施，违反《建筑设计防火规范》的规定，故原告本身对火灾损失应承担50%责任。综上所述，被告县电信公司承担火灾损失为587489.5元。依据《物权法》第37条，《侵权责任法》第15条第6款、第19条，《最高人民法院关于民事诉讼证据的若干规定》第71条、第75条，《民事诉讼法》第48条、第63条、第64条、第142条，《最高人民法院关于适用〈中华人民共和国民事诉讼法〉的解释》第59条、第114条，判决如下：

被告某电信股份有限公司县分公司于本判决生效之日起10日内赔偿原告李某火灾事故损失587489.5元。

如未按本判决指定的期间履行给付金钱义务，则依照《民事诉讼法》第253条之规定，加倍支付延期履行期间的债务利息。

案件受理费15289元，由被告中国电信股份有限公司县分公司负担7645元，由原告李某负担7645元。

如不服本判决，可在判决书送达之日起15日内，向本院递交上诉状，并按对方当事人的人数提出副本，上诉于河北省沧州市中级人民法院。

盐山县人民法院
2016年5月26日

河北省沧州市中级人民法院
民事判决书

（2016）冀09民终4382号

上诉人（原审原告）：李某，男，1944年5月10日生，汉族，系盐山县某纸品日化商行经营者，住盐山县天泰小区×号×单×室。

上诉人（原审被告）：某电信股份有限公司盐山县分公司，住县北环路南侧。负责人：冯某，任公司经理。

上诉人李某因与上诉人某电信股份有限公司县分公司（以下简称县电信公司）财产损害赔偿纠纷一案，不服河北省盐山县人民法（2015）盐民初875号民事判决，向云院提起上诉。本院于2016年8月9日立案后，依法组成合议庭，开庭审理了本案。本案现已审理终结。

上诉人李某上诉请求：1. 改判县电信公司赔偿李某1174979元；2. 被上诉人承担本案一审、二审诉讼费用。

事实和理由：一审法院以厂房和仓库建筑耐火等级较低且未采取有效的防火分隔措施，违反《建筑设计防火规范》的规定，判令李某自行承担此次火灾事故损失的50%没有事实依据。上诉人的厂房是否符合《建筑设计防火规范》的规定与此次火灾的发生没有法律上的因果关系。上诉人的亲戚虽然没有电工证、电焊证，但不能据此推断出其设计和铺设的电力线路不合格、会引起火灾。

上诉人县电信公司对此辩称，李某厂房及货物不符合消防规范，市消防支队的火灾调查报告已对此进行了说明。对李某由于自己过错造成的扩大损失应由自己承担，无权要求赔偿。

上诉人县电信公司上诉请求：1. 驳回李某的诉讼请求。2. 本案一、二审诉讼费用由李某承担。

事实和理由：1. 沧公消火复字（2014）第002号复核决定书已明确排除了上诉人的线缆引发火灾的可能性，市公安消防支队作出火灾事故复核认定调查报告中，明确说明做出复核决定书依据及理由。一审法院不采纳市消防支队复核认定的理由不成立。2. 在消防部门调查火灾损失时，已经在调查的基础上委托评估机构对损失进行了评估。李某提供的清单及相关证据均是单方白条、收据，没有事实依据。租金不应认定为损失，火灾发生后应及时处理后事，重修房屋，减少损失，李某放任损失扩大，无权要求赔偿。3. 电信市分公司已将线缆维护工作承包给了河北某耀通信技术有限公司，维护单位作为管理者在不能证明自己无过错的情况下应承担侵权责任，故本案应追加该公司为被告。

上诉人李某对此辩称，一审中我方提供的证据足以说明本次火灾是县电信公司电缆故障引起的，上诉人应承担赔偿责任。市鉴真价格事务所做出的报告依据充分，结论客观真实，应予以采信。河北某耀通信技术有限公司与县电信公司是合同关系，而本案是侵权纠纷，所以说此不是同一案件，也不是必要的诉讼，一审时县电信公司没有书面申请追加河北某耀通信技术有限公司为当事人，法院不是必然追加。

上诉人李某向一审法院起诉请求：判令县电信公司赔偿我损失1174979元，诉讼费用由县电信公司承担。

一审法院认定事实：2013年8月12日22时许，李某经营的位于县丽景花园小区南侧的某纸品日化商行（以下简称某商行）发生火灾，造成厂房大面积过火，卫生纸成品、卫生纸半成品、加工机器、厂房等被烧毁。

2013年8月13日8时许,被告县电信公司工作人员韩某财火灾现场确定故障,10时许,代维单位某耀公司工作人员章某火灾现场更换电缆,未经县消防大队允许,将烧毁的电缆带回。8月19日,县消防大队要求被告县电信公司提供更换的电缆。11月22日,县消防大队第2次火灾现场勘验笔录中载明:"电信公司于2013年11月22日将电缆拿到火灾现场进行比对,县公安消防大队组织人员对火灾现场进行二次勘验。勘验在自然光下进行,勘验情况如下:火灾现场原始电缆表面绝缘皮为黑色、绝缘皮有螺纹状突起。新送来比对的电缆大面积过火,绝缘皮烧毁比较严重。勘验过程进行了照相。共有照片2张。"12月24日,县消防大队第3次火灾现场勘验笔录中载明:"电信公司于2013年12月24日将4段电缆拿到火灾现场进行比对,县公安消防大队组织人员对火灾现场进行三次勘验。勘验在自然光下进行,勘验情况如下:火灾现场原始电缆表面绝缘皮为黑色,绝缘皮有螺纹状突起。新送来的四段电缆其中一段绝缘皮烧毁比较严重,另外三段绝缘皮光滑完好,且表面未呈现螺纹状突起。勘验过程进行了照相。共有照片2张。该两份勘验笔录及照片未见于《县公安局消防大队8.12某纸品日化商行火灾事故调查卷》,调查卷中只有第1次勘验笔录,而《市公安局消防支队县某商行火灾事故复核卷(正卷)》中为第4~7次勘验笔录。

2013年10月10日,县消防大队作出《盐公消火认字〔2013〕第0003号火灾事故认定书》,认定:起火部位位于厂房内东部,起火原因排除自燃引起火灾的可能,不能排除厂房东部顶部电气线路发生故障引发火灾、厂房外侧北房檐下部搭挂的电缆发生故障引发火灾及放火引发火灾的可能。李某不服该认定,向市消防支队提出复核申请,市消防支队责成县消防大队重新作出事故认定。2013年12月30日,县消防大队作出《盐公消火认字县第0002号火灾事故认定书》,认定:起火部位位于厂房内东部,起火原因排除自燃引起火灾的可能,不能排除厂房东部顶部电气线路发生故障引发火灾的可能。李某对重新认定不服,向河北省公安消防总队信访,总队责成市消防支队对该起火灾进行复核,2014年5月21日,市消防支队作出《沧公消复字〔2014〕第0002号火灾事故认定复核决定书》,认定:县公安消防大队对本起火灾事故作出的认定盐公消认字县第0002号、第0003证据不确实充分,决定撤销盐公消火认字0002号、0003号认定书,并对起火原因认定如下:起火部分位于厂房(4号区域)内中北部(北侧从东数第二至第四根钢柱之间),起火原因排除雷击、排除放火、排除厂房北侧室外电缆引起火灾的可能,不排除厂房内部电气故障引燃周围可燃物起火成灾的可能。

2014年8月8日,经市消防支队委托,某祥公司对某商行火灾财产损失进行了鉴定,评估结果为:某商行的火灾财产损失核定为493000元。

李某对市消防支队作出的火灾事故认定复核决定书仍有异议,对某祥公司作出的损失鉴定亦不认可,要求对本次火灾原因进行鉴定,对火灾损失重新进行评估。

2015年8月25日,一审法院委托的河北省科技事务司法鉴定中心称李某、县电信公司对现场物证(涉案电缆)的真实性存在质疑,无法对某商行的火灾原因给予真实客观的鉴定意见,予以退回。后我院又委托公安部消防局天津火灾物证鉴定中心对火灾原因及责任进行司法鉴定，2015 年 9 月 11 日，公安部消防局天津火灾物证鉴定中心回复称：根据火灾现场目前状态及前期消防机构认定情况，不接受法院鉴定委托。

2015 年 10 月 23 日，经李某申请，一审法院委托价格认证中心鉴定火灾损失，该机构以材料不全、标的数额超出分格鉴定数额规定以外，不予受理火灾损失鉴定。后一审法院又委托市鉴真价格事务所对某商行火灾损失进行鉴定，2015 年 12 月 10 日，市鉴真价格事务所作出沧鉴真价字〔2015〕第 215 号《关于县某纸品日化商行火灾造成损失的价格评估报告书》，结论为某商行的火灾财产损失价格为 1053479 元，鉴定费用 21500 元。

另查明，某商行系个体工商户，营业执照上无明确字号，经营者为李某，经营场所在县南大街，经营范围批发百货、分装销售卫生纸，发照时间为 2012 年 3 月 5 日。

以上事实由双方当事人申请我院调取的《县公安局消防大队 8·12 某纸品日化商行火灾事故调查卷》《市公安局消防支队县某纸品日化商行火灾事故复核卷（正卷）、（副卷 1－询问笔录）》，李某提供的火灾现场第 2 次、第 3 次勘验笔录，《市鉴真价格事务所价格评估报告书》及被告县电信公司提供的《河北某祥保险公估有限公司公估报告书》证实。

一审法院认为：1. 关于本案侵权事实的认定。首先，对于火灾事故认定书效力的认定。县消防大队、市消防支队所作出的三份火灾事故认定书只是就起火部位、起火原因等情况作出认定，并未作出行政处罚，不具有行政案件可诉性，李某向我院提起民事诉讼，主张侵权损害赔偿，故三份事故认定书作为民事证据，应对其合法性、真实性、关联性予以审查。对此三份事故认定书，合法性、关联性予以确认，至于真实性，县电信公司提出应依据"国家机关或者其他依法具有社会管理职能的组织，在其职权范围内制作的文书所记载的事项推定为真实"，故应推定市消防支队作出的复核决定书中"起火部分位于厂房内中北部，起火原因排除厂房北侧室外电缆引起火灾的可能，不排除厂房内部电气故障引燃周围可燃物起火成灾的可能"为事实。然李某提出"市消防支队认定'起火部位位于厂房内中北部'，与县消防大队两次事故认定书认定'起火部位位于厂房内东部'有明显出入，而县消防大队作为火灾现场救援方，其认定应比市消防支队更具可信性，且杨某玲等多位证人也都证明起火部位在厂房东北部，市消防支队所作出的事故认定书不可信"的主张，因市消防支队对某商行邻居刘某彬、杨某玲、冷冻厂老板王某东、某商行赵某杰、某商行房东王某、县消防中队吴某德的询问笔录中厂房起火部位的表述与市消防支队作出的认定不符，市消防支队推翻作为第一时间火灾现场指挥救援的县消防大队作出的火灾部位认定，又排除其自身对上述各方证人笔录的证明力，缺乏说服力。对于起火原因，根据县消防大队作出的认定和上述各方证人的证言，起火部位应为厂房内东部或厂房东北部，而李某提出该位置对应县电信公司的电缆位置，县消防大队认定起火原因不排除厂房外侧北房檐下部搭挂的电缆发生故障引发火灾的可能，而市消防支队将该可能直接排除，其依据为（1）距离北墙约半米的位置摆放的瓷砖简易外包装（材质为聚苯泡沫板）未起火及现场测量距离推断。（2）电信电缆与光缆捆绑在一起。（3）厂房北墙东数第 3 根钢柱附近提取的铜熔珠检出二次短路痕迹。由于 2013 年 8 月 13 日电信公司检修故障，更换了光缆和电缆，故市消防大队"现场测量的距离及光缆电缆捆绑在一起"是否属火灾现场时情形无法认定。电缆发生故障产生的能量与引燃点距离北墙约半米的位置摆放的瓷砖简易外包装（材质为聚苯泡沫板）是否具有必然的因果联系未加阐述，李某存疑，无法认定。有二次短路痕迹的铜熔珠出处不明，火灾物证鉴定报告中北墙气泵处地面提取的1-3检材刀闸的金属熔化物，根据市消防支队对冷冻厂老板王某东作的询问笔录中，"问：北面废弃的电闸以前是干什么的？答：以前是个水泵，去年冬天不用了。"此废弃电闸同样位于北墙处与送检刀闸是否为同一物无法认定。加之，火灾原因认定的现场物证即电信公司火灾现场烧毁的电缆，被告县电信公司一直未能提供（期间两次提供的电缆皆与火灾现场不符），市消防支队在缺乏相应现场证物下作出的《火灾事故认定复核结论书》，直接排除室外电缆故障引发火灾的可能，缺乏说服力，故本院对其结论书不予采纳。对于县消防大队重新作出的《盐公消火认字〔2013〕第0002号火灾事故认定书》，因其作为第一时间火灾事故指挥救援方，且其认定内容与县消防大队、市消防支队作出的勘验笔录、询问笔录、原被告陈述基本相符，故对其结论书予以采纳。其次，关于火灾原因的认定。经本院确认的县消防大队作出的〔2013〕第0002号火灾事故引发火灾、厂房外侧北房檐下部搭挂的电缆发生故障引发火灾的可能，而根据市消防支队第5次勘验笔录，"某商行东起冷冻厂北墙房檐下方西至厂房西北侧电线杆架设一条钢丝，上架设三条线缆，一条电缆和一条光纤为电信使用，已进行维修更换，另一条电力电缆为联通使用，火灾后未维修更换"，故县消防大队事故认定书起火原因中"厂房东部顶部电气线路"应为县电信公司线路。加之，县电信公司未经消防部门同意，擅自将烧毁的电缆带走，后两次提供的电缆都与火灾现场不符，涉案电缆至今未能提供，致使消防部门及本院委托的相关机构进行火灾原因鉴定，皆缺少现场证物，致使火灾原因无法查明。依据《最高人民法院关于民事诉讼证据的若干规定》第75条规定："有证据证明一方当事人持有证据无正当理由拒不提供，如果对方当事人主张该证据的内容不利于证据持有人，可以推定该主张成立。"鉴于被告县电信公司擅自带走并至今未提供涉案电缆，本院推定涉案电缆对被告不利，被告应对火灾事故承担赔偿责任。对于原告李某提出"某商行工人下班后会拉掉总闸，厂内包括车库没电，只有总闸以上有电，不存在起火可能"的主张，因案卷中并无现场总闸照片原件，无法核实，而证人赵某英、宋某珍皆系某商行员工，与原告李某存在利害关系，故对火灾现场总闸是否关闭、总闸以上有电是否会引发火灾无法确认。而根据消防部门作出的数次勘验笔录，厂房内过火程度呈现北重南轻、东重西轻，且东部纸品碳化程度呈现西重东轻，据此，过火程度最重的位置对应厂房东部顶部电气线路，加之，原告厂房线路的铺设是由其没有取得电工证和电焊证的外甥女婿所为，其线路设计、敷设、保养、检测是否符合消防技术标准和管理规定无法确认，故原告本身的责任无法排除。综上所述，原告李某对本次火灾事故应负相应责任。

  2. 关于原被告诉讼主体资格问题。被告县电信公司在第三次庭审中提交了李某"县某纸品加工厂"营业执照，认为"县某纸品加工厂"为李某经营执照的字号，根据个体工商户"有字号的，以营业执照上登记的字号为当事人"，故原告主体不适格的辩解意见，因其注册号、经营场所、李某身份证号均与原告不符，故该字号不应认为系原告经营者字号。原告李某作为县某商行经营者,"在诉讼中,个体工商户以营业执照上登记的经营者为当事人"。因其工商注册时未取字号,其经营者身份作为本案原告主体资格适格。关于被告县电信公司"作为企业法人的分支机构,不具有法人资格,且被告并非涉案线路的所有权人,县电信公司诉讼主体错误"的抗辩意见,因非法人其他组织可以作为民事诉讼的当事人,而非法人其他组织中包括法人依法设立并领取营业执照的分支机构,故县电信公司诉讼主体资格适格。关于县电信公司提出"县电信公司并非涉案线路的所有人,某电信股份有限公司市分公司才是涉案线路的所有权人,李某诉讼主体错误"的抗辩意见,因某电信股份有限公司作为企业法人,其公司资产的所有权权、管理范围是法人内部的设置,其内部规定不能对抗善意第三人,故县电信公司的该抗辩意见本院亦不予支持。

3. 关于县电信公司追加县联通公司等多家火灾现场中有线路的公司及涉案线路的代维单位某耀公司的主张,因县电信公司未提交追加被告书面申请书,且县电信公司亦无证据证明县联通公司等多家火灾现场中有线路的公司的线路引发火灾,也未提供某耀公司在维护线路的过程中存在过错、引发火灾的相关证据,经审查,上述公司与本案无利害关系,对其主张不予支持。

4. 关于本案某商行火灾事故损失及责任的认定。首先,火灾损失价值认定。关于被告县电信公司提出"市消防支队已委托某祥公司作出损失鉴定,不应再启动评估程序"的抗辩意见,李某提出"根据消防法和火灾事故调查规定,消防部门对火灾损失鉴定只能委托当地鉴定机构",于法无据,不予支持。依据"人民法院委托鉴定部门作出的鉴定结论,当事人没有足以反驳的相反证据和理由的,可以认定其证明力"。市鉴真价格事务所对某商行火灾损失鉴定,程序合法,内容客观真实,县电信公司没有相反证据足以反驳,确认其证明力,故李某因此次事故造成的火灾损失为1053479元,价格评估费21500元,有合法票据为证,其真实性、合法性、关联性本院予以确认。李某提出的租金损失10万元,李某提出2013年8月27日与王某申签订的福华公寓南100平方库房租赁合同一份及2015年租金收据一张,系其因此次事故造成的实际损矢,应该计算为本次的损失。李某作为实际经营者,对本次发生火灾的纸品加工厂,厂房和仓库建筑耐火等级较低且未采取有效的防火分隔措施,违反《建筑设计防火规范》的规定,故李某本身对火损失应承担50%责任。综上所述,县电信公司承担火灾损失为587489.5元。

一审法院判决:某电信股份有限公司县分公司于本判决生效之日起10日内赔偿李某火灾事故损失587489.5元。案件受理费15289元,由某电信股份有限公司县分公司负担7645元,由李某负担7645元。

二审中,双方当事人均未提交新证据。二审查明事实与一审认定事实一致。

本院认为,根据《最高人民法院关于适用〈中华人民共和国民事诉讼法〉的解释》《最高人民法院关于民事诉讼证据的若干规定》第114条和第75条规定:国家机关或者其他依法社会管理职能的组织,在其职权范围内制作的文书记载的事项推定为真实,但有相反证据足以推翻的除外;有证据证明一方当事人持有证据无正当理由拒不提供,如果对方当事人主张该证据的内容不利于证据持有人,可以推定该主张成立。本案中,市消防支队作出的复核决定书认定"起火部分位于厂房内中北部,起火原因排除厂房北侧室外电缆引起火灾的可能,不排除厂房内部电气故障引燃周围可燃物起火成灾的可能"的依据为:(1)距离北墙约半米的位置摆放的瓷砖简易外包装(材质为聚苯泡沫板)未起火及现场测量距离推断。(2)电信电缆与光缆捆绑在一起。(3)厂房北墙东数第3根钢柱附近提取的铜熔珠检出二次短路痕迹。但是由于:(1)2013年8月13日电信公司检修故障,更换了光缆和电缆,故市消防大队"现场测量的距离及光缆电缆捆绑在一起"是否属火灾现场时情形无法认定。(2)电缆发生故障产生的能量与引燃距离北墙约半米的位置摆放的瓷砖简易外包装是否具有必然的因果联系未加阐述,无法认定。(3)有二次短路痕迹的铜熔珠出处不明,火灾物证鉴定报告中北墙气泵处地面提取的1-3检材刀闸的金属熔化物,此废弃电闸同样位于北墙处,与送检刀闸是否为同一物无法认定。另外,火灾原因认定的现场物证即电信公司火灾现场烧毁的电缆,县电信公司一直未能提供,故市消防支队在缺乏相应现场证物下作出的《火灾事故认定复核结论书》,直接排除室外电缆故障引发火灾的可能,缺乏说服力,故本院对其结论书不予采纳。县消防大队重新作出的《盐公消火认字〔2013〕第0002号火灾事故认定书》系其作为第一时间火灾事故指挥救援方,且其认定内容与县消防大队、市消防支队作出的勘验笔录、询问笔录、原被告陈述基本相符,故对其结论书予以采纳。因联通公司使用的电力电缆火灾后未进行维修更换,故县消防大队事故认定书起火原因中"厂房东部顶部电气线路"应为县电信公司线路。又因县电信公司未经消防部门同意,擅自将烧毁的电缆带走,后两次提供的电缆都与火灾现场不符,涉案电缆至今未能提供,致使消防部门及本院委托的相关机构行火灾原因鉴定,皆缺少现场证物,致使火灾原因无法查明。故推定涉案电缆对县电信公司不利,县电信公司应对火灾事故承担赔偿责任。李某对于厂房未做好安全防火隔离措施,其本身的责任无法排除,李某对本次火灾事故应负相应责任。综上所述,一审法院认定上诉人李某承担50%责任并无不当。

《最高人民法院关于适用〈中华人民共和国民事诉讼法〉的解释》第90条规定,当事人对自己提出的诉讼请求所依据的事实或者反驳对方诉讼请求所依据的事实,应当提供证据加以证明,但法律另有规定的除外;在作出判决前,当事人未能提供证据或者证据不足以证明其事实主张的,由负有举证证明责任的当事人承担不利的后果。本案中,市鉴真价格事务所关于县某商行火灾造成损失的价格评估结论书中写明:现场已无法确认货物品种和数量,现只是根据委托方提供的资料,确认烧毁房屋及机器设备的购置年限及新旧程度、烧毁物品的数量。该"委托方提供的资料"是指上诉人李某提交的火灾直接财产损失申报统计表,该统计表是上诉人李某单方提供的且只有部分设备、纸制品的购货票据,上诉人李某没有设置规范完整的财务账册,没有保留正规完整的进销存票证,李某提交的火灾直接财产损失申报统计表真实性无法核实,故市鉴真价格事务所关于县某商行火灾造成损失的价格评估结论书依据不足,本院对此价格评估火灾损失结论不予认可。河北某祥保险公估有限公司的公估报告书是沧州市公安消防支队委托的且通过测量、绘图等方式由当事人陪同对案件现场进行实地勘测,现场损失勘测数据与资料上诉人李某签字确认,该公估报告书依据充分、结论公平公正,能够真实反映出上诉人李某因此次火灾遭受的损失，本院对河北某祥保险公估有限公司的公估报告书予以认可，故上诉人李某因此次火灾造成财产损失 493000 元。另外，李某另租库房的租金损失 10 万元，系其因此次事故造成的实际损失，应该计算为本次的损失。故上诉人县电信公司应承担火灾损失为：（493000＋100000）÷2＝296500 元。

《侵权责任法》第 6 条规定：行为人因过错侵害他人民事权益，应当承担侵权责任。本案中，上诉人县电信公司未提供河北某耀通信技术有限公司在维护线路的过程中存在过错、引发火灾的相关证据，无法证明河北某耀通信技术有限公司与本案有利害关系，故对上诉人县电信公司要求追加为本案的主张不予支持。

综上所述，本院依照《民事诉讼法》第 170 条第 1 款第（二）项规定，判决如下：

1. 变更河北省盐山县人民法院（2015）盐民初字第 875 号民事判决的 587489.5 元为 296500 元，即某电信股份有限公司盐山县分公司于本判决生效之日起 10 日内赔偿李某火灾事故损失 296500 元。

一审案件受理费 15289 元，由上诉人李某负担 11431 元，上诉人某电信股份有限公司盐山县分公司负担 3858 元；二审案件受理费 19350 元，由上诉人李某负担 14467 元，上诉人某电信股份有限公司盐山县分公司负担 4883 元。

本判决为终审判决。

沧州市中级人民法院
2016 年 10 月 17 日

【案例 3】孙某、周某不服上海市消防局履行法定职责案

行政诉状

原告：周×× 女 汉族 1953 年 7 月 13 日出生

身份证号码：

地址：上海市南汇区周浦镇关岳路×弄×号

原告：孙×× 男 汉族 1946 年 2 月 4 日出生

身份证号码：

地址：上海市宝山区长兴乡石沙村×号

被告：上海市消防局 法定代表人：赵×× 局长

地址：上海市长宁区中山西路××号

诉讼请求：

1. 请求人民法院依法判决被告作出火灾事故原因认定。
2. 请求人民法院依法判决被告作出火灾事故责任认定。

事实与理由：

原告与火灾事故死者孙×系父母子关系，2012 年 3 月 1 日晚 19 时左右，死者孙×居住的房间及周边发生火灾事故，造成孙×死亡及房屋上下全部烧毁的严重后果。该建筑为百年二层砖木老房，周围违章搭建叠加，底层电线纵横木材柱梁及大表拖载五个小

表，电路老化，私接乱拉。死者孙×住在二楼，楼下是仓库，仓库上方是阁楼，阁楼高120公分，紧贴二楼的地板下面，阁楼里堆满自行车零件和杂物。当晚18时30分左右，原告发现窗外曾有强烈的闪电雷击。19时左右发生火灾，烧穿死者孙×房间的地板和屋顶，燃烧最为严重是仓库的阁楼，即死者孙×住的房间地板下面，一楼地板烧穿部分与阁楼形状一致，但被告仅以死者孙×的房间为范围来认定，被告的根据是死者孙×床上被子丢在床前地板，系为起火前非正常移位。只这一点就认定死者孙×纵火嫌疑，且说"死无对证，说不清了"，被告这样前后矛盾的表述，既没有事实依据，也没有证据依据，那么既然"说不清了"，就不应认定为死者孙×涉嫌纵火。且被告既没有向原告送达火灾事故认定书，更没有告知原告可以复核火灾事故，被告在没有进行调查、勘验的情况下，无事实根据认定为死者孙×涉嫌纵火，又不作出具体行政行为，系严重违法。

根据2009年5月1日实施的《火灾事故调查规定》第33条规定，火灾事故发生后，公安机关消防机构应当制作火灾事故认定书，自作出之日起七日内送达当事人，并告知当事人向公安机关消防机构申请复核和直接向人民法院提起民事诉讼的权利。

综上，原告请求人民法院依法判决被告作出火灾事故原因和责任认定的具体行政行为，以维护当事人的合法权益。

此致
上海市长宁区人民法院

具状人：周×× 孙××
2012年4月19日

证据目录

（孙××、周××诉上海市消防局行政不作为一案）

序号	证据名称	证明内容	页码
1	《中华人民共和国消防法》第4条、第50条第1款	具有火灾事故原因调查的工作职责	
2	申诉申请书	收到申请	
3	申诉申请书收到凭证		
4	口头答复情况的视听资料	予以答复	
5	火灾申诉处理情况登记表		
6	《关于"3·1"浦东新区周浦镇康沈路1787号火灾案件当事人申诉申请书的函复》		
7	函复邮寄凭证		
8	案件移送通知书（回执）	依法移送管辖	
9	立案告知书		
10	《火灾事故调查规定》第10条第3项，第40条第1款第1项，第43条	认定事实的法律依据	
11	《公安机关消防刑侦部门火灾调查工作协作规定》第8条、第9条		

二○一二年九月一日

上海市长宁区人民法院
行政判决书

(2012) 长行初字第37号

原告孙××,男,1946年2月4日出生。

原告周××,女,1953年7月13日出生。

被告上海市消防局,住所地上海市长宁区中山西路××号。

法定代表人赵××。

原告孙××、周××诉被告上海市消防局(以下简称市消防局)履行法定职责一案,本院经审查于2012年8月20日立案受理,并于当日向被告送达起诉状副本、应诉通知书及举证通知书。本院依法组成合议庭,于2012年9月11日公开审理了本案。原告孙××、周××及其共同委托代理人崔×,被告市消防局的委托代理人闫×、邵××到庭参加诉讼。本案现已审理终结。

原告孙××、周××于2012年4月23日向市消防局邮寄书面申请,要求对2012年3月1日浦东新区周浦镇宸沈路××号房屋火灾作出火灾事故原因认定与责任认定。被告市消防局于4月26日收到原告之申请,并于6月12日、7月25日分别对原告作出口头答复与书面答复,认为该起火灾涉嫌放火犯罪,已移送公安机关刑侦部门立案侦查,不属于该局管辖,因此无法作出火灾事故原因认定。根据消防法律法规规定,公安机关消防机构没有火灾事故责任认定的法定职责。

原告孙××、周××诉称,根据公安部发布的《火灾事故调查规定》第33条的规定,火灾事故发生后,公安机关消防机构应当制作火灾事故认定书,自作出之日起七日内送达当事人,并告知当事人向公安机关消防机构申请复核和直接向人民法院提起民事诉讼的权利。被告既未向原告送达火灾事故认定书,也未告知原告可以复核火灾事故,被告在未进行调查、勘验的情况下,无事实根据认定死者孙×涉嫌纵火,又不作出具体行政行为,系严重违法,故诉至法院,要求判决被告作出火灾事故原因认定和责任认定的具体行政行为。

被告市消防局辩称,根据《火灾事故调查规定》第10条、第41条规定,具有放火嫌疑的火灾,移送公安机关刑侦部门依法立案侦查。该起案件已由上海市公安局浦东分局以"周浦3·1放火案"的案由立案,不属于被告管辖,被告无法按照原告之要求作出火灾事故原因认定。另根据《消防法》之规定,被告无作出火灾事故责任认定的法定职责。故请求驳回原告的诉讼请求。

原告向法庭提供了下列证据:申诉申请书、一组照片,证明原告向被告提出要求其履行法定职责的申请、火灾现场情况。

经当庭质证,被告对原告提供的证据没有异议。

被告向本院提供了下列证据材料和法律依据:

1.《消防法》第4条、第51条第1款,《火灾事故调查规定》第10条第(三)项、第41条第1款第(一)项、第43条,《公安机关消防刑侦部门火灾调查工作协作规定》第8条、第9条,证明被告的职权依据和适用法律。

2. 申诉申请书收件凭证，证明被告收到申诉申请书日期。

3. 案件移送通知书、立案告知书，证明浦东新区周浦镇康沈路××号房屋火灾案已经移送公安机关刑侦部门立案侦查。

4. 火灾申诉处理情况登记表、《关于"3·1"浦东新区周浦镇康沈路1787号火灾案件当事人申诉申请书的函复》及邮寄凭证，证明被告针对原告的申请分别于2012年6月12日、7月25日作出了口头答复与书面答复。

经当庭质证，原告对被告提供证据的真实性没有异议，但认为被告提供的规定明确消防机构要制作火灾事故认定书，其中应包括火灾事故原因认定和责任认定，且不论案件是否移送公安机关，被告均应作出火灾事故认定书。

依据原、被告双方的质证和辩论意见及当庭陈述，本院对双方提供的证据作如下认定：原、被告提供的证据具有真实性、合法性，与本案具有关联性，本院予以采信。

本院根据上述有效证据，确认以下事实：2012年3月1日浦东新区周浦镇康沈路××号房屋发生火灾。同年3月28日，被告以该起火灾案涉嫌放火为由，将案件移送上海市公安局浦东分局刑事侦查支队一大队。3月30日，上海市公安局浦东分局对该起火灾案以"周浦'3·1'放火案"为案由予以立案。4月23日，原告向被告提出申请，要求被告作出火灾事故原因认定和责任认定。4月26日，被告收到原告之申请。6月12日、7月25日，被告对原告之申请分别作出口头答复与书面答复，告知原告：该起火灾涉嫌放火犯罪，已移送公安机关刑侦部门立案侦查，不属于被告管辖，因此无法作出火灾事故原因认定；根据消防法律法规规定，公安机关消防机构没有作出火灾事故责任认定的法定职责。原告不服，遂提起本案诉讼。

本院认为，根据《消防法》第4条、第51条第1款，被告具有作出火灾事故认定的法定职责。原告提出申请后，被告在法定期限内作出了答复。对此，双方当事人均无异议，本案的争议焦点在于被告按照《火灾事故调查规定》第10条第（三）项、第41条第1款第（一）项、第43条之规定，认为案件已移送公安机关后其不再具有作出火灾事故认定的法定职责，该适用法律是否正确。对此，原告持有异议，认为不论案件是否移送公安机关，被告均应作出火灾事故认定书。本院认为，根据《火灾事故调查规定》的相关规定，涉嫌放火嫌疑的火灾，公安机关刑侦部门应当依法立案侦查。在火灾事故调查过程中，对涉嫌放火嫌疑的案件应及时移送有关主管部门办理。本案中，被告将浦东新区周浦镇康沈路××号房屋火灾案件移送至公安机关立案时，已将全部案卷材料连同火灾现场一并移交公安机关刑侦部门。被告对于原告随后提出的火灾事故原因认定与责任认定申请，没有权限也无法作出认定。故被告引用《火灾事故调查规定》的相应规定认为涉案火灾案移送公安机关立案后，被告已无职责，无需再作出火灾事故认定，适用法律正确。另，原告认为被告的火灾事故认定中应包括原因认定与责任认定的主张，被告在庭审过程中引用《火灾事故调查规定》的规定对火灾事故认定书的内容做了解释，应包括起火原因和灾害成因认定等，但不包括责任认定，并明确2008年修订的《消防法》实施后,已取消了被告对火灾事故责任进行认定的职责。被告的解释,于法有据,本院依法予以采信。

综上,被告对原告作出的答复认定事实清楚,适用法律正确。原告坚持要求被告履行法定职责,作出火灾事故原因认定与责任认定的主张,缺乏事实和法律依据,本院难以支持。据此,依照《最高人民法院关于执行〈中华人民共和国行政诉讼法〉若干问题的解释》第56条第(一)项之规定,判决如下:

驳回原告孙××、周××的诉讼请求。

案件受理费人民币50元,由原告孙××、周××负担。

如不服本判决,可在判决书送达之日起15日内,向本院递交上诉状,并按对方当事人的人数提出副本,上诉于上海市第一中级人民法院。

上海市长宁区人民法院

行政上诉书

上诉人:孙×× 男 汉族 1946年2月4日出生

身份证号码:

地址:上海市宝山区长兴乡石沙村×号

上诉人:周×× 女 汉族 1953年7月13日出生

身份证号码:

地址:上海市南汇区周浦镇关岳路×弄×号

联系信箱:上海市静安区安远路×弄×号×室

被上诉人:上海市消防局 法定代表人:赵×× 局长

地址:上海市长宁区中山西路××号

上诉人因消防局拒绝履行法定职责一案,不服长宁区人民法院2012年9月20日(2012)长行初字第37号判决,现提出上诉。

上诉请求:

1. 请求撤销一审判决。

2. 判决被告依法作出火灾事故认定书。

上诉理由:

1. 一审法院认定事实不清,张冠李戴,前后矛盾,违背了"以事实为根据"的原则。

2. 一审法院适用法律不当,断章取义,混淆概念,背离了"以法律为准绳"的准则。

3. 消防局程序违法,拒绝依法作出火灾事故认定书,违反了《火灾事故调查规定》《消防法》等法律程序规定。

此致

上海市第一中级人民法院

上诉人:孙×× 周××

上海市第一中级人民法院
行政判决书

(2012) 沪一中行终字第 292 号

上诉人（原审原告）孙××，男，1946年2月4日出生，汉族，住上海市崇明县长兴乡石沙村××号。

上诉人（原审原告）周××，女，1953年7月13日出生，汉族，住上海市浦东新区周浦镇关岳路××弄××号。

上述两位上诉人共同委托代理人孙××，女，1975年7月6日出生，汉族，住上海市崇明县长兴乡石沙村××号。

上述两位上诉人共同委托代理人崔××，上海市尚伟律师事务所律师。

被上诉人（原审被告）上海市消防局，住所地上海市长宁区中山西路××号。

法定代表人赵××。

委托代理人闫×，该局工作人员。

委托代理人邵××，该局工作人员。

上诉人孙××、周××因要求履行法定职责一案，不服上海市长宁区人民法院 (2012) 长行初字第37号行政判决，向本院提起上诉。本院于2012年10月11日立案后，依法组成合议庭，于2012年11月8日公开开庭审理了本案。上诉人孙××、周××及其共同委托代理人孙××、崔×，被上诉人上海市消防局（以下简称市消防局）的委托代理人闫×、邵××到庭参加了诉讼。本案现已审理终结。

经审理查明，2012年3月1日，本市浦东新区周浦镇康沈路××号房屋发生火灾，火灾造成1人死亡，死者为孙×，系孙××、周××之子。同年3月28日，市消防局以沪公消火移字 (2012) 第0002号案件移送通知书将上述火灾案移送至上海市公安局浦东分局刑事侦查支队一大队。同年3月30日，上海市公安局浦东分局根据《刑事诉讼法》第86条规定，认为符合刑事立案条件，并决定以"周浦'3·1'放火案"予以立案。同年4月23日，孙××、周××向市消防局提出申请，要求市消防局作出火灾事故原因认定和责任认定。同年4月26日，市消防局收到申请后，分别于6月12日、7月25日对孙××、周××予以口头答复与作出书面《关于"3·1"浦东新区周浦镇康沈路××号火灾案件当事人申诉申请书的函复》，告知根据公安部《火灾事故调查规定》第10条、第41条规定，该起火灾案件涉嫌放火犯罪，移送公安机关刑侦部门立案侦查。该案已由上海市公安局浦东分局以"周浦'3·1'放火案"为案由立案，不属于市消防局管辖，因此，无法作出火灾事故原因认定。根据消防法律法规规定，公安机关消防机构没有作出火灾事故责任认定的法定职责。

孙××、周××不服，于2012年8月20日以公安机关消防机构应当制作火灾事故认定书为由，诉至原审法院，请求判决市消防局作出火灾事故原因认定和责任认定的具体行政行为。

原审认为，根据《火灾事故调查规定》的相关规定，涉嫌放火嫌疑的火灾，公安机关刑侦部门应当依法立案侦查。公安机关消防机构在火灾事故调查过程中，对涉嫌放火嫌疑的案件应及时移送有关主管部门办理。市消防局将浦东新区周浦镇康沈路××号房屋火灾案件移送至公安机关立案时，已将全部案卷材料移交公安机关刑侦部门，故市消防局引用《火灾事故调查规定》的相应规定认为涉案火灾案移送公安机关立案后，对于孙××、周××随后提出的火灾事故原因认定与责任认定申请，没有权限也无法作出认定，适用法律正确。孙××、周××要求市消防局作出火灾事故原因认定与责任认定的主张，缺乏事实和法律依据。原审法院遂依照《最高人民法院关于执行〈中华人民共和国行政诉讼法〉若干问题的解释》第56条第（一）项之规定，判决驳回孙××、周××的诉讼请求；案件受理费人民币50元，由孙××、周××负担。孙××、周××不服，上诉至本院。

上诉人孙××、周××上诉称：根据《消防法》第51条第3款和《上海市消防条例》（2010年修订）第62条规定，消防部门对火灾事故应当出具火灾事故认定书，并未规定具有放火嫌疑或者移送公安部门的消防部门可以不出具火灾事故认定书。故请求二审法院撤销原审判决，改判支持上诉人要求被上诉人作出火灾事故原因认定的诉讼请求。

被上诉人市消防局辩称：由于本案所涉火灾发生中存在人员死亡，且经被上诉人和公安刑事侦查部门调查确认涉嫌放火，故被上诉人根据公安部《公安机关消防刑侦部门火灾调查工作协作规定》和《火灾事故调查规定》的规定，将案卷材料连同火灾现场一并移交刑侦部门，符合法律规定，并不具有作出火灾事故原因认定的职责，亦无需出具火灾事故认定书。故请求二审法院驳回上诉，维持原判。

经审查，原审判决认定事实无误，本院予以确认。

本院认为，行政机关应当依照法律规定依法履行法定职责。

本案中，被上诉人市消防局向法庭提交的案件移送通知书、立案告知书及火灾申诉处理情况登记表等证据，可以证明上诉人孙××、周××之子周×于2012年3月1日在浦东新区周浦镇康沈路××号房屋发生火灾中死亡和被上诉人以该火灾具有放火嫌疑为由向上海市公安局浦东分局刑事侦查支队一大队移送案件，及上海市公安局浦东分局在收到移送案卷材料后作出刑事案件立案决定的事实。上诉人对上述事实亦无异议，本院对此予以确认。诉讼中，双方当事人争议的焦点是被上诉人将本案所涉火灾案件向公安刑事侦查部门移送后，是否具有作出火灾事故原因认定及出具火灾事故认定书的法定职责。本院认为，《火灾事故调查规定》第10条规定，有人员死亡的火灾；国家机关、广播电台、电视台、学校、医院、养老院、托儿所、幼儿园、文物保护单位、邮政和通信、交通枢纽等部门和单位发生的社会影响大的火灾；具有放火嫌疑的火灾，公安机关消防机构应当立即报告主管公安机关通知具有管辖权的公安机关刑侦部门，公安机关刑侦部门接到通知后应当立即派员赶赴现场参加调查；涉嫌放火罪的，公安机关刑侦部门应当依法立案侦查，公安机关消防机构予以协助。该规定第42条规定，公安机关消防机构向有关主管部门移送案件，应当根据案件需要附案件移送通知书、案件调查情况、涉案物品清单等相关材料。另根据公安部《公安机关消防刑侦部门火灾调查工作协作规定》第7条规定，经调查，排除放火嫌疑的，刑侦部门应当向消防部门移交全部调查、检验鉴定等案卷材料，并撤出现场，终止调查工作；第8条规定，经调查，涉嫌放火犯罪的，消防部门制作案件移送通知书，将全部调查、检验鉴定等案卷材料连同火灾现场一并移交刑侦部门，并根据需要协助刑侦部门开展工作；第9条规定，刑侦部门应当自接到案件移送通知书之日起10个工作日内，进行案件审查，作出是否立案的决定，并书面通知移送案件的消防部门。决定不予立案的，应当书面说明理由，并向消防部门退回案卷材料、移交火灾现场。根据上述规定，公安机关消防机构对未涉嫌故火、失火或消防责任事故等犯罪的火灾事故，负责调查火灾原因，统计火灾损失，并制作火灾事故认定书；而涉嫌犯罪行为的火灾案件，应当移送公安机关刑事侦查部门立案调查。且上述规定与《消防法》第51条公安机关消防机构具有火灾事故调查、事故认定的职责规定，并无冲突。因此，被上诉人在将本案所涉火灾案件全部材料移送公安机关刑侦部门，且公安机关刑侦部门已作出刑事案件立案决定的情形下，答复告知上诉人不再具有对其作出火灾事故原因认定及出具火灾事故认定书的法定职责，并无不当。上诉人坚持要求被上诉人履行上述职责，于法无据，本院不予支持。

综上，原审判决认定事实清楚，适用法律正确，本院应予维持。上诉人的上诉请求，依据不足，本院不予支持。据此，依照《行政诉讼法》第61条第（一）项之规定，判决如下：驳回上诉，维持原判。

上海市第一中级人民法院

【案例4】 原告常某诉被告北京某科技发展有限公司财产损害赔偿纠纷案代理词

本案火灾原因认定存在严重的程序问题和实体问题，导致基本事实无法确定，其结论不能证明起火点、起火部位在被告电动三轮车处，也不能证明是被告电动自行车故障导致起火。

认定起火原因是一项科学性、技术性很强的工作，必须达到100%的证明程度方可直接认定起火点和起火原因，如果达不到100%的证明程度，其结论只能是推定出的一种可能性，不能得出肯定性结论。

认定起火点和起火原因不能适用高度盖然性和其他概率性原则进行推定，推定出的只能是一种可能性，而不应该是肯定性结论。

消防机构认定火灾原因的逻辑方法有两种，一是直接法；二是间接法。直接法就是根据达到100%证明程度的证据直接判断；间接法就是通过现场勘验将所有可能的起火原因都列出来，然后逐一排除，最后剩下的是最可能的起火原因。请注意间接法推出的只能是可能的起火原因，如果没有进一步的证据，不能用间接法推定出具体的起火原因，只能用"不排除"来表述这种可能性。

一、本案火灾原因认定存在的实体问题：认定起火点和起火原因既没有事实根据，也没为技术标准依据

1. 消防机构认定起火点或起火部位在电动三轮车处的证据不足，既不符合科学原理，也违反了《火灾原因认定暂行规则》第10条的规定。

众所周知，燃烧必须具备三个要素：起火源、起火物和助燃剂。假设《技术鉴定报

告》的鉴定结论是明确的，也只能证明有了起火源，但是起火物是什么，并不清楚，消防机构在电动三轮车处并没有发现起火物。这样的话，因缺少了引火物或起火物这个必备的因素，电动三轮车处根本就不具备燃烧条件，此处怎么可能成为起火点呢？所以被告代理人认为，本案消防机构在燃烧三要素不全的情况下认定起火点和起火部位，没有事实根据，其认定完全是不尊重科学的主观推定。

《火灾原因认定暂行规则》第10条规定，《火灾事故认定书》载明的火灾原因应当包括下列内容：起火原因部分包括起火部位，起火点，有证据证明引起可燃物燃烧、爆炸的引火源和起火物……按此规定，认定起火原因必须找到起火物，而且特别强调必须有证据证明有起火源和起火物，否则就不能认定起火点和起火原因。很显然，本案消防局的认定不符合上述规定，在没有找到起火点或起火部位的情况下，就认定起火原因的做法是违反上述强制性规定的。

被告代理人认为，本案因缺少了引火物或起火物这个燃烧三要素中必备的因素，所以电动三轮车处就不具备燃烧条件。因此，消防机构认定起火点是在电动三轮车处的结论，既没有事实根据，也不符合《火灾原因认定暂行规则》规定的科学认定程序。

2. 消防机构认定起火原因为电动三轮车故障导致，没有事实根据，也没有技术标准依据。

本案消防机构认定起火原因的证据为《技术鉴定报告》，但是该报告并没有给出明确的科学结论，因此该报告不能用作认定火灾原因的直接证据。理由如下：

（1）报告中"电热熔痕"的概念不明确，依据国家标准《电气火灾痕迹物证技术鉴定方法 第1部分：宏观法》（GB/T 16840.1—2008）和《电气火灾原因技术鉴定方法 第4部分：金相法》（GB 16840.4—1997）不能判断出起火原因。

《技术鉴定报告》是本案的核心证据，该报告对解放军采购站单方送检的电气线路熔痕的鉴定结论是"电热作用形成的熔痕和二次熔痕"，按照《电气火灾痕迹物证技术鉴定方法 第1部分：宏观法》（GB/T 16840.1—2008）和《电气火灾原因技术鉴定方法 第4部分：金相法》（GB 16840.4—1997）判断，只有一次熔痕和二次熔痕可以作为认定或者排除起火原因的证据，这个报告依据的标准正是上述《鉴定方法》，但是该《鉴定方法》中并没有电热熔痕这个概念，也就是依据该标准并不能推断出是电气线路故障导致燃烧的。

（2）我国消防专家对"电热熔痕"的认识。

为了搞清楚"电热熔痕"这个概念和火灾起因的关系，笔者查阅了大量的资料，很幸运地找到了两篇专家文章：一是刘振刚写的《论述电气火灾痕迹物证技术鉴定程序》，二是邸曼写的《高压铝导线痕迹物证鉴别及引起火灾可能性的探讨》。刘振刚是公安部消防局天津火灾物证鉴定中心的副主任，就是本案《技术鉴定意见》的审核人。邸曼是公安部消防局沈阳火灾物证鉴定中心的副主任。这两个机构是我国权威的鉴定机构，刘振刚和邸曼是这两个机构中顶级的鉴定专家，也是我国顶级的技术鉴定专家。这两篇文章都认为，电热熔痕分为火前电热熔痕和火后电热熔痕，并且认为严格区分火前电热熔痕和火后电热熔痕是认定或排除起火原因的关键。从这个角度来看，只鉴定出电热熔痕还不能判定起火原因。

上述两点说明，《技术鉴定报告》结论是不明确的，不能据此认定起火原因。

综上，根据《技术鉴定报告》"电热熔痕"的结论和国家标准《电气火灾痕迹物证技术鉴定方法　第1部分：宏观法》（GB/T 16840.1—2008）得不出起火原因为电动三轮车故障导致的结论。因此，消防机构的认定是错误的，既没有事实根据，也没有技术标准依据。

（3）火灾事故民事赔偿实务中，关于有关"电热熔痕"的司法案例。

代理人在裁判文书网和互联网里找到了三个相关案例，这三个案例均涉及电热熔痕问题，终审法院都是严格区分火前电热熔痕和火后电热熔痕后做出判决的。已经提交法庭，希望参考。

3. 消防机构在没有事先认定起火点或起火部位的前提下，就认定了起火原因，违反了公安部《火灾原因认定暂行规则》强制性的规定。

公安部《火灾原因认定暂行规则》第20条第2款规定，没有认定起火点或者起火部位的，不能认定起火原因。该条规定说明，起火原因中包括起火物或引火物，找不到起火物就认定不了起火原因。

这是强制性的规定，但是本案消防机构在没有认定起火点或起火部位的情况下，便认定了起火原因，违反了公安部的强制性规定。

二、火灾原因认定中存在的严重程序问题

第一，北京市消防局、某部采购站和本案原告从来没有向法庭和被告提交过现场勘验取得的证据，导致法庭和被告无法判断《技术鉴定报告》及《北京市消防局工作意见》和本案有何关联。

第二，从取证程序角度来看，现场勘验、调取物证程序不合法；北京市消防局故意作假，让利害关系人采购站员工做见证人，违反法定程序取证；消防机构勘验现场带有明显的倾向性和选择性，遗漏重要的可能的起火原因；利害关系人单方送检，且未封存，无法证明所用材料和本案的关联性；鉴定所使用的材料不能还原到火灾现场，无法证明这些证据取自火灾现场；消防机构在没有认定起火点或起火部位的情况下，便认定了起火原因，违反公安部强制性规定。

分述如下：

1. 现场勘验、提取物证程序不合法。

《火灾事故调查规定》第20条规定，勘验火灾现场应当遵循火灾现场勘验规则，采取现场照相或者录像、录音，制作现场勘验笔录和绘制现场图等方法记录现场情况。

现场勘验笔录应当由火灾事故调查人员、证人或者当事人签名。证人、当事人拒绝签名或者无法签名的，应当在现场勘验笔录上注明。现场图应当由制图人、审核人签字。

第21条规定，现场提取痕迹、物品，应当按照下列程序实施：

（1）量取痕迹、物品的位置、尺寸，并进行照相或者录像。

（2）填写火灾痕迹、物品提取清单，由提取人、证人或者当事人签名；证人、当事人拒绝签名或者无法签名的，应当在清单上注明。

（3）封装痕迹、物品，粘贴标签，标明火灾名称和封装痕迹、物品的名称、编号及其提取时间，由封装人、证人或者当事人签名；证人、当事人拒绝签名或者无法签名的，应当在标签上注明。提取的痕迹、物品，应当妥善保管。

这是公安部为保证火灾事故调查能够公平、公正、科学的进行，作出的程序性规定。公安部《火灾现场勘验规则》《火灾原因调查指南》和《火灾原因认定暂行规则》也对现场勘验、提取物证的程序有着同样严格的、明确的规定；《民事诉讼法》《最高人民法院关于适用〈中华人民共和国民事诉讼法〉的解释》《民事诉讼证据规定》对现场勘验也有明确的程序性规定。无论是公安部的规定，还是我国《民事诉讼法》的规定，其最基本的要求就是通过固定取证过程的证据，能把所取得的证据还原到勘验现场去。

但是本案消防机构和原告无法证明送检的电气线路熔痕取自火灾现场，更无法证明物证取自火灾现场的哪个部位，不能将所使用的鉴定材料还原到火灾现场去。

2. 北京市消防局在勘验现场、调查取证时随意确定见证人，让和本案有利害关系的采购站职工充当见证人，这是一种故意违反法定程序的行为。

《火灾现场勘验规则》4.5.1 条规定：公安机关消防机构勘验火灾现场，勘验人员不应少于二人。勘验现场时，应邀请一至二名与火灾无关的公民作见证人或者通知当事人到场，并应记录见证人或者当事人的姓名、性别、年龄、职业、联系电话等。

4.6.1 条规定：火灾现场勘验结束后，现场勘验人员应及时整理现场勘验资料，制作现场勘验记录。现场勘验记录应客观、准确、全面、详实、规范描述火灾现场状况，各项内容应协调一致，相互印证，符合法定证据要求。现场勘验记录包括现场勘验笔录、现场图、现场照片和现场录像等。

案卷资料第 46 页记载了另案主审法官对被告代理人的调查笔录，内容为：被告代理人（我方起诉某部物资采购站案件代理人）决定让采购站退休员工作为见证人。"证明见证人是采购站自己的职工，按上述规定，见证人应该是和火灾无关的公民，但本案见证人属于采购站职工，消防机构确定见证人的程序严重违反了上述规定。

3. 消防机构勘验现场和调取物证带有明显的倾向性和选择性，遗漏重要的可能的起火原因和火灾扩大蔓延的原因。

（1）环境勘验阶段遗漏重要的起火嫌疑点，导致可能遗漏真正的起火原因。

按照公安部《火灾现场勘验规则》4.5.9 条勘验步骤分为：环境勘验、初步勘验、细项勘验和专项勘验。

所谓环境勘验，主要查找现场周围有无引起可燃物起火的因素，如现场周围的烟囱、临时用火点、动火点、电气线路、燃气、燃油管线等。

查找、列明所有可能的起火源是分析、推断可能的起火原因的必经步骤。

本案现场至少有四处可能的起火因素：汽车、锅炉、电气线路和电动三轮车，在环境勘验阶段应该都列入可能的起火原因。现场有一个做饭用的锅炉，本案起火时间是 17:44 左右，正是做饭时间，这是非常可疑的一个起火点，环境勘验也应该列入，但是消防机构也没有列入，予以直接无证据排除。现场还有一部汽车，其起火的嫌疑最大，因该汽车虽有保险，但是火灾发生后，车主根本就没有申报保险赔偿，这里边是否有隐情，消防机构应该深入调查。但是消防机构在没有对汽车作深入勘验调查的情况下，无证据排除其起火的可能性。

消防机构的做法既不符合《勘验规则》的规定，又不顾现场实际情况，遗漏重要的嫌疑点，导致可能遗漏真正的起火原因。

（2）消防机构没有对火灾成因作出分析，违反了《火灾原因认定暂行规定》第10条的规定，遗漏对本案消防管理过失的认定。

《火灾原因认定暂行规定》第10条规定，《火灾事故认定书》载明的火灾原因应当包括下列内容：起火原因部分包括起火部位，起火点，有证据证明引起可燃物燃烧、爆炸的引火源和起火物。对起火原因无法查清的，应当写明有证据能够排除的起火原因和不能排除的起火原因，不能排除的起火原因不应多于两个，不得作出起火原因不明的认定。灾害成因部分主要是查找、分析造成火灾蔓延、失控的主观和客观因素。

按照《军队房地产租赁合同》的约定，库房的消防管理义务归属案外人解放军联勤采购站。

本案消防栓没有水、屋顶使用油毡和树皮等易燃物，作为消防栓管理者、出租房屋的所有者的采购站，其行为违反了《消防法》规定的义务，以及《军队房地产租赁合同》约定的消防管理义务，是导致火灾蔓延扩大的主要原因，但是北京消防局出具的工作意见，将此内容遗漏，违反了《火灾原因认定暂行规则》的规定，是对采购站的偏袒。

某部物资采购站应当对本次火灾事故的成灾、蔓延、扩大承担消防管理过错责任。但是消防机构并没有作出认定，带有明显的倾向性和选择性。

4. 鉴定所用资料是本案利害关系人某部物资采购站单方送检，且材料未按规定封存，无法证明这些材料和火灾现场有关联，不能保证客观公正性。

5. 《技术鉴定报告》和火灾原因认定结果，即《工作意见》从未送达火灾事故当事人，即本案被告，剥夺了被告申请复核的权利。

《火灾事故调查规定》对火灾原因认定及送达有明确的规定：

第32条 ［制作火灾认定书并有送达义务］公安机关消防机构应当制作火灾事故认定书，自作出之日起7日内送达当事人，并告知当事人申请复核的权利。无法送达的，可以在作出火灾事故认定之日起7日内公告送达。公告期为20日，公告期满即视为送达。

第34条 ［当事人的阅卷权利］公安机关消防机构作出火灾事故认定后，当事人可以申请查阅、复制、摘录火灾事故认定书、现场勘验笔录和检验、鉴定意见，公安机关消防机构应当自接到申请之日起7日内提供，但涉及国家秘密、商业秘密、个人隐私或者移交公安机关其他部门处理的依法不予提供，并说明理由。

第45条 ［当事人的定义］对火灾事故当事人的定义为：当事人是指与火灾发生、蔓延和损失有直接利害关系的单位和个人。很明显，被告帅兴伟业为火灾事故的当事人，鉴定机构应当把认定结果送达被告，但是被告从未收到过消防机构送达的火灾原因认定书及相关资料。

按照公安部《火灾事故调查规定》，被告应为火灾事故当事人，鉴定结论及认定结论应当送达被告，并应释明复核权利及复核期限，但本案消防部门从未送达过鉴定报告和认定结果，剥夺了被告申请复核的权利和查阅、复制、摘录相关资料的权利。

本案中，消防机构从未向被告送达过火灾原因认定书。

三、大量资料证明，电动车故障导致起火有80%是因为充电导致的，有20%是运行状态下导致的

本案被告有证据证明，起火之前涉案电动三轮车没有处在充电状态，也没有在运行状态，而是停在库房里，不可能因故障导致起火。

现场监控录像资料（见光盘）证明，电动三轮车起火前没有处在充电状态，也没有在运行状态，这一点很重要。

代理人查阅了大量因电动三轮车引发火灾的案件，发现都是在充电状态下或者运行状态下发生故障后引发燃烧的，其中有80%是因为充电导致的，有20%是运行状态下导致的。以下资料请法庭参考。

1. 北京市消防局和中央电视台调查报告。

北京市消防局和中央电视台调查报告
——证明电动车诱发火灾多发在充电过程中

CCTV 节目官网

调查：电动车火灾多发生在充电过程中，电池短路是主因（图32）。

图32

央视新闻客户端2016年6月19日

电动车是老百姓经常使用的代步工具，然而电动车在充电过程中如果措施不当，极易引发火灾，酿成事故。前不久，记者跟随消防部门对北京市的一些小区和经营单位进行了检查，发现电动车在充电和停放时存在不少问题。

据消防员介绍，近年来，电动车诱发的火灾事故也呈现逐年上升的态势，很多火灾造成了惨痛后果，以北京为例：2011年4月25日，大兴区旧宫镇一居民楼发生火灾，

原因就是一楼停放的电动三轮车由于电路故障引发火灾，造成18人死亡、24人受伤。2013年10月11日，石景山区喜隆多购物中心火灾，也是由于一层麦当劳餐厅电动自行车充电过程中发生故障，并蔓延至整座大楼，经消防官兵9个多小时的扑救，大火虽然被扑灭，但两名消防警官英勇牺牲。2015年8月21日，朝阳区和平西苑20号楼一户居民家中发生火灾，且三人被困，火灾就是由于新买的电动车充电发生故障引发的。2016年3月1日，通州区宋庄镇一出租平房火灾造成两人死亡，电动车故障又是罪魁祸首。

根据消防部门的统计，北京市此前发生的几起电动车伤亡火灾事故均发生在充电过程中，而且时间大多为深夜，居民被浓烟呛醒时，火势已猛烈燃烧，难以逃脱。从火灾发生地点来看，用户夜间通常将电动车搬到室内存放并充电，存放地点多在建筑的首层门厅、走道或楼梯间内，因此，电动车在建筑首层室内充电时，一旦发生火灾，火焰和浓烟将封堵建筑的安全出口、逃生通道，极易造成人员伤亡甚至群死群伤火灾事故。从火灾发生原因看，绝大部分都是由于电动自行车充电器线路短路而造成的，而且电动车周围堆放了易燃物品。另外，私自改装电动车也成为引发火灾的主要原因。

为此，消防部门提醒大家，电动车虽然使用方便，但充电过程中一定要提高防火意识，不要停放在室内，充电时也要留人看守，避免事故的发生。

2. 北京市非常有影响的四起火灾事故，都是电动车在充电状态下发生故障导致起火的。

2011年4月25日，大兴区旧宫镇一居民楼发生火灾，原因就是一楼停放的电动三轮车充电过程中发生故障引发火灾，造成18人死亡、24人受伤。

2013年10月11日，石景山区喜隆多购物中心火灾，也是由于一层麦当劳餐厅电动自行车充电过程中发生故障，并蔓延至整座大楼，导致两名消防警官英勇牺牲。

2015年8月21日，朝阳区和平西苑20号楼一户居民家中发生火灾，火灾就是由于新买的电动车充电发生故障引发的。

2016年3月1日，通州区宋庄镇一出租平房火灾造成两人死亡，电动车充电发生故障又是罪魁祸首。

上述调查和案例说明，不在充电或者运行状态的三轮车引发起火的可能性不大。

四、北京市消防局出具的《工作意见》既不属于《火灾事故调查规定》规定的火灾原因认定书，也不属于我国《民诉法》规定的八种证据形式之一，也没有相应的现场证据支撑，只是一纸结论，不具备民事诉讼法意义上的证据效力，不能证明案件基本事实，因此，该意见不能作为定案根据。

被告对照《民事诉讼法》规定的八种证据形式，认为北京市消防局《北京市丰台区东大街66号"3·22"库房火灾调查工作意见》文件，既不属于《火灾事故调查规定》规定的火灾原因认定书，也不属于我国《民事诉讼法》规定的八种证据形式之一，不具备证据效力，不能作为定案的根据。

再者，《北京市丰台区东大街66号"3·22"库房火灾调查工作意见》只有一纸认定结果，没有详细合法的现场勘验记录、提取物证的程序等现场证据支撑，不能作为定案根据。

五、认定火灾原因不应适用高度盖然性或者其他概率性之类的原则进行推断，北京市消防局认定起火点和起火原因的逻辑方法是不科学的

在《鉴定意见》结论不明确的前提下，即使综合考虑了其他因素，也不能推断出本案的具体起火原因和起火点，最多只能作出不能排除某种可能性的结论，不能作出肯定性结论。

火灾原因认定属于纯粹的科学技术问题，必须达到100%的证明程度，才能直接得出结论，进而推定出具体的起火原因。不应适用高度盖然性或者其他概率性之类的原则推断起火原因，北京市消防局把可能性当成肯定性来认定起火点和起火原因的逻辑方法是不科学的。如果推断的话也只能是对可能性的一种推断，得出的结论也只能是电动三轮车存在引发起火的可能性，而不应该下肯定性结论。很显然北京消防局的《工作意见》是不负责任的，是按照错误逻辑推断出的错误的结论。

现场勘验获得的主要证据就是金属熔痕，根据金属熔痕得出《鉴定报告》，也就是说本案现有主要客观、科学的证据，只有一份《鉴定报告》，但是该《鉴定报告》没有给出明确具体的结论。

消防局仅根据《鉴定报告》是不能直接推定出明确的结论的，即使综合考虑现场其他因素，也不能推断出起火原因，只能推断出一种可能性。所以，被告认为，本案得出肯定性的结论，认定起火点在被告仓库和认定起火原因系电动三轮车故障导致是错误的，是没有科学依据的。

六、本案利害关系人某部物资采购站认定火灾原因没有法律依据，其结果不能作为定案根据

1. 按照《消防法》的规定，消防机构是认定火灾原因的唯一合法机构。所以被告认为，某部物资采购站没有权力认定火灾原因，其认定行为没有法律依据，主体不合法，因此其认定行为及认定结果均无法律效力。

2. 某部物资采购站和本案以及本案原、被告都有利害关系，属于利害关系人，即使有权力认定也应该回避。

综上所述，因缺少燃烧三要素之一起火物或引火物而不可能引发燃烧，仅凭"电热熔痕"的鉴定结论，不能推定起火原因。因此，被告代理人认为，现有证据不能证明起火点或起火部位在被告电动三轮车处，也不能证明起火原因系电动三轮车故障导致。原告起诉被告没有事实根据，原告的请求权没有事实基础，请求贵院驳回原告的诉讼请求。

此致
北京市丰台区人民法院

被告代理人
2016 年 9 月 11 日

【案例 5】某医药原料有限公司与某化工有限公司等火灾事故财产损失赔偿纠纷一案代理词

鉴于代理人的代理身份已被江西省樟树市人民法院确认，现在北京大成律师事务所

代表当事人原告某医药原料有限公司发表以下代理意见：

一、被告系本案火灾事故责任主体

1. 本案火灾的发生，是由于被告没有尽到消防管理义务导致。

本案火灾事故的发生地是在被告一的车间，也就是起火点在被告一的车间。按照《消防法》的规定，作为车间的管理者，消除火灾风险，避免火灾的发生，是被告的法定义务，但是被告一没有按照消防法规定落实消防管理责任，导致员工操作不当引发火灾，给原告造成巨大损失，应该承担赔偿责任。

《厂房租赁合同》第5条第3项约定，租赁期间，乙方应合理使用并爱护该厂房及其附属设施，损坏或者发生故障的，乙方应负责维修和赔偿。本案系被告使用房屋不当导致火灾，按合同约定被告也应该承担赔偿责任。

2. 按照公安部的规定，双方签订厂房租赁合同后，该厂房的消防管理义务自出租人转移至承租人，即本案被告。

公安部《机关团体、企业、事业单位消防安全管理规定》第8条第2款规定：承包、承租或者受委托经营、管理的单位应当遵守本规定，在其使用、管理范围内履行消防安全职责消防。

上述规定说明，房屋出租后的消防管理义务属于承租方。该规定还对承租方、使用单位的消防义务进行了详细的划分。

3. 被告明知国家法律严厉禁止生产、运输环氧氯丙烷等严重威胁重大安全的危险化学物品，还依然生产运输该类物品，过错明显。

《国家安全监管总局关于公布首批重点监管的危险化学品名录的通知》（文号 安监总管三〔2011〕95号）已经明确把环氧氯丙烷等列入危险化学品名录。

根据国务院《危险化学品安全管理条例》第5条规定，任何单位和个人不得生产、经营、使用国家禁止生产、经营、使用的危险化学品。国家对危险化学品的使用有限制性规定的，任何单位和个人不得违反限制性规定使用危险化学品。被告生产、储存、运输的正是这些极具大爆炸危险物品。

《刑法》中"危险物品肇事罪"，是指违反爆炸性、易燃性、放射性、毒害性、腐蚀性物品的管理规定，在生产、储存、运输、使用中，由于过失发生重大事故，造成严重后果的行为。本案被告已经涉嫌构成危险物品肇事罪。

被告违反上述规定，生产国家严厉禁止个人和单位生产和运输的危险化学物品，过错明显。

4. 被告对租用的设备负有安全管理的法定义务。

《特种设备安全监察条例》第3条规定："特种设备的生产（含设计、制造、安装、改造、维修，下同）、使用、检验检测及其监督检查，应当遵守本条例，但本条例另有规定的除外"。

按照上述规定，特种设备的生产、使用者对该设备的安全负有安全管理义务。被告租用涉案设备后，作为使用者，负有安全管理义务。

综合以上几点，可以看出，被告在这次事故中的主观过错是明显的，造成的损失是巨大的，应该承担赔偿责任。

经查阅大量火灾事故赔偿的案件，只要起火点或者起火部位能确认，就可以认定风险管理者的责任。本案起火处位于被告生产车间，属于被告管理范围，应由其承担管理风险责任，火灾责任主体应为本案被告。

5. 按照赔偿协议约定，被告三和被告四承担连带保证责任。

二、本案原告不存在过错，对火灾事故的发生没有过错，不应承担法律责任

1. 本案厂房租赁合同是合法有效的。

涉案出租厂房办理了消防验收，取得了产权证书，拥有合法产权，因此，本案厂房租赁合同是合法有效的。

2. 原告出租设备的行为不违反任何法律或行政法规强制性规定。

《特种设备安全监察条例》第3条规定，"特种设备的生产（含设计、制造、安装、改造、维修，下同）、使用、检验检测及其监督检查，应当遵守本条例，但本条例另有规定的除外"。可见，该条例规范的是生产和使用环节，没有禁止出租此类设备。原告出租给被告的生产设备的行为，并没有违反该条例的禁止性规定。

3. 原告对火灾的发生没有过错。

火灾事故系被告员工操作不当所致，原告对火灾事故的发生不存在过错，不是本次火灾事故责任的主体。

三、被告已经认可自己的赔偿责任，双方已达成赔偿协议，基于诚信原则，被告必须承担赔偿责任

被告一和原告达成了赔偿《协议》，并且被告已经履行了《协议》的第（1）（2）（3）项，2015年11月15日被告给原告的《回复函》上明确说明，继续履行《协议》第（4）项内容。在本案诉讼过程中，原被告均同意对火灾损失进行鉴定，这其实也是在履行协议的内容。

这充分说明，被告是认可赔偿《协议》并履行了部分内容，并通过《回复函》表达继续履行未完义务的内心真实意愿。故，原告请求法庭对这份《协议》的效力给予认定。

四、原告认可《鉴定意见》，只是有部分内容遗漏

1. 该鉴定意见是在诉讼过程中，经双方同意按照法定程序由法院委托，原被告双方抽签确定的鉴定机构，鉴定机构具备相应的资质条件，符合法定程序。

2. 鉴定所依据的资料都是真实可信的，也经过了法庭质证，鉴定意见是客观公正的，能够作为定案的根据。

鉴定机构出庭接受了原被告的质询，鉴定机构对双方当事人及法庭提出的问题做了明确的回答。

综上所述，代理人认为，原告的诉讼请求既有事实根据，又有法律依据，请求江西省樟树市人民法院支持原告诉讼请求，尽快做出判决。

附　录

火灾事故调查规定（修订草案征求意见稿）

第一章　总　　则

第一条　为了规范火灾事故调查，保障消防救援机构依法履行职责，保护火灾当事人的合法权益，根据《中华人民共和国消防法》，制定本规定。

第二条　消防救援机构调查火灾事故，适用本规定。

第三条　本规定所称的火灾事故调查，是指消防救援机构按照法定职责调查火灾原因，统计火灾损失，依法对火灾事故作出相应处理，总结火灾教训的活动。

第四条　火灾事故调查应当坚持及时、客观、公正、合法的原则。

火灾扑灭后，发生火灾的单位和相关人员应当按照消防救援机构的要求保护现场，接受事故调查，如实提供与火灾有关的情况。

任何单位和个人不得妨碍和非法干预火灾事故调查。

第五条　消防救援机构实施火灾事故调查，有权决定下列事项：

（一）封闭火灾现场；

（二）现场勘验；

（三）使用火灾相关单位和个人的场地、建筑物及设施设备；

（四）询问当事人和相关证人；

（五）收集与火灾有关的物证、书证、视听资料和电子数据等证据；

（六）开展调查实验；

（七）委托检验鉴定、认定和评估。

第六条　本规定所称火灾事故调查人员，是指消防救援机构实施火灾事故调查的消防干部、消防员。

消防文员可以协助开展火灾事故调查工作。

第七条　消防救援机构接到火灾报警，应当及时派员赶赴现场开展火灾事故调查工作。

第八条　消防救援机构可以根据火灾事故调查需要，邀请相关领域专家或者专业人员协助调查。

应急管理部和省级人民政府消防救援机构应当成立火灾事故调查专家组，协助调查复杂、疑难的火灾。

专家或者专业人员协助调查火灾出具的专家意见，可以作为火灾事故认定的证据。

第九条 消防救援机构调查火灾事故，应当按照规定使用执法记录设备和全国统一的信息系统，鼓励应用先进的科技装备和先进技术。

第二章 管辖和协作

第十条 火灾事故调查由县级以上人民政府消防救援机构实施。

第十一条 火灾事故调查由火灾发生地消防救援机构按照下列分工进行：

（一）重大以上火灾事故由省、自治区人民政府消防救援机构负责组织调查；

（二）较大火灾事故由设区的市或者相当于同级的人民政府消防救援机构负责调查；

（三）一般火灾事故由县级人民政府消防救援机构负责调查。

直辖市人民政府消防救援机构负责组织调查重大以上的火灾事故，直辖市的区、县级人民政府消防救援机构负责调查其他火灾事故。

第十二条 跨行政区域的火灾，由最先起火地的消防救援机构按照本规定第十一条的分工负责调查，相关行政区域的消防救援机构予以协助。

对管辖权发生争议的，报请共同的上一级消防救援机构指定管辖。

第十三条 上级消防救援机构应当对下级消防救援机构火灾事故调查工作进行监督和指导。

上级消防救援机构认为必要时，可以调查下级消防救援机构管辖的火灾。

第十四条 消防救援机构开展火灾事故调查时，对封闭现场、控制火灾事故责任人、身份核验、尸体检验、涉嫌犯罪案件调查等需要与公安机关协作的，应当按照有关规定执行。

第十五条 军事设施、矿井地下部分、核电厂、海上石油天然气设施发生火灾，其主管单位调查时，需要消防救援机构协助调查的，由省级人民政府消防救援机构或者应急管理部消防救援局调派火灾事故调查专家或者火灾事故调查人员协助。

法律、法规、规章对森林、草原火灾调查工作另有规定的，从其规定。

第三章 火灾登记

第十六条 消防救援机构对接报的火灾应当进行登记，制作火灾登记表，载明火灾信息，并对火灾现场进行拍照或者录像。

火灾登记一般由到场处置的消防救援站人员负责。消防救援站未到场处置的，由火灾发生地的县级人民政府消防救援机构派员负责登记。

火灾登记时，应当告知当事人相关权利义务，告知内容及告知情况在火灾登记表注明，并由当事人签名确认；无明确的当事人、当事人不在场或者当事人拒绝签名的，应当在火灾登记表中注明。

第十七条 火灾登记后，负责登记的人员应当在二日内将火灾登记表及相关材料交火灾发生地的县级人民政府消防救援机构存档。

第十八条 当事人需要火灾情况证明的，可以向火灾发生地的县级人民政府消防救援机构提出书面申请，消防救援机构应当自收到申请之日起三日内提供火灾登记表。

第十九条 同时符合下列情形的，消防救援机构在登记火灾信息后可以不再出具火灾事故认定书：

（一）直接经济损失轻微的；
（二）没有人员伤亡的；
（三）没有放火嫌疑的；
（四）仅一方当事人且无赔偿纠纷的；
（五）当事人不需要火灾事故认定的。

直接经济损失轻微的具体标准由省级人民政府消防救援机构确定，报应急管理部消防救援局备案。

对符合第一款情形，火灾当事人在火灾登记时未提出火灾事故认定要求，后又认为需要认定的，应当保护火灾现场，在火灾后三日内向负责管辖的消防救援机构申请火灾事故认定。

火灾登记后需要继续调查的火灾，相关单位和人员应当按照消防救援机构的要求保护现场。

第四章 简易程序

第二十条 同时具有下列情形的火灾，可以适用简易程序调查：

（一）火灾事实清楚，当事人没有异议的；
（二）没有人员伤亡的；
（三）没有放火嫌疑的；
（四）直接经济损失预估在五十万元以下的。

发生在国家机关、广播电台、电视台、学校、医院、养老院、托儿所、幼儿园、商业综合体、图书馆、博物馆、文物保护单位、宗教活动等场所和公共交通工具，造成较大社会影响的火灾不适用简易程序。

第二十一条 适用简易调查程序的，可以由一名火灾事故调查人员调查，并按照下列程序实施：

（一）表明执法身份，说明调查依据；
（二）调查走访当事人、证人，了解火灾发生过程、火灾烧损的主要物品及建筑物受损等与火灾有关的情况；
（三）查看火灾现场并进行照相或者录像；
（四）告知当事人调查的火灾事故事实，听取当事人的意见，当事人提出的事实、理由或者证据成立的，应当采纳；
（五）制作火灾事故简易调查认定书。

火灾事故调查人员应当自接到火灾报警或申请火灾事故认定之日起当场或者三日内送达火灾事故简易调查认定书。

当场制作并送达火灾事故简易调查认定书的，火灾事故调查人员应当在制作后二日内报所属消防救援机构备案。

第五章　一般程序

第一节　一般规定

第二十二条　具有以下情形之一的火灾事故，应当适用一般程序调查：

（一）当事人对火灾事故事实有异议的；

（二）有人员伤亡的；

（三）存在放火嫌疑的；

（四）直接经济损失预估在五十万元以上的；

（五）发生在国家机关、广播电台、电视台、学校、医院、养老院、托儿所、幼儿园、商业综合体、图书馆、博物馆、文物保护单位、宗教活动等场所和公共交通工具，造成较大社会影响的；

（六）消防救援机构认为有必要适用一般程序调查的。

适用简易程序调查火灾事故，发现符合前款情形的，应当立即转入一般程序。

第二十三条　消防救援机构开展询问、指认、勘验等调查取证工作时，火灾事故调查人员不得少于两人，并表明执法身份。

第二十四条　消防救援机构应当根据火灾现场情况，排除现场险情，保障现场调查人员的安全，并初步划定现场封闭范围，设置警戒标志，禁止无关人员进入现场。

消防救援机构应当根据火灾事故调查需要，及时调整现场封闭范围，并在现场勘验结束后及时解除现场封闭。

第二十五条　封闭火灾现场的，消防救援机构应当在火灾现场对封闭的范围、时间和要求等予以公告。

调整现场封闭范围的，消防救援机构应当重新公告封闭的范围、时间和要求并调整警戒标志。

解除封闭火灾现场的，消防救援机构应当制作解除火灾现场封闭公告并张贴在火灾现场。

第二十六条　消防救援机构开展火灾事故调查时，应当依照有关执法证据规则收集、调取和保全火灾证据。

第二十七条　消防救援机构应当自接到火灾报警之日起三十日内作出火灾事故认定；情况复杂、疑难的，经本级消防救援机构负责人批准，可以延长三十日。

火灾事故调查中需要进行检验、鉴定的，检验、鉴定时间不计入调查期限。

第二十八条　火灾事故调查人员应当根据调查需要，对发现、扑救火灾人员，熟悉起火场所、部位和生产工艺人员，火灾肇事嫌疑人和被侵害人等知情人员进行询问。必要时，可以要求被询问人到火灾现场进行指认。

询问应当制作笔录，由火灾事故调查人员和被询问人签名或者捺指印。被询问人拒绝签名和捺指印的，应当在笔录中注明。

第二节 现场勘验

第二十九条 勘验火灾现场应当遵循火灾现场勘验规则等技术标准，采取现场照相或者录像、录音，制作现场勘验笔录和绘制现场图等方法记录现场情况，提取与火灾有关的证据。

勘验火灾现场时，应当确定勘验负责人，并邀请与案件无关的个人或者当事人现场见证。由于客观原因无法由符合条件的人员担任见证人的，应当在笔录材料中注明情况，并现场录像。

现场勘验笔录应当由火灾事故调查人员、见证人或者当事人签名。见证人、当事人拒绝签名或者无法签名的，应当在现场勘验笔录上注明。现场图应当由制图人、审核人签名。

第三十条 对有人员死亡的火灾现场进行勘验的，火灾事故调查人员应当对尸体表面进行观察并记录，对尸体在火灾现场的位置进行调查。

第三十一条 现场提取痕迹、物品，应当按照下列程序实施：

（一）量取痕迹、物品的位置、尺寸，并进行照相或者录像；

（二）填写火灾痕迹、物品提取清单，由提取人、见证人或者当事人签名；见证人、当事人拒绝签名或者无法签名的，应当在清单上注明；

（三）封装痕迹、物品，粘贴标签，标明火灾名称和封装痕迹、物品的名称、编号及其提取时间，由封装人、见证人或者当事人签名；见证人、当事人拒绝签名或者无法签名的，应当在标签上注明。

提取的痕迹、物品，应当妥善保管。

第三十二条 根据调查需要，可以进行调查实验。调查实验应当照相或者录像，制作调查实验报告，并由实验人员签名。调查实验报告应当载明下列事项：

（一）实验的目的；

（二）实验时间、环境和地点；

（三）实验使用的仪器或者物品；

（四）实验过程；

（五）实验结果；

（六）其他与调查实验有关的事项。

第三节 检验、鉴定

第三十三条 现场提取的痕迹、物品需要进行专门性技术鉴定的，消防救援机构应当委托依法设立的鉴定机构进行，并与鉴定机构约定鉴定期限和鉴定检材的保管期限。

消防救援机构可以根据需要委托依法设立的价格认定机构或者其他具有法定资质的社会中介机构对火灾直接财产损失进行认定评估。

第三十四条 卫生行政主管部门许可的医疗机构具有执业资格的医生出具的诊断证明、具有法定资质的司法鉴定机构或者公安机关鉴定机构出具的人体损伤程度鉴定书，可以作为消防救援机构认定人身伤害程度的依据。

第三十五条 对检验、鉴定、认定、评估和公估意见，消防救援机构应当审查下列事项：

（一）出具意见的机构及其人员是否具有资质、资格；

（二）出具意见的机构及其人员是否盖章签名；

（三）出具的意见是否存在其他影响结论正确性的情形。

对符合规定的，可以作为证据使用；对不符合规定的，不予采信。

第四节 火灾损失统计

第三十六条 受损单位和个人应当于火灾扑灭之日起七日内向负责调查的消防救援机构如实申报火灾直接财产损失，并附有效证明材料。

第三十七条 消防救援机构应当根据受损单位和个人的申报、依法设立的价格认定机构或者具有法定资质的社会中介机构出具的火灾直接财产损失认定、评估、公估意见以及调查核实情况，按照有关规定，对火灾直接经济损失和人员伤亡进行如实统计，制作火灾直接经济损失统计表。

消防救援机构统计的火灾直接经济损失数据不作为确定损害赔偿数额的依据。

第五节 火灾事故认定

第三十八条 消防救援机构应当根据现场勘验、调查询问和有关检验、鉴定意见等调查情况，及时认定火灾原因，制作火灾事故认定书。

第三十九条 火灾事故认定书应当包括以下内容：

（一）火灾基本情况，包括接警时间、起火场所及地址和人员伤亡、火灾损失概况等内容；

（二）起火时间、起火部位、起火点、起火原因；

（三）其他需要载明的火灾事实；

（四）有关证据和依据；

（五）当事人的法律救济途径。

对起火原因无法查清的，应当作出起火原因不明的认定，注明起火时间、起火点或者起火部位以及有证据排除的起火原因。

第四十条 消防救援机构在作出火灾事故认定前，应当召集当事人到场，说明拟认定的结论和事实、理由及依据，听取当事人意见；当事人不到场的，应当记录在案。

当事人提出的事实、理由或者证据成立的，消防救援机构应当采纳。

第四十一条 消防救援机构制作火灾事故认定书后，应当在七日内送达当事人，并告知当事人申请复核的权利。无法直接送达的，可以采取留置、委托、邮寄送达。经受送达人同意，可以采用传真、互联网通信工具等能够确认其收悉的方式送达。

经前款方式仍无法送达的，可以在作出火灾事故认定之日起七日内公告送达。公告期为二十日，公告期满即视为送达。

第四十二条 消防救援机构作出火灾事故认定后，当事人可以申请查阅、复制、摘录火灾事故认定书、现场勘验笔录、现场图、现场照片和检验、鉴定意见，消防救援机构应当自接到申请之日起七日内提供，但涉及国家秘密、商业秘密、个人隐私或者涉嫌犯罪移交有关机关处理的，依法不予提供，并说明理由。

第六节　复　　核

第四十三条 当事人对火灾事故认定有异议的，可以自火灾事故认定书送达之日起十五日内，向上一级消防救援机构提出书面复核申请。

复核申请应当载明申请人的基本情况，被申请人的名称，复核请求，申请复核的主要事实、理由和证据，申请人的签名或者盖章，申请复核的日期。

第四十四条 复核机构应当自收到复核申请之日起七日内作出是否受理的决定并书面通知申请人。有下列情形之一的，不予受理：

（一）非火灾当事人提出复核申请的；

（二）超过复核申请期限的；

（三）复核机构维持原火灾事故认定或者直接作出火灾事故复核认定的；

（四）适用简易调查程序作出火灾事故认定的。

消防救援机构受理复核申请的，应当在三日内书面通知其他当事人，同时通知原认定机构。

第四十五条 原认定机构应当自接到通知之日起十日内，向复核机构作出书面说明，并提交火灾事故调查案卷。

第四十六条 复核机构应当对复核申请和原火灾事故认定进行书面审查，必要时，可以向有关人员进行调查；火灾现场尚存且未被破坏的，可以进行复核勘验。

复核审查期间，复核申请人撤回复核申请的，消防救援机构应当终止复核。

第四十七条 复核机构应当自受理复核申请之日起三十日内，作出复核决定，并按照本规定第四十一条规定的时限送达申请人、其他当事人和原认定机构。对需要向有关人员进行调查或者火灾现场复核勘验的，经复核机构负责人批准，复核期限可以延长三十日。

原火灾事故认定主要事实清楚、证据确实充分、程序合法，起火原因认定正确的，复核机构应当维持原火灾事故认定。

原火灾事故认定具有下列情形之一的，复核机构应当直接作出火灾事故复核认定或者责令原认定机构重新作出火灾事故认定，并撤销原认定机构作出的火灾事故认定：

（一）主要事实不清，或者证据不确实充分的；

（二）违反法定程序，影响结果公正的；

（三）认定行为存在明显不当，或者起火原因认定错误的；

（四）超越或者滥用职权的。

第四十八条 原认定机构接到重新作出火灾事故认定的复核决定后，应当重新调查，在十五日内重新作出火灾事故认定。

复核机构直接作出火灾事故认定和原认定机构重新作出火灾事故认定前，应当向申请人、其他当事人说明重新认定情况；原认定机构重新作出的火灾事故认定书，应当按照本规定第四十一条规定的时限送达当事人，并报复核机构备案。

复核以一次为限。当事人对原认定机构重新作出的火灾事故认定，可以按照本规定第四十三条的规定申请复核。

第四十九条　设区的市级以上人民政府消防救援机构可以设立由办理复核案件的调查人员会同相关行业代表、专家学者等人员共同组成的火灾事故复核委员会负责复核，并以本级消防救援机构的名义作出复核结论。

第六章　火灾事故处理

第五十条　消防救援机构在火灾事故调查过程中，应当根据下列情况分别作出处理：

（一）涉嫌犯罪的，及时将案件线索移送刑事案件的主管部门办理；

（二）涉嫌消防安全违法行为属于消防救援机构管辖范围的，依法调查处理；涉嫌其他违法行为的，及时移送有关主管部门调查处理；

（三）依照有关规定应当给予处分的，移交有关主管部门处理。

对经过调查不属于火灾事故的，消防救援机构应当告知当事人处理途径并记录在案。

第五十一条　消防救援机构向有关主管部门移送案件的，在本级消防救援机构负责人批准后的二十四小时内移送，并根据案件需要附下列材料：

（一）案件移送书；

（二）案件调查报告；

（三）涉案物品清单；

（四）询问笔录，现场勘验笔录，检验、鉴定意见以及视听资料、电子数据等资料；

（五）其他相关材料。

向公安机关移送涉嫌放火罪的案件，应当一并移交火灾现场。

第五十二条　消防救援机构移送涉嫌放火罪的案件，公安机关依法决定立案的，消防救援机构不再作出火灾事故认定。

消防救援机构接到公安机关不予立案通知的，依照《行政执法机关移送涉嫌犯罪案件的规定》办理。对公安机关不予立案的案件，应当补充调查，属于火灾事故的，及时作出火灾事故认定。

移送审查时间不计入调查期限。

第五十三条　发生有人员死亡和造成重大社会影响的火灾，消防救援机构应当对火灾暴露的问题和教训开展调查，分析工程建设、中介服务、消防产品质量、使用管理和监督管理等方面存在的问题，提出改进措施和工作建议，报送地方人民政府、有关部门和单位。

第五十四条 消防救援机构在火灾事故调查中,发现火灾有关责任单位和个人严重违反消防法律法规的,应当纳入信用记录,实施联合惩戒。

第五十五条 消防救援机构及其工作人员有下列行为之一的,依照有关规定给予责任人员处分;构成犯罪的,依法追究刑事责任:

(一)指使他人错误认定或者故意错误认定起火原因的;

(二)瞒报火灾、火灾直接经济损失、人员伤亡情况的;

(三)利用职务上的便利,索取或者非法收受他人财物的;

(四)其他滥用职权、玩忽职守、徇私舞弊的行为。

第七章 附 则

第五十六条 火灾事故分为特别重大火灾、重大火灾、较大火灾和一般火灾四个等级。

特别重大火灾是指造成三十人以上死亡,或者一百人以上重伤,或者一亿元以上直接经济损失的火灾;

重大火灾是指造成十人以上三十人以下死亡,或者五十人以上一百人以下重伤,或者五千万元以上一亿元以下直接经济损失的火灾;

较大火灾是指造成三人以上十人以下死亡,或者十人以上五十人以下重伤,或者一千万元以上五千万元以下直接经济损失的火灾;

一般火灾是指造成三人以下死亡,或者十人以下重伤,或者一千万元以下直接经济损失的火灾。

第五十七条 本规定中下列用语的含义:

(一)"当事人",是指与火灾发生、蔓延和损失有直接利害关系的单位和个人。

(二)本规定中十五日以内(含本数)期限的规定是指工作日,不含法定节假日。

(三)本规定所称的"以上"含本数、本级,"以下"不含本数。

第五十八条 执行本规定所需要的法律文书式样,由应急管理部制定。

第五十九条 本规定自 年 月 日起施行。

关于《火灾事故调查规定（修订草案征求意见稿）》的起草说明

为贯彻落实《中华人民共和国消防法》和中共中央办公厅、国务院办公厅《关于深化消防执法改革的意见》，进一步加强和改进火灾事故调查工作，应急管理部消防救援局组织对《火灾事故调查规定》（以下简称《规定》）进行了修订。有关情况说明如下：

一、修订必要性

《火灾事故调查规定》自 2009 年施行、2012 年修订以来，对加强和规范消防救援机构火灾事故调查工作发挥了重要作用。但随着经济社会的不断发展和消防改革的不断深化，《规定》的部分内容已不适应形势需要，亟待修订。一是现行规章所依据的法律法规已修改，机构名称、隶属关系也发生了变化，需要对相关工作职责作出调整，进一步明确与其他机关的协作关系。二是《关于深化消防执法改革的意见》对强化火灾事故倒查追责等方面提出了要求，需要在规章中予以明确。三是工作实践暴露出的调查程序不健全、当事人权益保障不到位等方面的问题，需要及时解决。

二、起草过程

2018 年应急管理部消防救援局启动修订起草工作。期间，多次组织立法论证，组织召开座谈会、修订意见征询会，深入基层开展调研，广泛收集地方政府、公安机关、消防救援机构、社会单位的意见，两次印发基层消防救援机构征求意见。2020 年 11 月，又向应急管理部各司局及各省级应急管理部门征求了意见，并作了进一步修改完善，形成了征求意见稿。

三、《规定》的主要内容

修订后的《规定》共 7 章、59 条，较修订前增加 1 章、11 条，修改的主要内容有：
（一）调整了火灾调查体系。一是增设了火灾登记制度。明确消防救援机构对接报的每起火灾都应当进行登记，并规定了火灾登记的具体方法和程序。同时规定了登记火灾信息后可以不再出具火灾事故认定书的情形，以提高火灾事故调查效率。二是调整了消防救援机构适用简易和一般程序开展调查的情形。从事实清楚、伤亡情况、放火嫌疑、直接经济损失、社会影响等方面明确了适用简易或者一般程序调查的标准，实现繁简分流，确保将火灾调查工作主要精力集中到有伤亡、损失大、影响大和存在矛盾纠纷的火灾上，也有利于原因相对简单的火灾事故现场尽快回复使用。三是为充分保障了当事人的合法权益，明确了火灾当事人在火灾登记时未提出火灾事故认定要求，在火灾后三日内还可以消防救援机构申请火灾事故认定。
（二）完善火灾调查程序要求。一是落实《关于深化消防执法改革的意见》关于强化火灾事故倒查追责的要求，明确了消防救援机构对有人员死亡和造成重大社会影响的火灾，开展深入调查，分析工程建设、中介服务、消防产品质量、使用管理和监督管理等方面的责任，提出改进措施和工作建议。同时，明确对火灾调查中发现的严重违法行为，应当纳入信用记录，实施联合惩戒。二是提高火灾事故调查工作公信力，明确了设区的市级以上消防救援机构可以设立火灾事故复核委员会，引入相关行业代表、专家学者等人员共同参与复核。同时规定，在作出火灾事故认定前，应当向当事人说明理由并听取意见；对当事人提出的事实、理由或者证据成立的应当采纳。三是为进一步保障当事人合法权益，明确了消防救援机构对火灾现场封闭、调整封闭范围和解除现场封闭应当公告的职责，增加规定了消防救援机构应当保障当事人申请查阅、复制、摘录火灾事故调查有关材料的权利。

（三）适应机构改革的需要。为了保障消防救援机构有效开展火灾调查工作，修改了调查权、管辖、工作协作方面的条款：一是明确了消防救援机构实施火灾事故调查可以决定的事项，强调了发生火灾的单位和个人配合调查、保护现场的有关义务。二是明确与其他部门的工作协作关系。规定对封闭现场、控制火灾事故责任人、身份核验、尸体检验、涉嫌犯罪案件调查等需要与公安机关协作的，按照有关规定执行；对火灾调查中向有关主管部门移送案件区分不同情况作出规定。三是调整了火灾事故管辖分工。参照有关规定，明确了火灾等级划分标准，并将重大、较大、一般火灾事故分别由省、市、县三级人民政府消防救援机构负责调查。

（四）完善了其他内容。根据几年来执行过程中遇到的问题和适应国家法制改革发展的需要，对原规章中不适应的相关条款内容进行了调整。一是明确了邀请专家参加调查工作和成立专家组的要求，并确定了专家意见的法律地位。二是明确了执法记录设备和信息系统的使用要求，并鼓励采用新技术、新装备调查火灾。三是根据实际需要，在军事设施火灾事故之外，增加规定了对矿井地下部分、核电厂、海上石油天然气设施火灾事故进行协助调查的情形。四是为规范火灾调查行为，《规定》还对火灾事故简易调查认定书送达时限、现场勘验程序要求进一步细化明确，并增加了具有法定资质的价格评估机构对火灾损失的评估意见可以作为消防救援机构统计火灾损失依据的相关内容。

火灾事故调查规定（修订前后对照表）

（文中标注 方框部分 表示删除，标注黑体字部分表示修改）

现行条文	修改条文
第一章　总则	第一章　总则
第一条　为了规范火灾事故调查，保障公安机关消防机构依法履行职责，保护火灾当事人的合法权益，根据《中华人民共和国消防法》，制定本规定。	第一条　为了规范火灾事故调查，保障 公安机关 消防救援机构依法履行职责，保护火灾当事人的合法权益，根据《中华人民共和国消防法》，制定本规定。
第二条　公安机关消防机构调查火灾事故，适用本规定。	第二条　 公安机关 消防救援机构调查火灾事故，适用本规定。
第三条　火灾事故调查的任务是调查火灾原因，统计火灾损失，依法对火灾事故作出处理，总结火灾教训。	第三条　本规定所称的火灾事故调查，是指消防救援机构按照法定职责调查火灾原因，统计火灾损失，依法对火灾事故作出相应处理，总结火灾教训的活动。
第四条　火灾事故调查应当坚持及时、客观、公正、合法的原则。 任何单位和个人不得妨碍和非法干预火灾事故调查。	第四条　火灾事故调查应当坚持及时、客观、公正、合法的原则。 火灾扑灭后，发生火灾的单位和相关人员应当按照消防救援机构的要求保护现场，接受事故调查，如实提供与火灾有关的情况。 任何单位和个人不得妨碍和非法干预火灾事故调查。
	第五条　消防救援机构实施火灾事故调查，有权决定下列事项： （一）封闭火灾现场； （二）现场勘验； （三）使用火灾相关单位和个人的场地、建筑物及设施设备； （四）询问当事人和相关证人； （五）收集与火灾有关的物证、书证、视听资料和电子数据等证据； （六）开展调查实验； （七）委托检验鉴定、认定和评估。
	第六条　本规定所称火灾事故调查人员，是指消防救援机构实施火灾事故调查的消防干部、消防员。 消防文员可以协助开展火灾事故调查工作。
	第七条　消防救援机构接到火灾报警，应当及时派员赶赴现场开展火灾事故调查工作。
	第八条　消防救援机构可以根据火灾事故调查需要，邀请相关领域专家或者专业人员协助调查。 应急管理部和省级人民政府消防救援机构应当成立火灾事故调查专家组，协助调查复杂、疑难的火灾。 专家或者专业人员协助调查火灾出具的专家意见，可以作为火灾事故认定的证据。
	第九条　消防救援机构调查火灾事故，应当按照规定使用执法记录设备和全国统一的信息系统，鼓励应用先进的科技装备和先进技术。

第二章　管辖	第二章　管辖和协作
第五条　火灾事故调查由县级以上人民政府公安机关主管，并由本级公安机关消防机构实施；尚未设立公安机关消防机构的，由县级人民政府公安机关实施。 公安派出所应当协助公安机关火灾事故调查部门维护火灾现场秩序，保护现场，控制火灾肇事嫌疑人。 铁路、港航、民航公安机关和国有林区的森林公安机关消防机构负责调查其消防监督范围内发生的火灾。	第十条　火灾事故调查由县级以上人民政府公安机关主管，并由本级公安机关消防救援机构实施；尚未设立公安机关消防机构的，由县级人民政府公安机关实施。 铁路、港航、民航公安机关和国有林区的森林公安机关消防机构负责调查其消防监督范围内发生的火灾。
第六条　火灾事故调查由火灾发生地公安机关消防机构按照下列分工进行： （一）一次火灾死亡十人以上的，重伤二十人以上或者死亡、重伤二十人以上的，受灾五十户以上的，由省、自治区人民政府公安机关消防机构负责组织调查； （二）一次火灾死亡一人以上的，重伤十人以上的，受灾三十户以上的，由设区的市或者相当于同级的人民政府公安机关消防机构负责组织调查； （三）一次火灾重伤十人以下或者受灾三十户以下的，由县级人民政府公安机关消防机构负责调查。 直辖市人民政府公安机关消防机构负责组织调查一次火灾死亡三人以上的，重伤二十人以上或者死亡、重伤二十人以上的，受灾五十户以上的火灾事故，直辖市的区、县级人民政府公安机关消防机构负责调查其他火灾事故。 仅有财产损失的火灾事故调查，由省级人民政府公安机关结合本地实际作出管辖规定，报公安部备案。	第十一条　火灾事故调查由火灾发生地公安机关消防救援机构按照下列分工进行： （一）一次火灾死亡十人以上的，重伤二十人以上或者死亡、重伤二十人以上的，受灾五十户以上的，重大以上火灾事故由省、自治区人民政府公安机关消防救援机构负责组织调查； （二）一次火灾死亡一人以上的，重伤十人以上的，受灾三十户以上的，较大火灾事故由设区的市或者相当于同级的人民政府公安机关消防救援机构负责组织调查； （三）一次火灾重伤十人以下或者受灾三十户以下的，一般火灾事故由县级人民政府公安机关消防救援机构负责调查。 直辖市人民政府公安机关消防救援机构负责组织调查重大以上一次火灾死亡三人以上的，重伤二十人以上或者死亡、重伤二十人以上的，受灾五十户以上的火灾事故，直辖市的区、县级人民政府公安机关消防救援机构负责调查其他火灾事故。 仅有财产损失的火灾事故调查，由省级人民政府公安机关结合本地实际作出管辖规定，报公安部备案。
第七条　跨行政区域的火灾，由最先起火地的公安机关消防机构按照本规定第六条的分工负责调查，相关行政区域的公安机关消防机构予以协助。 对管辖权发生争议的，报请共同的上一级公安机关消防机构指定管辖。县级人民政府公安机关负责实施的火灾事故调查管辖权发生争议的，由共同的上一级主管公安机关指定。	第十二条　跨行政区域的火灾，由最先起火地的公安机关消防救援机构按照本规定第六十一条的分工负责调查，相关行政区域的公安机关消防救援机构予以协助。 对管辖权发生争议的，报请共同的上一级公安机关消防救援机构指定管辖。县级人民政府公安机关负责实施的火灾事故调查管辖权发生争议的，由共同的上一级主管公安机关指定。
第八条　上级公安机关消防机构应当对下级公安机关消防机构火灾事故调查工作进行监督和指导。 上级公安机关消防机构认为必要时，可以调查下级公安机关消防机构管辖的火灾。	第十三条　上级公安机关消防救援机构应当对下级公安机关消防救援机构火灾事故调查工作进行监督和指导。 上级公安机关消防救援机构认为必要时，可以调查下级公安机关消防救援机构管辖的火灾。

	第十四条　消防救援机构开展火灾事故调查时，对封闭现场、控制火灾事故责任人、身份核验、尸体检验、涉嫌犯罪案件调查等需要与公安机关协作的，应当按照有关规定执行。
	第十五条　军事设施、矿井地下部分、核电厂、海上石油天然气设施发生火灾，其主管单位调查时，需要消防救援机构协助调查的，由省级人民政府消防救援机构或者应急管理部消防救援局调派火灾事故调查专家或者火灾事故调查人员协助。 法律、法规、规章对森林、草原火灾调查工作另有规定的，从其规定。
第三章　火灾登记	
第九条　公安机关消防机构接到火灾报警，应当及时派员赶赴现场，并指派火灾事故调查人员开展火灾事故调查工作。	删除。
第十条　具有下列情形之一的，公安机关消防机构应当立即报告主管公安机关通知具有管辖权的公安机关刑侦部门，公安机关刑侦部门接到通知后应当立即派员赶赴现场参加调查；涉嫌放火罪的，公安机关刑侦部门应当依法立案侦查，公安机关消防机构予以协助： （一）有人员死亡的火灾； （二）国家机关、广播电台、电视台、学校、医院、养老院、托儿所、幼儿园、文物保护单位、邮政和通信、交通枢纽等部门和单位发生的社会影响大的火灾； （三）具有放火嫌疑的火灾。	删除。
	第十六条　消防救援机构对接报的火灾应当进行登记，制作火灾登记表，载明火灾信息，并对火灾现场进行拍照或者录像。 火灾登记一般由到场处置的消防救援站人员负责。消防救援站未到场处置的，由火灾发生地的县级人民政府消防救援机构派员负责登记。 火灾登记时，应当告知当事人相关权利义务，告知内容及告知情况在火灾登记表注明，并由当事人签名确认；无明确的当事人、当事人不在场或者当事人拒绝签名的，应当在火灾登记表中注明。
	第十七条　火灾登记后，负责登记的人员应当在二日内将火灾登记表及相关材料交火灾发生地的县级人民政府消防救援机构存档。
	第十八条　当事人需要火灾情况证明的，可以向火灾发生地的县级人民政府消防救援机构提出书面申请，消防救援机构应当自收到申请之日起三日内提供火灾登记表。
	第十九条　同时符合下列情形的，消防救援机构在登记火灾信息后可以不再出具火灾事故认定书： （一）直接经济损失轻微的； （二）没有人员伤亡的； （三）没有放火嫌疑的； （四）仅一方当事人且无赔偿纠纷的； （五）当事人不需要火灾事故认定的。

	直接经济损失轻微的具体标准由省级人民政府消防救援机构确定，报应急管理部消防救援局备案。 对符合第一款情形，火灾当事人在火灾登记时未提出火灾事故认定要求，后又认为需要认定的，应当保护火灾现场，在火灾后三日内向负责管辖的消防救援机构申请火灾事故认定。 火灾登记后需要继续调查的火灾，相关单位和人员应当按照消防救援机构的要求保护现场。
第十一条　军事设施发生火灾需要公安机关消防机构协助调查的，由省级人民政府公安机关消防机构或者公安部消防局调派火灾事故调查专家协助。	删除。
第三章　简易程序	第四章　简易程序
第十二条　同时具有下列情形的火灾，可以适用简易调查程序： （一）没有人员伤亡的； （二）直接财产损失轻微的； （三）当事人对火灾事故事实没有异议的； （四）没有放火嫌疑的。 前款第二项的具体标准由省级人民政府公安机关确定，报公安部备案。	第二十条　同时具有下列情形的火灾，可以适用简易程序调查： （一）当事人对火灾事故事实火灾事实清楚，当事人没有异议的； （二）没有人员伤亡的； （三）没有放火嫌疑的； （四）直接财产损失轻微经济损失预估在五十万元以下的。 前款第二项的具体标准由省级人民政府公安机关确定，报公安部备案。发生在国家机关、广播电台、电视台、学校、医院、养老院、托儿所、幼儿园、商业综合体、图书馆、博物馆、文物保护单位、宗教活动等场所和公共交通工具，造成较大社会影响的火灾不适用简易程序。
第十三条　适用简易调查程序的，可以由一名火灾事故调查人员调查，并按照下列程序实施： （一）表明执法身份，说明调查依据； （二）调查走访当事人、证人，了解火灾发生过程、火灾烧损的主要物品及建筑物受损等与火灾有关的情况； （三）查看火灾现场并进行照相或者录像； （四）告知当事人调查的火灾事故事实，听取当事人的意见，当事人提出的事实、理由或者证据成立的，应当采纳； （五）当场制作火灾事故简易调查认定书，由火灾事故调查人员、当事人签字或者捺指印后交付当事人。 火灾事故调查人员应当在二日内将火灾事故简易调查认定书报所属公安机关消防机构备案。	第二十一条　适用简易调查程序的，可以由一名火灾事故调查人员调查，并按照下列程序实施： （一）表明执法身份，说明调查依据； （二）调查走访当事人、证人，了解火灾发生过程、火灾烧损的主要物品及建筑物受损等与火灾有关的情况； （三）查看火灾现场并进行照相或者录像； （四）告知当事人调查的火灾事故事实，听取当事人的意见，当事人提出的事实、理由或者证据成立的，应当采纳； （五）当场制作火灾事故简易调查认定书，由火灾事故调查人员、当事人签字或者捺指印后交付当事人。 火灾事故调查人员应当在二日内将火灾事故简易调查认定书报所属公安机关消防机构备案自接到火灾报警或申请火灾事故认定之日起当场或者三日内送达火灾事故简易调查认定书。 火灾事故调查人员应当在二日内将火灾事故简易调查认定书报所属公安机关消防机构备案。 当场制作并送达火灾事故简易调查认定书的，火灾事故调查人员应当在制作后二日内报所属消防救援机构备案。

第四章 一般程序	第五章 一般程序
第一节 一般规定	第一节 一般规定
	第二十二条 具有以下情形之一的火灾事故,应当适用一般程序调查: (一)当事人对火灾事故事实有异议的; (二)有人员伤亡的; (三)存在放火嫌疑的; (四)直接经济损失预估在五十万元以上的; (五)发生在国家机关、广播电台、电视台、学校、医院、养老院、托儿所、幼儿园、商业综合体、图书馆、博物馆、文物保护单位、宗教活动等场所和公共交通工具,造成较大社会影响的; (六)消防救援机构认为有必要适用一般程序调查的。 适用简易程序调查火灾事故,发现符合前款情形的,应当立即转入一般程序。
第十四条 除依照本规定适用简易调查程序的外,公安机关消防机构对火灾进行调查时,火灾事故调查人员不得少于两人。必要时,可以聘请专家或者专业人员协助调查。	第二十三条 除依照本规定适用简易调查程序的外,公安机关消防救援机构对火灾进行调查时,消防救援机构开展询问、指认、勘验等调查取证工作时,火灾事故调查人员不得少于两人,并表明执法身份。必要时,可以聘请专家或者专业人员协助调查。
第十五条 公安部和省级人民政府公安机关应当成立火灾事故调查专家组,协助调查复杂、疑难的火灾。专家组的专家协助调查火灾的,应当出具专家意见。	删除。
第十六条 火灾发生地的县级公安机关消防机构应当根据火灾现场情况,排除现场险情,保障现场调查人员的安全,并初步划定现场封闭范围,设置警戒标志,禁止无关人员进入现场,控制火灾肇事嫌疑人。 公安机关消防机构应当根据火灾事故调查需要,及时调整现场封闭范围,并在现场勘验结束后及时解除现场封闭。	第二十四条 火灾发生地的县级公安机关消防救援机构应当根据火灾现场情况,排除现场险情,保障现场调查人员的安全,并初步划定现场封闭范围,设置警戒标志,禁止无关人员进入现场,控制火灾肇事嫌疑人。 公安机关消防救援机构应当根据火灾事故调查需要,及时调整现场封闭范围,并在现场勘验结束后及时解除现场封闭。
第十七条 封闭火灾现场的,公安机关消防机构应当在火灾现场对封闭的范围、时间和要求等予以公告。	第二十五条 封闭火灾现场的,公安机关消防救援机构应当在火灾现场对封闭的范围、时间和要求等予以公告。 调整现场封闭范围的,消防救援机构应当重新公告封闭的范围、时间和要求并调整警戒标志。 解除封闭火灾现场的,消防救援机构应当制作解除火灾现场封闭公告并张贴在火灾现场。
	第二十六条 消防救援机构开展火灾事故调查时,应当依照有关执法证据规则收集、调取和保全火灾证据。
第十八条 公安机关消防机构应当自接到火灾报警之日起三十日内作出火灾事故认定;情况复杂、疑难的,经上一级公安机关消防机构批准,可以延长三十日。 火灾事故调查中需要进行检验、鉴定的,检验、鉴定时间不计入调查期限。	第二十七条 公安机关消防救援机构应当自接到火灾报警之日起三十日内作出火灾事故认定;情况复杂、疑难的,经上一本级公安机关消防救援机构负责人批准,可以延长三十日。 火灾事故调查中需要进行检验、鉴定的,检验、鉴定时间不计入调查期限。

第十九条 火灾事故调查人员应当根据调查需要，对发现、扑救火灾人员，熟悉起火场所、部位和生产工艺人员，火灾肇事嫌疑人和被侵害人等知情人员进行询问。对火灾肇事嫌疑人可以依法传唤。必要时，可以要求被询问人到火灾现场进行指认。 询问应当制作笔录，由火灾事故调查人员和被询问人签名或者捺指印。被询问人拒绝签名和捺指印的，应当在笔录中注明。	第二十八条 火灾事故调查人员应当根据调查需要，对发现、扑救火灾人员，熟悉起火场所、部位和生产工艺人员，火灾肇事嫌疑人和被侵害人等知情人员进行询问。对火灾肇事嫌疑人可以依法传唤。必要时，可以要求被询问人到火灾现场进行指认。 询问应当制作笔录，由火灾事故调查人员和被询问人签名或者捺指印。被询问人拒绝签名和捺指印的，应当在笔录中注明。
第二节　现场调查	第二节　现场调查勘验
第二十条 勘验火灾现场应当遵循火灾现场勘验规则，采取现场照相或者录像、录音，制作现场勘验笔录和绘制现场图等方法记录现场情况。 对有人员死亡的火灾现场进行勘验的，火灾事故调查人员应当对尸体表面进行观察并记录，对尸体在火灾现场的位置进行调查。 现场勘验笔录应当由火灾事故调查人员、证人或者当事人签名。证人、当事人拒绝签名或者无法签名的，应当在现场勘验笔录上注明。现场图应当由制图人、审核人签字。	第二十九条 勘验火灾现场应当遵循火灾现场勘验规则等技术标准，采取现场照相或者录像、录音，制作现场勘验笔录和绘制现场图等方法记录现场情况，提取与火灾有关的证据。 对有人员死亡的火灾现场进行勘验的，火灾事故调查人员应当对尸体表面进行观察并记录，对尸体在火灾现场的位置进行调查。 勘验火灾现场时，应当确定勘验负责人，并邀请与案件无关的个人或者当事人现场见证。由于客观原因无法由符合条件的人员担任见证人的，应当在笔录材料中注明情况，并现场录像。 现场勘验笔录应当由火灾事故调查人员、见证人或者当事人签名。见证人、当事人拒绝签名或者无法签名的，应当在现场勘验笔录上注明。现场图应当由制图人、审核人签字名。
	第三十条 对有人员死亡的火灾现场进行勘验的，火灾事故调查人员应当对尸体表面进行观察并记录，对尸体在火灾现场的位置进行调查。
第二十一条 现场提取痕迹、物品，应当按照下列程序实施： （一）量取痕迹、物品的位置、尺寸，并进行照相或者录像； （二）填写火灾痕迹、物品提取清单，由提取人、证人或者当事人签名；证人、当事人拒绝签名或者无法签名的，应当在清单上注明； （三）封装痕迹、物品，粘贴标签，标明火灾名称和封装痕迹、物品的名称、编号及其提取时间，由封装人、证人或者当事人签名；证人、当事人拒绝签名或者无法签名的，应当在标签上注明。 提取的痕迹、物品，应当妥善保管。	第三十一条 现场提取痕迹、物品，应当按照下列程序实施： （一）量取痕迹、物品的位置、尺寸，并进行照相或者录像； （二）填写火灾痕迹、物品提取清单，由提取人、见证人或者当事人签名；见证人、当事人拒绝签名或者无法签名的，应当在清单上注明； （三）封装痕迹、物品，粘贴标签，标明火灾名称和封装痕迹、物品的名称、编号及其提取时间，由封装人、见证人或者当事人签名；见证人、当事人拒绝签名或者无法签名的，应当在标签上注明。 提取的痕迹、物品，应当妥善保管。
第二十二条 根据调查需要，经负责火灾事故调查的公安机关消防机构负责人批准，可以进行现场实验。现场实验应当照相或者录像，制作现场实验报告，并由实验人员签字。现场实验报告应当载明下列事项： （一）实验的目的； （二）实验时间、环境和地点； （三）实验使用的仪器或者物品； （四）实验过程； （五）实验结果； （六）其他与现场实验有关的事项。	第三十二条 根据调查需要，经负责火灾事故调查的公安机关消防机构负责人批准，可以进行现场调查实验。现场调查实验应当照相或者录像，制作现场调查实验报告，并由实验人员签字名。现场调查实验报告应当载明下列事项： （一）实验的目的； （二）实验时间、环境和地点； （三）实验使用的仪器或者物品； （四）实验过程； （五）实验结果；

	(六)其他与现场调查实验有关的事项。
第三节 检验、鉴定	第三节 检验、鉴定
第二十三条 现场提取的痕迹、物品需要进行专门性技术鉴定的，公安机关消防机构应当委托依法设立的鉴定机构进行，并与鉴定机构约定鉴定期限和鉴定检材的保管期限。 公安机关消防机构可以根据需要委托依法设立的价格鉴证机构对火灾直接财产损失进行鉴定。	第三十三条 现场提取的痕迹、物品需要进行专门性技术鉴定的，公安机关消防救援机构应当委托依法设立的鉴定机构进行，并与鉴定机构约定鉴定期限和鉴定检材的保管期限。 公安机关消防救援机构可以根据需要委托依法设立的价格鉴证认定机构或者其他具有法定资质的社会中介机构对火灾直接财产损失进行认定评估。
第二十四条 有人员死亡的火灾，为了确定死因，公安机关消防机构应当立即通知本级公安机关刑事科学技术部门进行尸体检验。公安机关刑事科学技术部门应当出具尸体检验鉴定文书，确定死亡原因。	删除。
第二十五条 卫生行政主管部门许可的医疗机构具有执业资格的医生出具的诊断证明，可以作为公安机关消防机构认定人身伤害程度的依据。但是，具有下列情形之一的，应当由法医进行伤情鉴定： （一）受伤程度较重，可能构成重伤的； （二）火灾受伤人员要求作鉴定的； （三）当事人对伤害程度有争议的； （四）其他应当进行鉴定的情形。	第三十四条 卫生行政主管部门许可的医疗机构具有执业资格的医生出具的诊断证明、具有法定资质的司法鉴定机构或者公安机关鉴定机构出具的人体损伤程度鉴定书，可以作为公安机关消防救援机构认定人身伤害程度的依据。但是，具有下列情形之一的，应当由法医进行伤情鉴定： （一）受伤程度较重，可能构成重伤的； （二）火灾受伤人员要求作鉴定的； （三）当事人对伤害程度有争议的； （四）其他应当进行鉴定的情形。
第二十六条 对受损单位和个人提供的由价格鉴证机构出具的鉴定意见，公安机关消防机构应当审查下列事项： （一）鉴证机构、鉴证人是否具有资质、资格； （二）鉴证机构、鉴证人是否盖章签名； （三）鉴定意见依据是否充分； （四）鉴定是否存在其他影响鉴定意见正确性的情形。 对符合规定的，可以作为证据使用；对不符合规定的，不予采信。	第三十五条 对受损单位和个人提供的由价格鉴证机构检验、鉴定、认定、评估和公估意见，公安机关消防救援机构应当审查下列事项： （一）鉴证机构、鉴证人出具意见的机构及其人员是否具有资质、资格； （二）鉴证机构、鉴证人出具意见的机构及其人员是否盖章签名； （三）鉴定、评估意见依据是否充分； （四）鉴定、评估出具的意见是否存在其他影响鉴定、评估意见结论正确性的情形。 对符合规定的，可以作为证据使用；对不符合规定的，不予采信。
第四节 火灾损失统计	第四节 火灾损失统计
第二十七条 受损单位和个人应当于火灾扑灭之日起七日内向火灾发生地的县级公安机关消防机构如实申报火灾直接财产损失，并附有效证明材料。	第三十六条 受损单位和个人应当于火灾扑灭之日起七日内向火灾发生地的县级公安机关负责调查的消防救援机构如实申报火灾直接财产损失，并附有效证明材料。
第二十八条 公安机关消防机构应当根据受损单位和个人的申报、依法设立的价格鉴证机构出具的火灾直接财产损失鉴定意见以及调查核实情况，按照有关	第三十七条 公安机关消防救援机构应当根据受损单位和个人的申报、依法设立的价格鉴证认定机构或

规定，对火灾直接经济损失和人员伤亡进行如实统计。	者具有法定资质的社会中介机构出具的火灾直接财产损失 鉴 认定、评估、公估意见以及调查核实情况，按照有关规定，对火灾直接经济损失和人员伤亡进行如实统计，制作火灾直接经济损失统计表。 消防救援机构统计的火灾直接经济损失数据不作为确定损害赔偿数额的依据。
第五节　火灾事故认定	第五节　火灾事故认定
第二十九条　公安机关消防机构应当根据现场勘验、调查询问和有关检验、鉴定意见等调查情况，及时作出起火原因的认定。	第三十八条　 公安机关 消防救援机构应当根据现场勘验、调查询问和有关检验、鉴定意见等调查情况， 及时作出起火原因的 认定火灾原因，制作火灾事故认定书。
第三十条　对起火原因已经查清的，应当认定起火时间、起火部位、起火点和起火原因；对起火原因无法查清的，应当认定起火时间、起火点或者起火部位以及有证据能够排除和不能排除的起火原因。	第三十九条　火灾事故认定书应当包括以下内容： （一）火灾基本情况，包括接警时间、起火场所及地址和人员伤亡、火灾损失概况等内容； （二）起火时间、起火部位、起火点、起火原因； （三）其他需要载明的火灾事实； （四）有关证据和依据； （五）当事人的法律救济途径。 对起火原因已经查清的，应当认定起火时间、起火部位、起火点和起火原因； 对起火原因无法查清的，应当作出起火原因不明的认定，注明 认定 起火时间、起火点或者起火部位以及有证据排除 和不能排除 的起火原因。
第三十一条　公安机关消防机构在作出火灾事故认定前，应当召集当事人到场，说明拟认定的起火原因，听取当事人意见；当事人不到场的，应当记录在案。	第四十条　 公安机关 消防救援机构在作出火灾事故认定前，应当召集当事人到场，说明拟认定的 起火原因 结论和事实、理由及依据，听取当事人意见；当事人不到场的，应当记录在案。 当事人提出的事实、理由或者证据成立的，消防救援机构应当采纳。
第三十二条　公安机关消防机构应当制作火灾事故认定书，自作出之日起七日内送达当事人，并告知当事人申请复核的权利。无法送达的，可以在作出火灾事故认定之日起七日内公告送达。公告期为二十日，公告期满即视为送达。	第四十一条　 公安机关 消防救援机构 应当 制作火灾事故认定书后，应当 自作出之日起 七日内送达当事人，并告知当事人申请复核的权利。无法直接送达的，可以采取留置、委托、邮寄送达。经受送达人同意，可以采用传真、互联网通信工具等能够确认其收悉的方式送达。 经前款方式仍无法送达的，可以在作出火灾事故认定之日起七日内公告送达。公告期为二十日，公告期满即视为送达。
第三十三条　对较大以上的火灾事故或者特殊的火灾事故，公安机关消防机构应当开展消防技术调查，形成消防技术调查报告，逐级上报至省级人民政府公安机关消防机构，重大以上的火灾事故调查报告报公安部消防局备案。调查报告应当包括下列内容： （一）起火场所概况； （二）起火经过和火灾扑救情况； （三）火灾造成的人员伤亡、直接经济损失统计情况；	删除。

（四）起火原因和灾害成因分析； （五）防范措施。 　　火灾事故等级的确定标准按照公安部的有关规定执行。	
第三十四条　公安机关消防机构作出火灾事故认定后，当事人可以申请查阅、复制、摘录火灾事故认定书、现场勘验笔录和检验、鉴定意见。公安机关消防机构应当自接到申请之日起七日内提供，但涉及国家秘密、商业秘密、个人隐私或者移交公安机关其他部门处理的依法不予提供，并说明理由。	第四十二条　公安机关消防救援机构作出火灾事故认定后，当事人可以申请查阅、复制、摘录火灾事故认定书、现场勘验笔录、现场图、现场照片和检验、鉴定意见，公安机关消防救援机构应当自接到申请之日起七日内提供，但涉及国家秘密、商业秘密、个人隐私或者涉嫌犯罪移交公安机关其他有关部门机关处理的，依法不予提供，并说明理由。
第六节　复核	第六节　复核
第三十五条　当事人对火灾事故认定有异议的，可以自火灾事故认定书送达之日起十五日内，向上一级公安机关消防机构提出书面复核申请，对省级人民政府公安机关消防机构作出的火灾事故认定有异议的，向省级人民政府公安机关提出书面复核申请。 　　复核申请应当载明申请人的基本情况，被申请人的名称，复核请求，申请复核的主要事实、理由和证据，申请人的签名或者盖章，申请复核的日期。	第四十三条　当事人对火灾事故认定有异议的，可以自火灾事故认定书送达之日起十五日内，向上一级公安机关消防救援机构提出书面复核申请；对省级人民政府公安机关消防机构作出的火灾事故认定有异议的，向省级人民政府公安机关提出书面复核申请。 　　复核申请应当载明申请人的基本情况，被申请人的名称，复核请求，申请复核的主要事实、理由和证据，申请人的签名或者盖章，申请复核的日期。
第三十六条　复核机构应当自收到复核申请之日起七日内作出是否受理的决定并书面通知申请人。有下列情形之一的，不予受理： （一）非火灾当事人提出复核申请； （二）超过复核申请期限的； （三）复核机构维持原火灾事故认定或者直接作出火灾事故复核认定的； （四）适用简易调查程序作出火灾事故认定。 　　公安机关消防机构受理复核申请的，应当书面通知其他当事人，同时通知原认定机构。	第四十四条　复核机构应当自收到复核申请之日起七日内作出是否受理的决定并书面通知申请人。有下列情形之一的，不予受理： （一）非火灾当事人提出复核申请； （二）超过复核申请期限的； （三）复核机构维持原火灾事故认定或者直接作出火灾事故复核认定的； （四）适用简易调查程序作出火灾事故认定。 　　公安机关消防救援机构受理复核申请的，应当在三日内书面通知其他当事人，同时通知原认定机构。
第三十七条　原认定机构应当自接到通知之日起十日内，向复核机构作出书面说明，并移交火灾事故调查案卷。	保留作第四十五条。
第三十八条　复核机构应当对复核申请和原火灾事故认定进行书面审查，必要时，可以向有关人员进行调查；火灾现场尚存且未被破坏的，可以进行复核勘验。 　　复核审查期间，复核申请人撤回复核申请的，公安机关消防机构应当终止复核。	第四十六条　复核机构应当对复核申请和原火灾事故认定进行书面审查，必要时，可以向有关人员进行调查；火灾现场尚存且未被破坏的，可以进行复核勘验。 　　复核审查期间，复核申请人撤回复核申请的，公安机关消防救援机构应当终止复核。
第三十九条　复核机构应当自受理复核申请之日起三十日内，作出复核决定，并按照本规定第三十二条规定的时限送达申请人、其他当事人和原认定机构。对需要向有关人员进行调查或者火灾现场复核勘验的，经复核机构负责人批准，复核期限可以延长三十日。 　　原火灾事故认定主要事实清楚、证据确实充分、程序合法，起火原因认定正确的，复核机构应当维持原火灾事故认定。 　　原火灾事故认定具有下列情形之一的，复核机构应当直接作出火灾事故复核认定或者责令原认定机构重	第四十七条　复核机构应当自受理复核申请之日起三十日内，作出复核决定，并按照本规定第三十二四十一条规定的时限送达申请人、其他当事人和原认定机构。对需要向有关人员进行调查或者火灾现场复核勘验的，经复核机构负责人批准，复核期限可以延长三十日。 　　原火灾事故认定主要事实清楚、证据确实充分、程序合法，起火原因认定正确的，复核机构应当维持原火灾事故认定。

新作出火灾事故认定,并撤销原认定机构作出的火灾事故认定: (一)主要事实不清,或者证据不确实充分的; (二)违反法定程序,影响结果公正的; (三)认定行为存在明显不当,或者起火原因认定错误的; (四)超越或者滥用职权的。	原火灾事故认定具有下列情形之一的,复核机构应当直接作出火灾事故复核认定或者责令原认定机构重新作出火灾事故认定,并撤销原认定机构作出的火灾事故认定: (一)主要事实不清,或者证据不确实充分的; (二)违反法定程序,影响结果公正的; (三)认定行为存在明显不当,或者起火原因认定错误的; (四)超越或者滥用职权的。
第四十条　原认定机构接到重新作出火灾事故认定的复核决定后,应当重新调查,在十五日内重新作出火灾事故认定。 复核机构直接作出火灾事故认定和原认定机构重新作出火灾事故认定前,应当向申请人、其他当事人说明重新认定情况;原认定机构重新作出的火灾事故认定书,应当按照本规定第三十二条规定的时限送达当事人,并报复核机构备案。 复核以一次为限。当事人对原认定机构重新作出的火灾事故认定,可以按照本规定第三十五条的规定申请复核。	第四十八条　原认定机构接到重新作出火灾事故认定的复核决定后,应当重新调查,在十五日内重新作出火灾事故认定。 复核机构直接作出火灾事故认定和原认定机构重新作出火灾事故认定前,应当向申请人、其他当事人说明重新认定情况;原认定机构重新作出的火灾事故认定书,应当按照本规定第~~三十二~~四十一条规定的时限送达当事人,并报复核机构备案。 复核以一次为限。当事人对原认定机构重新作出的火灾事故认定,可以按照本规定第~~三十五~~四十三条的规定申请复核。
	第四十九条　设区的市级以上人民政府消防救援机构可以设立由办理复核案件的调查人员会同相关行业代表、专家学者等人员共同组成的火灾事故复核委员会负责复核,并以本级消防救援机构的名义作出复核结论。
第五章　火灾事故调查的处理	**第六章　火灾事故调查的处理**
第四十一条　公安机关消防机构在火灾事故调查过程中,应当根据下列情况分别作出处理: (一)涉嫌失火罪、消防责任事故罪的,按照《公安机关办理刑事案件程序规定》立案侦查;涉嫌其他犯罪的,及时移送有关主管部门办理; (二)涉嫌消防安全违法行为的,按照《公安机关办理行政案件程序规定》调查处理;涉嫌其他违法行为的,及时移送有关主管部门调查处理; (三)依照有关规定应当给予处分的,移交有关主管部门处理。 对经过调查不属于火灾事故的,公安机关消防机构应当告知当事人处理途径并记录在案。	第五十条　公安机关消防救援机构在火灾事故调查过程中,应当根据下列情况分别作出处理: (一)涉嫌失火罪、消防责任事故罪的,按照《公安机关办理刑事案件程序规定》立案侦查;涉嫌其他犯罪的,及时将案件线索移送有关主管部门刑事案件的主管部门办理; (二)涉嫌消防安全违法行为属于消防救援机构管辖范围的,按照《公安机关办理行政案件程序规定》依法调查处理;涉嫌其他违法行为的,及时移送有关主管部门调查处理; (三)依照有关规定应当给予处分的,移交有关主管部门处理。 对经过调查不属于火灾事故的,公安机关消防救援机构应当告知当事人处理途径并记录在案。
第四十二条　公安机关消防机构向有关主管部门移送案件的,应当在本级公安机关消防机构负责人批准后的二十四小时内移送,并根据案件需要附下列材料: (一)案件移送通知书; (二)案件调查情况; (三)涉案物品清单; (四)询问笔录,现场勘验笔录、检验、鉴定意见以及照相、录像、录音等资料; (五)其他相关材料。	第五十一条　公安机关消防救援机构向有关主管部门移送案件的,在本级公安机关消防救援机构负责人批准后的二十四小时内移送,并根据案件需要附下列材料: (一)案件移送通知书; (二)案件调查情况报告; (三)涉案物品清单;

构成放火罪需要移送公安机关刑侦部门处理的，火灾现场应当一并移交。	（四）询问笔录，现场勘验笔录，检验、鉴定意见以及照相、录像、录音视听资料、电子数据等资料； （五）其他相关材料。 向公安机关移送涉嫌放火罪的案件，应当一并移交火灾现场。
第四十三条　公安机关其他部门应当自接受公安机关消防机构移送的涉嫌犯罪案件之日起十日内，进行审查并作出决定。依法决定立案的，应当书面通知移送案件的公安机关消防机构；依法不予立案的，应当说明理由，并书面通知移送案件的公安机关消防机构，退回案卷材料。	第五十二条　公安机关其他部门应当自接受公安机关消防机构移送的涉嫌犯罪案件之日起十日内，进行审查并作出决定。依法决定立案的，应当书面通知移送案件的公安机关消防机构；依法不予立案的，应当说明理由，并书面通知移送案件的公安机关消防机构，退回案卷材料。消防救援机构移送涉嫌放火罪的案件，公安机关依法决定立案的，消防救援机构不再作出火灾事故认定。 消防救援机构接到公安机关不予立案通知的，依照《行政执法机关移送涉嫌犯罪案件的规定》办理。对公安机关不予立案的案件，应当补充调查，属于火灾事故的，及时作出火灾事故认定。 移送审查时间不计入调查期限。
	第五十三条　发生有人员死亡和造成重大社会影响的火灾，消防救援机构应当对火灾暴露的问题和教训开展调查，分析工程建设、中介服务、消防产品质量、使用管理和监督管理等方面存在的问题，提出改进措施和工作建议，报送地方人民政府、有关部门和单位。
	第五十四条　消防救援机构在火灾事故调查中，发现火灾有关责任单位和个人严重违反消防法律法规的，应当纳入信用记录，实施联合惩戒。
第四十四条　公安机关消防机构及其工作人员有下列行为之一的，依照有关规定给予责任人员处分；构成犯罪的，依法追究刑事责任： （一）指使他人错误认定或者故意错误认定起火原因的； （二）瞒报火灾、火灾直接经济损失、人员伤亡情况的； （三）利用职务上的便利，索取或者非法收受他人财物的； （四）其他滥用职权、玩忽职守、徇私舞弊的行为。	第五十五条　公安机关消防救援机构及其工作人员有下列行为之一的，依照有关规定给予责任人员处分；构成犯罪的，依法追究刑事责任： （一）指使他人错误认定或者故意错误认定起火原因的； （二）瞒报火灾、火灾直接经济损失、人员伤亡情况的； （三）利用职务上的便利，索取或者非法收受他人财物的； （四）其他滥用职权、玩忽职守、徇私舞弊的行为。
第六章　附则	第七章　附则
	第五十六条　火灾事故分为特别重大火灾、重大火灾、较大火灾和一般火灾四个等级。 特别重大火灾是指造成三十人以上死亡，或者一百人以上重伤，或者一亿元以上直接经济损失的火灾； 重大火灾是指造成十人以上三十人以下死亡，或者五十人以上一百人以下重伤，或者五千万元以上一亿元以下直接经济损失的火灾； 较大火灾是指造成三人以上十人以下死亡，或者十人以上五十人以下重伤，或者一千万元以上五千万元以下直接经济损失的火灾； 一般火灾是指造成三人以下死亡，或者十人以下重伤，或者一千万元以下直接经济损失的火灾。

第四十五条 本规定中下列用语的含义： （一）"当事人"，是指与火灾发生、蔓延和损失有直接利害关系的单位和个人。 （二）"户"，用于统计居民、村民住宅火灾，按照公安机关登记的家庭户统计。 （三）本规定中十五日以内（含本数）期限的规定是指工作日，不含法定节假日。 （四）本规定所称的"以上"含本数、本级，"以下"不含本数。	第五十七条 本规定中下列用语的含义： （一）"当事人"，是指与火灾发生、蔓延和损失有直接利害关系的单位和个人。 （二）"户"，用于统计居民、村民住宅火灾，按照公安机关登记的家庭户统计。 （三）本规定中十五日以内（含本数）期限的规定是指工作日，不含法定节假日。 （四三）本规定所称的"以上"含本数、本级，"以下"不含本数。
第四十六条 火灾事故调查中有关回避、证据、调查取证、鉴定等要求，本规定没有规定的，按照《公安机关办理行政案件程序规定》执行。	删除。
第四十七条 执行本规定所需要的法律文书样式，由公安部制定。	第五十八条 执行本规定所需要的法律文书样式，由公安应急管理部制定。
第四十八条 本规定自2009年5月1日起施行。1999年3月15日发布施行的《火灾事故调查规定》（公安部令第37号）和2008年3月18日发布施行的《火灾事故调查规定修正案》（公安部令第100号）同时废止。	第五十九条 本规定自 年 月 日起施行。